Erfolg in kleinen
und mittleren Unternehmen

v/d/f
Hochschulverlag AG
an der ETH Zürich

Ingrid Sattes
Harald Brodbeck
Hans-Christoph Lang
Heinz Domeisen
(Hrsg.)

mit Beiträgen von
Hanspeter Conrad
Simona Gilardi
Peter Kolb
Ulrich Schärer

Erfolg in kleinen und mittleren Unternehmen

Ein Leitfaden für die Führung und Organisation in KMU

Mensch **T**echnik **O**rganisation
Band 8
Eine Schriftenreihe herausgegeben von Eberhard Ulich,
Institut für Arbeitspsychologie der ETH Zürich

Wir danken der Fa. Balmer-Etienne AG, Luzern, und der Wirtschaftsförderung des Kantons Solothurn für die Unterstützung dieser Produktion

Illustrationen von Igor

Die Deutsche Bibliothek – CIP-Einheitsaufnahme

Erfolg in kleinen und mittleren Unternehmen : ein Leitfaden für die Führung und Organisation in KMU / Ingrid Sattes ... (Hrsg.). Mit Beitr. von Hanspeter Conrad ... – 2., bearb. Aufl. – Zürich : vdf, Hochschulverl. an der ETH Zürich, 1998
(Mensch, Technik, Organisation ; Bd. 8)
ISBN 3-7281-2376-5

Das Werk einschliesslich aller seiner Teile ist urheberrechtlich geschützt. Jede Verwertung ausserhalb der engen Grenzen des Urheberrechtsgesetzes ist ohne Zustimmung der Verlage unzulässig und strafbar. Das gilt besonders für Vervielfältigungen, Übersetzungen, Mikroverfilmungen und die Einspeicherung und Verarbeitung in elektronischen Systemen.

2., bearbeitete Auflage 1998
ISBN 3 7281 2376 5

© 1995, vdf Hochschulverlag AG an der ETH Zürich

Der vdf auf Internet: http://vdf.ethz.ch

Inhaltsverzeichnis

Eberhard Ulich
Vorwort IX

Ingrid Sattes
1. **Einleitung** 3
1.1 Leitfaden – mit welchem Ziel? 3
1.2 Empirischer Hintergrund des Leitfadens 4
1.3 Checkliste für eine unternehmerische Selbsteinschätzung 5

Hanspeter Conrad und Hans-Christoph Lang
2. **Unternehmensstruktur und Organisation** 19
2.1 Unternehmensstruktur, was ist das eigentlich? 19
2.2 Die Unternehmensleitung 19
2.3 Anzahl Hierarchieebenen und Führungspersonen 21
2.4 Bildung von eigenständigen Teilbereichen 22
2.5 Formalisierungsgrad der Organisation 25

Harald Brodbeck
3. **Strategie** 31
3.1 Einführung 31
3.2 Was ist und soll eine Strategie? 32
3.3 KMU und Strategie: Beobachtungen aus der Praxis 33
3.4 Wie werden Strategien entwickelt? 37
3.5 Wie werden Strategien konkret umgesetzt? 47

Harald Brodbeck
4. **Marketing** 51
4.1 Grundlagen 51

4.2	Den richtigen Leuten die richtige Ware	53
4.3	Der richtige Preis	57
4.4	Wie verkaufe und wie verteile ich mein Produkt?	59
4.5	Die richtige Werbung und Verkaufsförderung	63
4.6	Wie beschaffe ich mir Marktinformationen?	65

Harald Brodbeck

5.	**Finanz- und Rechnungswesen**	**71**
5.1	Zur Bedeutung des Finanz- und Rechnungswesens	71
5.2	Bilanz und Erfolgsrechnung: ein lästiges Übel?	72
5.3	Kennzahlen: Was können sie aussagen?	76
5.4	Die Planung der zukünftigen Finanzen	84

Ingrid Sattes und Hanspeter Conrad

6.	**Arbeitsorganisation**	**93**
6.1	Arbeitsorganisation als Wirtschaftlichkeitsfaktor	93
6.2	Motivationsfördernde Arbeitsgestaltung	96
6.3	Wie optimiere ich die Arbeitsorganisation?	98
6.4	Arbeitsorganisation und Qualität	103
6.5	Flexibilitätsfördernde Rahmenbedingungen	106

Ueli Schärer

7.	**Mitarbeiterführung**	**115**
7.1	Führung, was ist das?	115
7.2	Der Wertewandel: Auswirkungen auf die Mitarbeiterführung	118
7.3	Führungsverhalten	125
7.4	Gestaltung von Veränderungen in KMU	130

Simona Gilardi

8.	**Qualifikation und Weiterbildung**	**135**
8.1	Zur Bedeutung von Qualifikation und Weiterbildung	135
8.2	Die Qualifikationen der Mitarbeiter erhalten und fördern: Prinzipien einer modernen Weiterbildungsstrategie	137
8.3	Mögliche Umsetzung einer gezielten Weiterbildungsstrategie	140

Heinz Domeisen, Peter Kolb u.a.

9. Technologieeinsatz 147
9.1 Technologieeinsatz betrachten, warum? 147
9.2 Die geeigneten Technologien für unsere Produkte 148
9.3 Die geeigneten Technologien für unsere Prozesse 150
9.4 Technologieeinsatz und Arbeitsorganisation 155

Heinz Domeisen und Peter Kolb

10. Computertechnologie und Dokumentation 163
10.1 Computereinsatz heute und morgen 163
10.2 Auswahl, Einführung und Betrieb von Computersystemen 173
10.3 Dokumentation 179

Hans-Christoph Lang

11. Innovation 185
11.1 Innovationsbereiche und -typen 185
11.2 Der Innovationsprozess 187
11.3 Was verhindert Innovationen, und welche Massnahmen helfen? 188
11.4 Innovationsquellen 191

Hans-Christoph Lang

12. Kooperation 197
12.1 Mögliche Formen und Ziele von Kooperationen 197
12.2 Wie werden Kooperationen erfolgreich gestaltet? 203
12.3 Wichtige Regeln für Kooperationen 204

Ingrid Sattes

13. Zusammenfassung 209
13.1 Welches sind nun die zentralen Erfolgsfaktoren? 209
13.2 Der Blick nach innen 211
13.3 Der Blick nach aussen 215
13.4 Die Abstimmung der Innen- und der Aussensicht 216
13.5 Schlussbemerkung 217

	Checklisten	218
A	Informationsbeschaffung aus Sekundärquellen	218
B	Konkurrenzanalyse	219
C	Stärken-Schwächen-Analyse	220
D	Chancen-Gefahren-Profil	222
E	«Todsünden» der Kommunikation	224
F	Welche Informationen sollten einem Werbeberater zur Verfügung gestellt werden?	225
G	Fragen zum Auffinden von organisatorischen Schwachstellen bzw. Stärken	226
H	Bewertung der Motivationsförderlichkeit der Arbeitsaufgaben in einer Abteilung	227
I	Fragen zur Bewertung der Selbständigkeit einer Gruppe	228
J	Beurteilung des Gruppenklimas	230
K	Analyse des Führungsverhaltens	231
L	Qualifizierung und Weiterbildung	232
M	Beurteilung von Arbeitssystemen nach dem Konzept «Arbeitsorientierung oder Technikorientierung»	233
N	Merkpunkte für Verträge zur Beschaffung von Informatikmitteln (Hard- und Software)	234
O	Erarbeitung eines Informatik-Pflichtenhefts zur Hardware- und Software-Auswahl	236
P	Innovationsblockierende Unternehmensstrukturen	241
Q	Innovationsförderndes Klima	242

Index	243
Die Autoren	246

Vorwort des Herausgebers

Der hier vorliegende achte Band der Schriftenreihe «Mensch – Technik – Organisation» ist einer Thematik gewidmet, die in den Arbeits- und Produktionswissenschaften jahrzehntelang nicht die Beachtung gefunden hat, die ihr in Wirklichkeit zukommt. Zur Frage nach den Erfolgsfaktoren kleiner und mittlerer Unternehmen sowie zur Frage nach den Strukturmerkmalen, die diese gegenüber grossen Unternehmen begünstigen oder benachteiligen, liegen bis heute nur wenige systematische Untersuchungen vor. Die vorhandenen Untersuchungen konzentrieren sich zumeist auf disziplinspezifische Fragestellungen, die mitgeteilten Ergebnisse beruhen häufig auf schmaler Datenbasis. Die Erkenntnis, dass kleine und mittlere Unternehmen im internationalen Wettbewerb und in zunehmend turbulenteren Umwelten möglicherweise eine Schlüsselrolle spielen, hat sich erst in den achtziger Jahren zu verbreiten begonnen. Nach wie vor aber wird neue Produktionstechnik vor allem für die Anwendung in grossen Unternehmen entwickelt, werden neue Arbeits- und Organisationsstrukturen in erster Linie für grosse Unternehmen propagiert. Nach wie vor auch werden Anwendungsfelder für strategische Konzepte eher in grossen als in kleinen oder mittleren Unternehmen gesucht.

Dafür gibt es zweifellos Gründe. So war etwa die hochgradige Arbeitsteilung mit allen daraus resultierenden Folgen naturgemäss vor allem ein Strukturmerkmal grösserer Unternehmen, die nicht zuletzt deswegen in den siebziger und achtziger Jahren Gegenstand sowohl spektakulärer Automatisierungsvorhaben als auch spektakulärer Humanisierungsvorhaben wurden. Tatsächlich ist aber die überwiegende Mehrzahl aller Erwerbstätigen in Unternehmen mit weniger als 500 Mitarbeiterinnen und Mitarbeitern beschäftigt. In der Schweiz finden sich in Betrieben dieser Grössenordnung rund drei Viertel aller Arbeitsplätze. So war es durchaus folgerichtig, dass das schweizerische CIM-Aktionsprogramm mit dem integrativen Konzept der gleichzeitigen Entwicklung menschlicher Qualifikationen, technischer Nutzanwendungen und organisationaler Innovationen (MTO) sich in erster Linie an kleine und mittlere Unternehmen (KMU) richtete. Noch deutlicher wird diese Stossrichtung in der jüngsten Botschaft über die Finanzierung der Tätigkeit der Kommission zur Förderung der wissenschaftlichen Forschung (KWF) im internationalen und europäischen Rahmen in den Jahren 1996–1999 zum Ausdruck gebracht. Hier stehen die KMU eindeutig im Zentrum der Bestrebungen zur Förderung neuer Produktions- und Managementkonzepte, spielen aber auch bei den Bemühungen um eine Erweiterung der internationalen Forschungs- und Entwicklungszusammenarbeit im Rahmen von EUREKA eine zentrale Rolle.

Seit Mitte der achtziger Jahre hat sich auch an der ETH Zürich ein immer stärker werdendes Interesse an Forschung über KMU und Zusammenarbeit mit KMU herausgebildet. Es ist dem Vizepräsidenten für die Forschung an der ETHZ, Prof. Dr. Ralf Hütter, zu verdanken, dass die Institute für Arbeitspsychologie und für Automatik gemeinsam mit dem Betriebswissenschaftlichen Institut in die Lage versetzt wurden, ein «Polyprojekt» über «Erfolgs- und Risikofaktoren von kleinen und mittleren Schweizer Unternehmen» durchzuführen. Finanziell unterstützt und durch Mitwirkung im Beirat begleitet wurde das Projekt zudem von den Wirtschaftsförderungen der Kantone Luzern, Nidwalden, Obwalden und Solothurn sowie von der ABB Schweiz. Für die Abschlussarbeiten konnten Mittel der zentralen Arbeitsgruppe «Mensch – Technik – Organisation» des Schweizerischen CIM-Aktionsprogramms verfügbar gemacht werden.

Die Ergebnisse des Projektes, an dem sich über 1700 KMU aus den Branchen Metallbearbeitung und -verarbeitung, Maschinen- und Fahrzeugbau sowie Elektrotechnik und Elektronik beteiligten, sind vielfältig und zum Teil sehr eindrücklich. So geht, um nur dieses eine Beispiel zu nennen, aus der Gegenüberstellung erfolgreicher und wenig erfolgreicher KMU hervor, dass die erfolgreichen vor allem in Marktnischen agieren, gezielt neue Technologien einsetzen, in die Weiterbildung ihrer Mitarbeiterinnen und Mitarbeiter investieren und einen mitarbeiterorientierten Führungsstil praktizieren.

Wo Nischenproduktionen nur eine beschränkte Zukunft haben, wird Nachdenken über neue Unternehmenskonfigurationen notwendig. Das Denken über die traditionellen Systemgrenzen hinaus könnte zur Konzipierung «virtueller» Unternehmen führen, bei denen durch Netzwerkbildung mehrerer selbständig bleibender, kleiner oder mittlerer Unternehmen ein virtuell grosses Unternehmen entsteht, das einerseits die arbeitspsychologischen Vorteile kleinerer Unternehmen wie die grössere Übersichtlichkeit und Vollständigkeit der Tätigkeiten erhalten kann, andererseits nicht mehr nur in Nischen produzieren muss und gegebenenfalls sogar den strategischen Grundsatz «being local worldwide» zu realisieren in der Lage ist. Es ist sicher auch Aufgabe einer Hochschule wie der ETH, sich an der Entwicklung solcher Konzepte und der Prüfung ihrer Tauglichkeit zu beteiligen. Dass es dazu der Zusammenarbeit von Instituten aus verschiedenen Disziplinen bedarf, belegt dieses Buch.

Meinen Kollegen Prof. Dr. Walter Schaufelberger vom Institut für Automatik und Prof. Dr. Hugo Tschirky vom Betriebswissenschaftlichen Institut, ihren Mitarbeiterinnen und Mitarbeitern sowie den Mitarbeiterinnen und Mitarbeitern des Instituts für Arbeitspsychologie möchte ich für ihr Engagement und die freundschaftliche Kooperation herzlich danken. Wir hoffen gemeinsam, dass der vorliegende Leitfaden für die Führung und Organisation von KMU zu deren Selbstverständnis und zukünftigem Erfolg einen Beitrag leisten kann.

Eberhard Ulich

Kapitel 1

Einleitung

Ingrid Sattes

Spieglein, Spieglein...

1. Einleitung

1.1 Leitfaden – mit welchem Ziel?

Dieser Leitfaden soll Unternehmensleitern einen kurzen, aber prägnanten Überblick über wesentliche Erfolgs- und Risikofaktoren für Klein- und Mittelbetriebe liefern. Das Buch ist nach unternehmerischen Aufgabengebieten gegliedert. Bereits die Lektüre eines oder mehrerer einzelner Kapitel soll dem Leser ermöglichen, die Situation in seiner Firma, bezogen auf die vermittelten Problempunkte und Leitfragen, zu überdenken und Empfehlungen für Optimierungen zu erhalten.

Leitfäden und Bücher über Unternehmensführung gibt es bereits in grosser Zahl. Dieser Leitfaden unterscheidet sich in folgenden Punkten von anderen Veröffentlichungen zu diesem Thema:

- Der Leitfaden basiert auf empirischen, d.h. der Praxis entnommenen Daten, die einen Vergleich der eigenen Firma mit einer repräsentativen Gruppe zulassen.

- Der Leitfaden ist so aufgebaut, dass einzelne Kapitel unabhängig voneinander gelesen werden können.

- Es werden nicht nur einzelne Probleme, sondern Zusammenhänge zwischen in der Praxis oft eng verknüpften Problembereichen betrachtet: «Ein Problem allein ist selten die Ursache für eine Krise.»

- Im Leitfaden werden Klein- und Mittelbetriebe nicht als homogene Gruppe betrachtet. Es wird gesondert auf die Probleme kleinerer Betriebe und diejenigen mittlerer Betriebe eingegangen. Der Übergang vom Klein- zum Mittelbetrieb wird generell bei 50 Mitarbeitern angesetzt. Einige Branchen, z.B. die gewerbliche Metallbearbeitung, bestehen überwiegend aus Kleinbetrieben unter 50 Mitarbeitern.

Dies stellt im Vergleich zur bisherigen Literatur eine erhebliche Neuerung dar.

Am Ende des Einleitungskapitels befindet sich die *Checkliste für eine unternehmerische Selbsteinschätzung*. Durch die Beantwortung der dort gestellten Fragen soll der Leser zum einen auf eigene kritische Unternehmensbereiche aufmerksam gemacht werden und zum anderen einen vertieften Überblick über die Inhalte der einzelnen Kapitel erhalten. Das Kapitel 13 bietet eine Zusammenfassung der wichtigsten Empfehlungen dieses Buches.

Wenn wir in diesem Buch von Mitarbeitern und Unternehmern sprechen, sprechen wir damit selbstverständlich auch von Mitarbeiterinnen und Unternehmerinnen.

1.2 Empirischer Hintergrund des Leitfadens

Der Leitfaden basiert auf Forschungsergebnissen, die an der Eidgenössischen Technischen Hochschule (ETH) Zürich im Rahmen des Polyprojekts «Erfolgs- und Risikofaktoren von kleinen und mittleren Schweizer Unternehmen» während viereinhalb Jahren gesammelt wurden. Dieses interdisziplinäre Projekt wurde von drei ETH-Instituten durchgeführt, dem Institut für Betriebswissenschaften (Prof. Dr. Hugo Tschirky), dem Institut für Automatik (Prof. Dr. Walter Schaufelberger) und dem Institut für Arbeitspsychologie (Prof. Dr. Eberhard Ulich). Das Projekt wurde von der ETH Zürich mit Unterstützung der Wirtschaftsförderungen der Kantone Solothurn, Luzern, Nidwalden und Obwalden sowie des Bundesamtes für Konjunkturfragen finanziert.

Die im Forschungsprojekt berücksichtigten Themenbereiche sind der Abbildung 1.1 zu entnehmen. In diesem Leitfaden wurden Informationen und Forschungsergebnisse aus zwei Phasen des Polyprojekts verarbeitet:

(1) Auf der Grundlage von Literaturstudien und Experteninterviews wurden 1992 50 mehrtägige vertiefte Fallstudien von Betrieben zwischen 6 und 499 Mitarbeitern der Branchen Metallbearbeitung und -verarbeitung, Maschinen- und Fahrzeugbau sowie Elektrotechnik und Elektronik durchgeführt.

(2) Die Fragen, die sich in den Fallstudien als erfolgsrelevant erwiesen haben, wurden Ende 1993 in einem Fragebogen an alle 5300 Betriebe dieser Branchen in der Schweiz verschickt. Mit 1667 zurückgesendeten Fragebogen verfügen wir hiermit, neben den Daten der Konjunkturforschungsstelle der ETH Zürich, über eine in der Schweiz einmalig grosse Datenbasis.

Abb. 1.1: Themenbereiche des Polyprojekts «Erfolgs- und Risikofaktoren in KMU»

In diesem Leitfaden werden nur Untersuchungsergebnisse berichtet, die statistisch signifikant sind, d.h., berichtete Unterschiede oder Zusammenhänge können nicht zufällig sein und sind als bedeutsam zu betrachten.

Da die Daten in einem Teilbereich von produzierenden Unternehmen gewonnen wurden, sind die Empfehlungen vor allem für Unternehmen dieser Branchen gültig. Viele Kapitel, wie z.B. diejenigen über Strategie, Finanzen, Marketing, Kooperationen, Arbeitsorganisation und Führung, haben mit Sicherheit jedoch branchenübergreifende Bedeutung.

1.3 Checkliste für eine unternehmerische Selbsteinschätzung

Es kann vorkommen, dass es Probleme oder Veränderungen im Geschäftsalltag gibt, die Veranlassung geben, über Verbesserungen im Betrieb nachzudenken. Optimierungen sind in allen Bereichen stets möglich, und es ist wesentlich herauszufinden, in welchen unternehmerischen Aufgabenbereichen Verbesserungen wirklich notwendig sind. In den Fragen dieser Checkliste, die entsprechend den Kapiteln des Leitfadens gegliedert sind, wird auf die am meisten verbreiteten Probleme aufmerksam gemacht, die in den von uns untersuchten Firmen aufgetreten sind. Im Anschluss an die Fragen wird Ihnen ein Überblick über die Inhalte des Kapitels gegeben.

Wir möchten Ihnen empfehlen, die Fragen sorgfältig zu überdenken. Es geht hier nicht darum, möglichst gut abzuschneiden. Das Ziel bei der Beantwortung dieser Fragen soll die Bewertung der eigenen Situation in einem Bereich im Vergleich zu anderen Firmen sein. Auf diese Weise können Sie von den Informationen dieses Leitfadens profitieren, ohne dass Sie unbedingt das ganze Buch durchlesen müssen.

Nicht alle Probleme haben nur eine Ursache oder erfordern nur eine Massnahme, um sie zu lösen. Manchmal entstehen aus einer Problemlösung sogar neue Probleme. An jedem Abschnittsende der Checkliste werden wir deshalb versuchen, Sie darauf aufmerksam zu machen, zu welchen Folgeschwierigkeiten Probleme mit einem Unternehmensbereich führen können, und auf die entsprechenden Kapitel verweisen.

1. Fragen zur Unternehmensstruktur

1.1 Für wie viele Unternehmensfunktionen ist der Unternehmensleiter in Ihrer Firma alleine zuständig, ohne einem Mitarbeiter mehrheitlich die Führungsverantwortung übertragen zu haben?

für Kleinunternehmen bis 50 Mitarbeiter:

bis 7 Bereiche	mehr als 7 Bereiche
O	O

für Mittelunternehmen bis 500 Mitarbeiter:

bis 3 Bereiche	mehr als 3 Bereiche
O	O

1.2 Wie viele Führungsebenen (nicht gerechnet die ausführende Ebene) gibt es in Ihrem Unternehmen?

für Kleinunternehmen bis 50 Mitarbeiter:

1 oder 2 Ebenen	mehr als 2 Ebenen
O	O

für Mittelunternehmen bis 500 Mitarbeiter:

bis zu 4 Ebenen	mehr als 4 Ebenen
O	O

1.3 Setzen Sie formale, organisatorische Hilfsmittel ein wie Stellenbeschreibungen oder Organigramme?

ja	nein
O	O

1.4 Haben viele Ihrer Führungskräfte mehr als drei Funktionen in Personalunion oder als Mehrfachunterstellung?

nein	ja
O	O

Wenn Sie viele Antworten auf der rechten Seite haben: ☞ **Kap. 2: Unternehmensstruktur.**

Im Kapitel Unternehmensstruktur wird über die verbreitetsten Formen der Geschäftsführung berichtet. Die Probleme der Überlastung des Geschäftsleiters besonders bei kleinen Unternehmen werden besprochen. Typische Organisationsformen und die Entwicklung von Abteilungen mit wachsender Mitarbeiterzahl werden vorgestellt. Schliesslich werden Vorteile einer sinnvollen Formalisierung des Informationsaustausches behandelt.

Fragen der Unternehmensstruktur, die hier vor allem aus der Perspektive des Delegationsverhaltens des Unternehmensleiters betrachtet werden, hängen eng zusammen mit Fragen der **Arbeitsorganisation**, der **Mitarbeiterführung** und natürlich mit der **Strategie**.

2. Fragen zur Strategie

2.1 Sind Sie der Meinung, dass die Formulierung einer Strategie wegen der Besonderheiten Ihrer Firma (direkte Kundenkontakte, hohe Produktqualität, Nischenprodukt o.ä.) nicht nötig ist?

ja	nein
O	O

2.2 Haben Sie als Grundlage Ihrer unternehmerischen Entscheidungen schriftlich Strategien formuliert und auch eine Umsetzung dieser Strategien für die verschiedenen Unternehmensbereiche durchdacht?

nein	ja
O	O

2.3 Sind die strategischen Richtlinien und ihre Konsequenzen für die verschiedenen Unternehmensbereiche den Mitarbeitern bekannt?

nein	ja
O	O

2.4 Sind in Ihrem Unternehmen das Marketing, die Arbeitsorganisation, die Aus- und Weiterbildung den strategischen Zielen angepasst?

nein	ja
O	O

Wenn Sie viele Antworten auf der linken Seite haben: ☞ **Kap. 3: Strategie.**

Vor allem Kleinunternehmer sind häufig der Meinung, dass man in einem Betrieb mit guten Produkten kein strategisches Denken im eigentlichen Sinn braucht. Im Kapitel Strategie wird die Notwendigkeit klarer und schriftlich fixierter Strategien erläutert. Dabei wird deutlich gemacht, dass sich die Formulierung von Strategien auf die zukünftige Entwicklung des Unternehmens beziehen soll und dies auch dann, wenn man sich relativ schnell verändernden Marktbedingungen ausgesetzt ist.

Sind die Strategien eines Unternehmens einmal bestimmt, ist deren Erfolg ausschliesslich davon abhängig, inwiefern sie durch alle übrigen unternehmerischen Aktivitäten unterstützt werden. Die Strategie muss also **alle unternehmerischen Teilbereiche koordinieren.**

3. Fragen zum Marketing

3.1 Haben Sie Schwierigkeiten, Kunden zu erreichen und Vertriebskanäle zu finden?

    ja   nein
    O   O

3.2 Kennen Sie Ihre eigene Marktposition, und wissen Sie, wodurch Sie sich von Ihren Konkurrenten differenzieren?

    nein   ja
    O   O

3.3 Wissen Sie, wie Sie sich die relevanten Informationen über den Markt beschaffen können?

    nein   ja
    O   O

3.4 Versuchen Sie in Ihrem Unternehmen bereits bei der Produktentwicklung die Kundenbedürfnisse zu erfassen?

    nein   ja
    O   O

Wenn Sie viele Antworten auf der linken Seite haben: ☞ **Kap. 4: Marketing.**

Marketing wird hier als konsequente Kundenorientierung betrachtet. Die Bestimmung des relevanten Kundenstammes, des richtigen Preises und der richtigen Werbung steht in direktem Zusammenhang mit Wissen und Informationen über den Markt und die Konkurrenz.

Wer Probleme mit dem Marketing hat, wird mittel- oder langfristig mit **Finanzproblemen** rechnen müssen. Ursachen für Marketingprobleme können neben einem ungenügenden Informationsstand über das Umfeld und die Kunden mit einer mangelhaften **Innovationsfähigkeit** verbunden sein.

Checkliste für eine unternehmerische Selbsteinschätzung 9

4. Fragen zum Finanz- und Rechnungswesen

4.1 Können Sie mit der momentanen Organisation Ihres Rechnungswesens realitätsgetreu und schnell Informationen über Gewinn und Finanzlage beziehen?

    ja   nein
    O   O

4.2 Erstellen Sie ein Budget?

    ja   nein
    O   O

4.3 Wie hoch ist der Eigenkapitalanteil in Ihrem Unternehmen?

    höher als 30%   bis 30%
    O   O

4.4 Führen Sie eine kurzfristige Erfolgsrechnung durch?

    ja   nein
    O   O

Wenn Sie viele Antworten auf der rechten Seite haben: ☞ **Kap. 5: Finanz- und Rechnungswesen.**

Im Kapitel Finanzen wird die Notwendigkeit eines ordentlichen Finanz- und Rechnungswesens demonstriert. Es gibt eine Einführung über grundlegende finanzielle Kennzahlen der Bilanz und der Erfolgsrechnung. Die Aussagekraft und der Nutzen von Analysen der Vermögens-, Kapital- und Deckungsstruktur werden erläutert. Schliesslich werden Beispiele für die Planung der zukünftigen Finanzmittel gegeben.

Eine gute Finanzlage ist natürlich einer der grundlegendsten Erfolgsfaktoren für alle Betriebe. Die Finanzlage bildet damit die Grundlage der Handlungsfähigkeit in **allen unternehmerischen Bereichen.**

5. Fragen zur Arbeitsorganisation

5.1 Sind Sie der Meinung, dass Ihre Mitarbeiter bei Änderungen in der Planung und bei der Bewältigung neuer Aufgaben flexibler sein sollten?

ja	nein oder nur selten
O	O

5.2 Wie wird in der Regel in Fertigung und Montage die inhaltliche und zeitliche Aufgabenausführung für die Mitarbeiter festgelegt?

durch zentrale Rechnervorgaben (z.B. PPS) oder durch den Vorgesetzten	durch die betroffenen Mitarbeiter selbst
O	O

5.3 Durch wen können auftragsbezogene Daten der Produktionsplanung und -steuerung geändert werden?

nur durch zentrale Stelle (z.B. Disposition) oder durch Vorgesetzte in der Produktion	wenn notwendig auch durch die ausführenden Mitarbeiter selbst
O	O

5.4 Haben Sie für die Überprüfung der Produkte einzelner Abteilungen abteilungsexterne Qualitätsprüfer?

ja	nein
O	O

Wenn Sie viele Antworten auf der linken Seite haben: ☞ Kap. 6: Arbeitsorganisation.

Im Kapitel Arbeitsorganisation werden Vor- und Nachteile kleiner und grösserer Organisationen diskutiert. Zusammenhänge zwischen der Arbeitsorganisation, der Flexibilität des Unternehmens und der Motivation der Mitarbeiter verdeutlichen den Stellenwert der Arbeitsorganisation. Verschiedene Formen der Gestaltung der Arbeit vom einzelnen Arbeitsplatz bis zur Reorganisation des Betriebes werden beschrieben.

Die Arbeitsorganisation ist wesentlich für eine wirksame Umsetzung von **Strategien** wie Flexibilität, hohe Qualität oder Innovationsstärke sowie für den effizienten Einsatz von **Technologien**. Probleme mit der Arbeitsorganisation hängen mit der **Mitarbeiterführung** des Unternehmensleiters und der leitenden Angestellten zusammen und beeinflussen die Wirksamkeit der **Aus- und Weiterbildung** der Mitarbeiter.

Checkliste für eine unternehmerische Selbsteinschätzung 11

6. Fragen zur Mitarbeiterführung

6.1 Haben Sie das Gefühl, dass viele Ihrer Mitarbeiter nur des Geldes wegen arbeiten?

    nein   ja
    O   O

6.2 Sind Sie der Meinung, dass gut ausgebaute Kontrollsysteme für die Mitarbeiter eine wichtige Voraussetzung für die reibungslose Aufgabenerfüllung in Ihrem Betrieb sind?

    nein   ja
    O   O

6.3 Sind Sie der Meinung, dass Informationen, die früh zu den Mitarbeitern gelangen, nur unnötige Konflikte und Probleme schaffen?

    nein   ja
    O   O

6.4 Würden Sie sich wünschen, dass Ihre Mitarbeiter bereit wären, mehr Verantwortung zu übernehmen?

    nein   ja
    O   O

Wenn Sie viele Antworten auf der rechten Seite haben: ☞ **Kap. 7: Mitarbeiterführung.**

Im Kapitel Mitarbeiterführung werden Zusammenhänge zwischen der Einstellung des Unternehmensleiters und dem Verhalten der Mitarbeiter aufgezeigt. Die Notwendigkeit einer Veränderung des Führungsverhaltens in Anpassung an Veränderungen von Gesellschaft und Arbeitswelt wird erläutert. Die wichtigsten Grundsätze eines modernen Führungsverhaltens werden skizziert und erklärt.

Probleme mit der Mitarbeiterführung können sich drastisch auf Mängel der **Innovationsstärke** des Unternehmens, der Bereitschaft und der Effektivität von **Aus- und Weiterbildung** auswirken. Der Führungsstil eines Unternehmers findet meist auch in der **Arbeitsorganisation** und im Einsatz von **Technologien** seinen Niederschlag.

7. Fragen zu Qualifikation und Weiterbildung

7.1 Wieviel Prozent Ihrer Führungskräfte sind für ihre momentanen und zukünftigen Aufgaben ausreichend ausgebildet?

    die meisten (bis 75%)   alle
    ○   ○

7.2 Sind in den letzten fünf Jahren Innovationsprojekte an Problemen mit der Motivation oder mit der Ausbildung Ihres Personals gescheitert?

    ja   nein
    ○   ○

7.3 Wurde für jeden Ihrer Mitarbeiter (auch MA ohne Führungsfunktionen) ein Qualifizierungsplan erarbeitet, der jährlich überprüft wird?

    nein   ja
    ○   ○

7.4 Wie viele Ihrer Mitarbeiter ohne Führungsfunktion haben mindestens einen halben Tag bezahlte Weiterbildung im Jahr?

    unter 30%   mehr als 30%
    ○   ○

Wenn Sie viele Antworten auf der linken Seite haben: ☞ **Kap. 8: Qualifikation und Weiterbildung.**

Im Kapitel Qualifikation und Weiterbildung wird zunächst die Bedeutung der permanenten Weiterbildung für die Erhaltung der Effizienz des Unternehmens erläutert. Die wichtigsten Grundsätze eines modernen und adäquaten Weiterbildungswesens werden aufgezeigt, und es wird ein Einblick gegeben in die Umsetzung dieser Grundsätze in konkrete Massnahmen.

Die Vernachlässigung der Weiterbildung führt zu Problemen des **Technikeinsatzes**, behindert die Fähigkeit des Unternehmens zu **Innovation** und beeinträchtigt die Fähigkeiten der Mitarbeiter, sich innerhalb der gegebenen **Arbeitsorganisation** optimal einzusetzen.

8. Fragen zum Technologie- und Computereinsatz

8.1 Sind Ihnen die wichtigsten Entscheidungskriterien für die Erstanschaffung oder Erweiterung neuer Technologien in verschiedenen Unternehmensbereichen bekannt?

ja	nein oder nur teilweise
O	O

8.2 Wird Ihre bestehende Hard- und Software nur unzureichend und in Teilen ausgenutzt?

nein	ja
O	O

8.3 Bedarf es einer neuen Generation von Informatikmitteln in Ihrem Unternehmen?

nein	ja
O	O

8.4 Behindern sich in manchen Abteilungen/Produktgruppen Ihres Unternehmens die Organisation, die Arbeitsgestaltung und die technischen Abläufe gegenseitig?

nein	ja, das kommt vor
O	O

Wenn Sie viele Antworten auf der rechten Seite haben: ☞ Kap. 9 Technologieeinsatz und Kap. 10 Computertechnologie.

Im Kapitel Technologieeinsatz werden zunächst Verbesserungsmethoden für die Produkttechnologie vorgestellt, wie z.B. Funktionszerlegung und Wertanalyse. Bei den Verarbeitungsprozessen werden auf der einen Seite neue Möglichkeiten des Computereinsatzes vorgestellt, auf der anderen Seite Kriterien und Hinweise für die Auswahl und den Betrieb von Computern in administrativen, indirekt und direkt produktiven Unternehmensbereichen gegeben.

Der richtige Einsatz von Technologien hängt auf der einen Seite mit den **finanziellen** Möglichkeiten des Unternehmens zusammen, auf der anderen Seite mit der **Aus- und Weiterbildung der Mitarbeiter** für die neuen Aufgaben. Der effiziente Einsatz neuer Technologien hängt eng mit der **Arbeitsorganisation** zusammen.

9. Fragen zur Innovation

9.1 Kennen Sie die wesentlichen Faktoren, die zu einem innovativen Klima beitragen?

        ja   nein
        O   O

9.2 Sind Sie der Meinung, Innovation heisst in erster Linie, sich mit neuen Produkten zu beschäftigen?

        nein   ja
        O   O

9.3 Werden in Ihrem Betrieb die wichtigsten Informationskanäle über neue Entwicklungsrichtungen vom Unternehmer oder von den zuständigen Mitarbeitern genutzt?

        ja   nein
        O   O

9.4 Kennen Sie Kreativitätstechniken zur Unterstützung der innovationsfördernden Prozesse in Ihrem Unternehmen?

        ja   nein
        O   O

Wenn Sie viele Antworten auf der rechten Seite haben: ☞ Kap. 11: Innovation.

Im Kapitel Innovation werden unterschiedliche Innovationsarten und ihre Reichweite für die Differenzierung auf dem Markt eingeführt. Die Phasen des Innovationsprozesses werden diskutiert, und auf spezifische Innovationshindernisse wird eingegangen. Elemente eines innovationsförderlichen Klimas werden daraus abgeleitet. Einzelne Kreativitätstechniken und wichtige Innovationsquellen werden vorgestellt.

Probleme im Bereich Innovation können kurzfristig unbemerkt bleiben, wirken sich langfristig aber drastisch auf die Überlebensfähigkeit des Unternehmens aus. Probleme im Innovationsbereich können ihre Ursachen im Bereich **Qualifikation und Weiterbildung, Mitarbeiterführung** und **Arbeitsorganisation** haben.

Checkliste für eine unternehmerische Selbsteinschätzung 15

10. Fragen zur Kooperation

10.1 Sind Sie der Meinung, dass die Zusammenarbeit mit anderen Betrieben in Ihrer Branche gefährlich ist, weil man Ihnen Ideen/ Konzepte stehlen könnte?

    nein   ja
    O   O

10.2 Pflegen Sie Kooperationen mit anderen unabhängigen Betrieben im Bereich Vertrieb?

    ja oder Vertrieb   nein
    kein Problem
    O   O

10.3 Haben Sie Kooperationen mit anderen unabhängigen Firmen, bei denen es nicht nur um Informationsaustausch, sondern auch um gemeinsame Problemlösungen geht?

    ja   nein
    O   O

10.4 Ist in Ihrem Unternehmen der Unternehmensleiter die einzige Person, die sich um die Aufnahme und Aufrechterhaltung von Kooperationsbeziehungen kümmert?

    nein   ja
    O   O

Wenn Sie viele Antworten auf der rechten Seite haben: ☞ **Kap. 12: Kooperation.**

Im Kapitel Kooperation wird der Nutzen von Kooperationen anhand von konkreten Zielen aufgezeigt, es werden verschiedene Kooperationsformen und wichtige Randbedingungen für erfolgreiche Kooperationen vorgestellt.

Im Bereich Kooperationen geben sich vielfältige Möglichkeiten, strategische Grössennachteile von KMU auszugleichen. Kooperationsmöglichkeiten sollten deshalb immer in engem Zusammenhang zur **Strategie** überdacht werden. Vorteile können sie vor allem im Bereich **Marketing** (Vertrieb) und im Bereich **Innovation** bieten.

Kapitel 2

Unternehmensstruktur und Organisation

Hanspeter Conrad
Hans-Christoph Lang

«Findest du nicht, dass der Chef dir als Lagerleiter ein bisschen mehr Vertrauen schenken könnte?»

2. Unternehmensstruktur und Organisation

2.1 Unternehmensstruktur, was ist das eigentlich?

Zur Struktur eines Unternehmens gehören die Form der Geschäftsleitung, der hierarchische Aufbau und die Untergliederung in Abteilungen.

Der folgende Abschnitt beschäftigt sich mit der Unternehmensleitung, die in Klein- und Mittelunternehmen meist eine entscheidende Rolle spielt. Vor allem ihr Verhalten hinsichtlich Delegation (siehe auch Kap. «Mitarbeiterführung») prägt die Struktur des Unternehmens.

Weitere Abschnitte behandeln Fragen des hierarchischen Aufbaus, der Bildung von eigenständigen Teilbereichen und der formalen Regelung von Abläufen und Unterstellungen innerhalb des Unternehmens.

2.2 Die Unternehmensleitung

Von den KMU der repräsentativen Fragebogenuntersuchung waren etwa zwei Drittel Familienunternehmen, d.h. zu mehr als 70% im Besitz einer einzigen Familie.

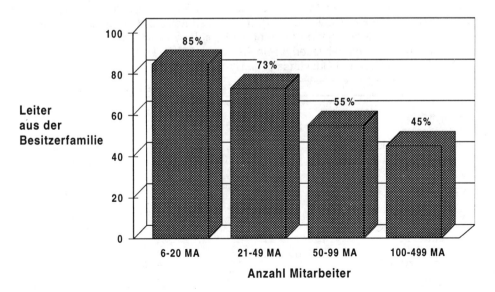

Abb. 2.1: Unternehmensleiter aus der Besitzerfamilie nach der Unternehmensgrösse

In 85% aller Unternehmen mit 6 bis 20 Personen gehört der Leiter zur Besitzerfamilie, jedoch nur in weniger als der Hälfte der Unternehmen mit 100 bis 499 Personen (siehe Abb. 2.1).

Die Häufigkeit geschäftsführender Eigentümer in Kleinunternehmen mit maximal 49 Mitarbeitern zeigt, dass hier in erster Linie das Eigentum zur Unternehmensleitung legitimiert. Damit kann die Gefahr einer Unterschätzung der notwendigen Führungskompetenz verbunden sein.

Noch 1983 vertrat deshalb der Bundesrat in einem Bericht zur Lage der KMU die Ansicht, dass die Führung am wirksamsten durch eine gezielte Weiterbildung der Unternehmer verbessert werden könnte, vor allem in den Gebieten Finanzen, Marketing und Mitarbeiterführung. In Übereinstimmung mit dieser Ansicht ist in den letzten Jahren vor allem in Mittelunternehmen zu beobachten, dass konservative Patriarchen ohne eigentliche Führungsausbildung zunehmend durch unternehmerisch geschulte Personen ersetzt werden.

Weil der Eigentümer das Vermögensrisiko trägt, werden in KMU mit geschäftsführenden Eigentümern häufig zu viele Entscheide als Führungsentscheide betrachtet. Bei KMU-Leitern kann dies zu einer Arbeitsüberlastung führen. So gaben 60% der Unternehmensleiter unserer Fallstudienuntersuchung an, 55 Wochenstunden und mehr zu arbeiten. Und gar drei Viertel gaben an, keine zwei Monate ohne Angst Urlaub vom Geschäft machen zu können.

Um die Arbeitsüberlastung wirksam abzubauen, sollte der Unternehmensleiter den Umfang der von ihm selbst wahrgenommenen Aufgaben reduzieren. Ein Mittel dafür stellt eine konsequente Delegation von Aufgaben des Tagesgeschäfts dar.

Durch eine konsequente Delegation der Verantwortung für operative Aufgaben kann sich die Unternehmensleitung entlasten und mehr Zeit für die strategischen Führungsaufgaben gewinnen. Nach unserer Fragebogenuntersuchung ist in mehr als 50% der Mittelunternehmen formal eine Delegation aller wesentlichen Unternehmensfunktionen vorhanden (siehe Tab. 2.1). In der Mehrheit der Kleinunternehmen besteht keine formale Delegation für zentrale Funktionen wie Informatik, Marketing, Entwicklung und Personalwesen, in Unternehmen bis 20 Personen noch nicht einmal für Konstruktion und Qualitätssicherung.

	6–20 MA	21–49 MA	50–499 MA
Fertigung	82%	90%	93%
Montage	72%	77%	84%
Lager, Versand	70%	90%	95%
Finanz- und Rechnungswesen	58%	59%	75%
Beschaffung, Einkauf	55%	80%	92%
Administration	55%	60%	70%
Arbeitsvorbereitung	53%	77%	92%
Konstruktion, techn. Büro	49%	68%	86%
Qualitätssicherung	43%	60%	71%
Informatik	37%	48%	74%
Entwicklung	23%	44%	59%
Verkauf, Marketing	22%	41%	63%
Personalwesen	20%	29%	64%

Tab. 2.1: Delegierte Unternehmensfunktionen nach der Unternehmensgrösse

Es gibt Hinweise, dass selbst der vorhandene Delegationsspielraum häufig zuwenig konsequent genutzt wird. Vor allem in Kleinunternehmen scheinen sich viele Leiter selbst über die wenigen bestehenden Regelungen hinwegzusetzen, möglicherweise aus dem Gefühl heraus, sich um alles kümmern zu müssen und die letzte Verantwortung für alles zu tragen. Im Kapitel Mitarbeiterführung wird auf die Voraussetzungen und die Wichtigkeit von Delegation weiter eingegangen.

2.3 Anzahl Hierarchieebenen und Führungspersonen

KMU haben meist eine recht flache Hierarchie. So überwiegt in unserer Fragebogenuntersuchung bei den Unternehmen bis 20 Personen eine einzige Führungsebene, in den Unternehmen mit 21 bis 99 Personen sind es mehrheitlich zwei Ebenen, und bei den Unternehmen mit 100 bis 499 Mitarbeitern sind es drei Ebenen (siehe Tab. 2.2). Häufig sind jedoch noch *versteckte* Hierarchien vorhanden, z.B. für Mitarbeiter mit langer Betriebszugehörigkeit oder besonders guten Beziehungen zum Chef.

Diese informellen Führungsebenen existieren jedoch in Unternehmen aller Grössenklassen.

Leiter kleiner Unternehmen können also direkter führen. Zwischen ihnen und den ausführenden Mitarbeitern ist meist keine oder höchstens eine Führungsebene ge-

	6–20 MA	21–49 MA	50–99 MA	100–499 MA
1 Ebene	52%	18%	5%	2%
2 Ebenen	41%	62%	52%	33%
3 Ebenen	7%	19%	40%	53%
4 Ebenen und mehr	–	1%	3%	12%

Tab. 2.2: Anzahl formeller Führungsebenen nach der Unternehmensgrösse

schaltet. Die Flachheit der Hierarchie dürfte einer der Gründe dafür sein, dass auch Kleinunternehmen immer wieder beachtliche Innovationen realisieren können. Begründen kann man dies mit einem ungezwungeneren Informationsfluss, bei dem sich die einzelnen Fachleute «gegenseitig befruchten». Zudem legen viele Chefs (zumindest in Unternehmen bis 20 Personen) in der Produktion noch selbst gelegentlich oder regelmässig Hand an. Dadurch haben sie nach wie vor Möglichkeiten zum direkten Kontakt zu fast allen Mitarbeitern. Vor einer Verzettelung des Unternehmers bei operativen Aufgaben muss jedoch gewarnt werden.

Nebst der Zahl der Führungsebenen ist in Kleinunternehmen in der Regel auch die Anzahl der Personen pro Führungsebene geringer (sog. horizontale Differenzierung). Ein Teil dieser Unternehmen dürfte gut beraten sein, die vorhandenen Führungsaufgaben auf mehrere Personen zu verteilen, um den Führungskräften eine stärkere Spezialisierung zu ermöglichen.

2.4 Bildung von eigenständigen Teilbereichen

Wenn es darum geht, die einzelnen Aufgabenbereiche innerhalb eines Unternehmens zu organisieren, spricht man von der Aufbauorganisation. Hier werden Unterstellungsverhältnisse, Zugehörigkeiten und Verantwortungsgebiete vereinbart.

Für die Bildung von eigenständigen Teilbereichen kann grundsätzlich entweder das Kriterium «Unternehmensfunktionen» oder «Produktsparten bzw. Regionalbereiche» zugrunde gelegt werden. Im ersten Fall spricht man von einer *funktionalen*, im zweiten von einer *divisionalen Aufbauorganisation* (siehe Abb. 2.2).

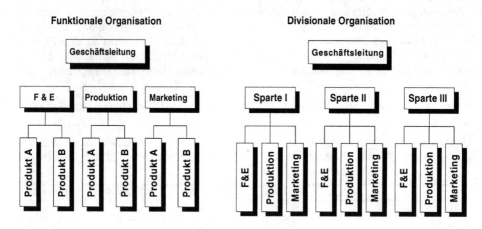

Abb. 2.2: Funktionale und divisionale Aufbauorganisation

Bei der funktionalen Organisation liegen die Vorteile in der Spezialisierung der Mitarbeiter: Da hier z.B. alle Vertriebsleute in einer Abteilung zusammengefasst werden, kommt es zu Erfahrungsaustausch und Synergien zwischen den Beteiligten. Spezialisierung bedeutet aber auch, dass zwischen den Teilaufgaben Schnittstellen entstehen, was zu zeitlichem und sachlichem Koordinationsbedarf führen kann.

In divisionalen Organisationen sind die Sparten eigene «kleine Unternehmen». Jede Sparte hat ihre Produktpalette und muss mit dieser ein Ergebnis erwirtschaften. Für ein Unternehmen mit lediglich einem oder mehreren sehr ähnlichen Produkten besteht kein Grund für eine divisionale Struktur, während dies bei Unternehmen mit sehr unterschiedlichen Produkten und Märkten sinnvoll sein kann. Dies setzt allerdings voraus, dass genügend Mitarbeiter für die Bildung von Sparten vorhanden sind, was meist erst ab einer mittleren Unternehmensgrösse der Fall ist.

> In KMU werden organisatorische Teilbereiche fast ausschliesslich nach den wichtigsten Unternehmensfunktionen gebildet. Damit wird trotz beschränkter Grösse ein gewisser Grad an Fachspezialisierung erreicht.

Grundfunktionen des Unternehmens

Grundsätzlich besteht die Aufgabe eines Unternehmens darin, eine Leistung zu erstellen und diese zu verkaufen. Diese Leistung kann ein Produkt sein, eine Dienstleistung oder eine Kombination aus beidem. Das Unternehmen muss somit ein Produkt entwickeln, produzieren und vertreiben (Wertschöpfungskette). Neben diesen drei grundsätzlichen Aufgaben gibt es dann noch Aufgaben, die nicht direkt einem Wertschöpfungsprozess zugerechnet werden können, wie z.B. das Personalwesen oder die Administration. Je nach Markt und Unternehmensart sind Bereiche stärker oder schwächer ausgeprägt. Die Organisation eines Unternehmens ist ein Spiegel dieser Ausrichtung. Einem Prozess, der für das Unternehmen von grosser Bedeutung ist, kann z.B. eine ganze Abteilung gewidmet sein, ein anderer, der nicht so entscheidend ist, wird nebenher erledigt oder extern vergeben.

So haben Auftragsfertiger z.B. häufig keine Entwicklung, da bei ihnen der Prozess «Produktentwicklung» nicht so wichtig ist, während es in der Fertigung vielleicht sogar mehrere Abteilungen gibt. Eine solche Entscheidung – für oder gegen Abteilungsbildung – sollte jedoch von Zeit zu Zeit überdacht werden. Beispielsweise können Veränderungen der Unternehmensstrategie oder ein Wachstum des Unternehmens zu neuen Abteilungen führen, bzw. vorhandene Abteilungen müssen aufgelöst werden.

Um die Organisation optimal zu gestalten, muss man sich im Unternehmen fragen, welche Prozesse entlang der Wertschöpfungskette entscheidend sind. Darauf aufbauend können die organisatorischen Strukturen entwickelt werden (siehe Abb. 2.3).

Das Bild zeigt den Kreislauf eines Produkts von der Produktentwicklung über die Produktbereitstellung bis hin zum Vertrieb, der wiederum Impulse für die Produktentwicklung erzeugt. Aufgaben wie Administration oder Einkauf müssen entlang dieses Weges durchgehend wahrgenommen werden, während die übrigen Unternehmensaufgaben einzelnen Wegstücken schwerpunktmässig zugeteilt werden können. Hier sind jeweils andere Unternehmensabteilungen mit der Erledigung dieser Aufgaben betraut.

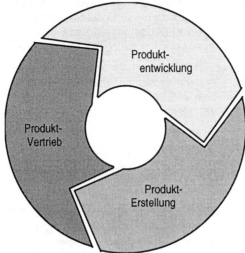

Abb. 2.3: Wertschöpfungskreislauf

So hat die Marketingabteilung (siehe auch Kap. «Marketing») vor allem während der ersten Phase der Produktentwicklung Aufgaben der Marktforschung zu erledigen sowie die eigentliche Marktbearbeitung im Bereich des Vertriebs zu gestalten. Forschung und Entwicklung sowie Produktion und Vertrieb haben innerhalb des Wertschöpfungskreislaufes klare Positionen.

In Kleinunternehmen mit höchstens 20 Personen bestehen nach unserer Fragebogenuntersuchung in der Mehrheit der Fälle nur für Fertigung und Administration eigenständige Teilbereiche (vgl. Tab. 2.3).

	6–20 MA	21–49 MA	50–99 MA	100–499 MA
Fertigung	x	x	x	x
Administration	x	x	x	x
Finanz- und Rechnungswesen		x	x	x
Konstruktion, technisches Büro		x	x	x
Montage		x	x	x
Verkauf, Marketing		x	x	x
Beschaffung, Einkauf			x	x
Arbeitsvorbereitung			x	x
Qualitätssicherung			x	x
Lager, Versand			x	x
Entwicklung				x
Personalwesen				x
Informatik				x

Tab. 2.3: Eigenständige Teilbereiche in jeweils mindestens 50% der Unternehmen einer Grössenklasse

In Unternehmen mit 21 bis 49 Personen kommen in der Mehrheit der Fälle noch eigenständige Abteilungen für Finanz- und Rechnungswesen, Konstruktion/technisches Büro, Montage sowie Verkauf/Marketing dazu.

Eigenständige Abteilungen für Beschaffung/Einkauf, Arbeitsvorbereitung, Qualitätssicherung sowie Lager/Versand sind nur in Unternehmen mit mindestens 50 Personen in der Mehrheit der Fälle vorhanden, Abteilungen für Entwicklung, Personalwesen sowie Informatik gar nur in Unternehmen mit mindestens 100 Personen.

Auch wenn keine spezialisierten Teilbereiche bestehen, müssen die entsprechenden Aufgaben in Kleinunternehmen trotzdem wahrgenommen werden. In qualitativer Hinsicht unterscheiden sich die anfallenden Aufgaben nämlich nicht wesentlich von denjenigen in grösseren Betrieben.

Da die absolute Zahl der Führungspersonen in Kleinunternehmen deutlich kleiner ist als in grösseren Unternehmen, entfällt in der Regel auf die einzelne Führungskraft ein um so heterogeneres Aufgabenspektrum, je kleiner ein Betrieb ist. In Kleinunternehmen ist also im Kader erzwungenermassen eine geringere Spezialisierung und Arbeitsteilung vorhanden.

Auf der Ebene der Unternehmensleitung führt das dazu, dass in Kleinunternehmen die Anzahl Zuständigkeiten mit durchschnittlich vier Funktionsbereichen mehr als doppelt so gross ist wie in Mittelunternehmen. Stabsstellen sind erst in Unternehmen mit mindestens 50 Personen vorhanden. In Kleinunternehmen existiert am häufigsten das Einliniensystem mit klar festgelegter Einfachunterstellung der Mitarbeiter unter eine Führungsperson. Daneben existiert auch das Mehrliniensystem mit spezialisierten Führungskräften, die je nach anstehender Entscheidung unterschiedlichen Mitarbeitern vorgesetzt sind.

Die weniger spezialisierten Führungskräfte von KMU sind stark herausgefordert, wenn sie die Führungsentscheidungen ebenso umfassend, qualitativ hochstehend und gut koordiniert wahrnehmen wollen, wie dies in grösseren Unternehmen möglich ist.

Die Organisationslehre beschreibt für die Stellengliederung häufig lediglich die Möglichkeit einer Zusammenfassung von Aufgaben nach sachlichen Gesichtspunkten. Für viele KMU dürfte es aber sinnvoll sein, die Stellengliederung gezielt auf die wenigen vorhandenen Führungspersonen auszurichten. Selbstverständlich sollte danach gestrebt werden, möglichst gut zusammenpassende Aufgaben zu bilden, um eine sachliche Geschlossenheit des Arbeitsbereichs der einzelnen Führungskräfte zu erreichen.

Wenn die Spezialisierung zwischen den Führungskräften aufgrund von personenspezifischen Fähigkeiten, Kompetenzen und Neigungen erfolgt, bestehen gute Chancen, die anfallenden Entscheidungen auch in Kleinunternehmen gut und effizient treffen zu können.

Die Gefahren einer personenorientierten Stellenbildung, vor allem für die Kontinuität nach einem Führungswechsel, können durch formelle Hilfsmittel wie Organigramme oder Stellenbeschreibungen wenigstens zum Teil verringert werden.

2.5 Formalisierungsgrad der Organisation

Der Ruf, den die formale Organisation in Kleinunternehmen besitzt, ist nicht so gut. Die meisten Kleinunternehmen sind stolz darauf, zu improvisieren und dadurch freier und flexibler zu sein. Damit verschenken sie Chancen, die ihnen formale Regelungen bringen könnten. Durch eine generelle Regelung von wiederkehrenden Arbeiten lässt sich Zeit einsparen, man muss dann nicht jedesmal «das Rad neu erfinden».

Auch ist die Vertretung im Fall von Ferien oder Krankheit einfacher, wenn man sich auf ein einheitliches Vorgehen einigt. Dies bringt auch Erleichterungen beim Einarbeiten von neuen Mitarbeitern mit sich, da diese Orientierungshilfen erhalten.

Auf der anderen Seite sind die Betriebsabläufe in Kleinunternehmen für Chefs und Mitarbeiter noch gut überschaubar. Jeder kennt jeden, und jeder kann mit jedem wichtige Dinge unmittelbar dann besprechen, wenn es nötig ist. Das schafft Kommunikationsverhältnisse, die eher einer Familie als einem Grossbetrieb ähneln. Eine Formalisierung und Vorwegnahme von Einzelentscheidungen durch generelle Entscheidungen ist deshalb in Kleinunternehmen weniger nötig als in Mittel- und Grossbetrieben. Wegen des geringeren Anfallens gleichartiger Entscheide stellt sich die Frage, ob eine Formalisierung überhaupt möglich ist.

Die Koordination und Kontrolle der Aktivitäten geschieht in KMU häufig durch persönliche Weisungen oder gegenseitige Abstimmung nach dem Prinzip der Improvisation. Insbesondere Planungs- und Kontrollaufgaben sind häufig nicht explizit formuliert, und die Verantwortung dafür ist nicht eindeutig bestimmt.

Bei 79% der Kleinunternehmen und bei 58% der Mittelunternehmen unserer Fragebogenuntersuchung fand sich überhaupt keine formale Regelung der Informationsflüsse: Dies kann dazu führen, dass Mitarbeiter nicht oder zuwenig informiert werden.

Organigramme und Stellenbeschreibungen finden sich in KMU ebenfalls sehr wenig. Auch eine Stellvertretungsregelung konnte in der Fallstudienerhebung nur in 42%, eine Nachfolgeregelung gar nur in einem Drittel der Unternehmen festgestellt werden.

Ein schriftliches Unternehmensleitbild existierte nach den Ergebnissen der Fragebogenerhebung nur in einem Viertel der Unternehmen mit bis zu 20 Mitarbeitern (siehe Abb. 2.4), in den anderen Grössenklassen war es bei mehr als der Hälfte der Betriebe vorhanden.

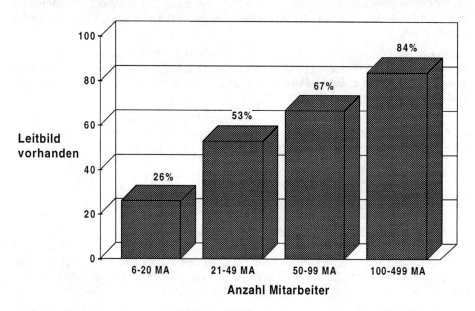

Abb. 2.4: Vorhandensein eines Leitbildes in Abhängigkeit von der Unternehmensgrösse

Ohne entsprechende formelle Hilfsmittel besteht bei jedem Führungswechsel die Gefahr von unnötigen Übergangsschwierigkeiten, insbesondere wenn die Stellenbildung stark auf die einzelne Person zugeschnitten wurde.

Als Folge des geringen Formalisierungsgrades können in KMU Konflikte wegen unklarer Kompetenzen und Verantwortlichkeiten auftreten, oder, noch kritischer, alle Planungs- und Kontrollaufgaben werden beim Unternehmensleiter angehäuft. Entscheidungen, die in Grossbetrieben aufgrund eines generellen Grundsatzentscheids den Ausführungsebenen überlassen werden können, werden in KMU noch häufig durch den Unternehmensleiter wahrgenommen.

Literatur

Dubs, R. (1986): *Wirtschaftliche Grundbegriffe – Einführung in die Unternehmung*, Zürich: Verlag des Schweizerischen Kaufmännischen Verbandes.

Kieser, A. & Kubicek, H. (1992): *Organisation*, Berlin: de Gruyter.

Pfohl u.a. (1990): *Betriebswirtschaftslehre der Mittel- und Kleinbetriebe*, Berlin: Erich Schmidt.

Schierenbeck, H. (1989): *Betriebswirtschaftslehre*, München: Oldenbourg.

Steiner, J. (1980): *Die personelle Führungsstruktur in mittelständischen Betrieben*, Göttingen: Otto Schwartz.

Thommen, J. P. (1988): *Managementorientierte Betriebswirtschaftslehre*, Bern: Haupt.

Kapitel 3

Strategie

Harald Brodbeck

3. Strategie

3.1 Einführung

> Ein Maschinenbauingenieur verliess ein Grossunternehmen, um seine innovative Idee, den Bau einer neuartigen Werkzeugmaschine, zu verwirklichen. Zu diesem Zweck gründete er ein eigenes (Klein-)Unternehmen. Fünf Jahre lang stiegen die Verkaufszahlen und die Gewinne aufgrund des guten Produktes und einer guten Reputation. Im einsetzenden Konjunkturabschwung rutschte das junge Unternehmen jedoch in die roten Zahlen und musste Konkurs anmelden. Es stellte sich dabei heraus, dass dieser Unternehmer den Betrieb führte, indem er jeden Auftrag annahm und dementsprechend Kapazitäten ausbaute. Seine einzige Vorstellung von der Zukunft des Unternehmens war die Fortsetzung des Trends. Weder eine schriftliche Strategie noch eine «Strategie im Kopf» war für den Fall von Umsatzeinbussen vorhanden, um dann aufgrund veränderter Geschäftserwartungen und Verkaufszahlen z.B. die Materialbeschaffung und die Beschäftigtenzahl zu korrigieren. Die Folge: Anstieg der Verbindlichkeiten, zunehmende Lagerhaltung und negativer Cash-flow. Die fehlende Anpassungsfähigkeit führte zur Schliessung des Unternehmens.

Gerade bei Leitern von KMU ist häufig die Meinung anzutreffen, das Festlegen von Strategien schränke den Handlungsspielraum zu sehr ein. Dadurch ginge die eigentliche Stärke der KMU, ihre Flexibilität, verloren.

Auf der anderen Seite ist es, wie das obige Beispiel zeigt, äusserst gefährlich, nur intuitiv «ohne Orientierungspunkte zu segeln». Denn:

Ein Unternehmen zu führen heisst nicht nur Führung für die Gegenwart, sondern genauso Führung in die Zukunft!

In den heutigen turbulenten Zeiten wird das Risiko für KMU immer grösser, durch Fehlentscheidungen sofort den Weiterbestand des Unternehmens in Gefahr zu bringen. In der grossen Aufschwungphase der 50er und 60er Jahre verzieh der Markt Fehler noch eher. Angesichts der knappen Ressourcen, vor allem in finanzieller Hinsicht, kann dies heute für KMU lebensgefährlich sein. So gesehen wird es immer wichtiger, das Risiko von Fehlentscheidungen so gering wie möglich zu halten. Diese Tatsache erfordert auch für KMU, sich gewisse Strategien für die Zukunftsentwicklung des Unternehmens zurechtzulegen.

Dazu ist es notwendig, zukünftige Bedingungen zu erfassen, das Unternehmen darauf vorzubereiten und den Weg des Unternehmens in die Zukunft zu planen.

Die folgenden Abschnitte sollen Hinweise und Anregungen dazu geben,

- was eine Strategie ist
- wozu eine Strategie überhaupt gut ist
- wie man Strategien entwickelt und
- wie sie konkret umgesetzt werden.

3.2 Was ist und soll eine Strategie?

Strategische Planung, strategisches Management, strategische Unternehmensführung sind nur einige der Begriffe, denen man in der Literatur, in der Presse und auch bei Beratungsfirmen oft begegnet. Grossunternehmen haben eigene Strategieabteilungen.

Die Unternehmensleiter von KMU erschrecken häufig angesichts dieser «grossen» Worte und vermeintlich grossen Aufgabe. Schnell ist der Schluss gezogen, dass man ja doch gewisse Vorstellungen über die Zukunft des Unternehmens besitzt und es daher nicht notwendig ist, seine ohnehin knappe Zeit auch noch mit komplizierten Strategieplanungen zu verbringen. Auch sind Fälle bekannt, in denen umfassendste Strategiepapiere schliesslich in den Schubladen der Firmen verstauben.

Daher ist zunächst die Frage zu klären: Was ist denn eigentlich unter dem Begriff «Strategie» für ein Unternehmen zu verstehen, und welchen Zweck soll sie erfüllen?

«Strategie» ist der heutzutage gebräuchliche Begriff, um einen Aktionskurs für das Unternehmen festzulegen und alle Tätigkeiten danach auszurichten.

Der Begriff kommt ursprünglich aus dem Bereich des Militärs. Schon bei Cäsar werden die Grundgedanken von Strategien deutlich. So ist in seinen Werken beispielsweise zu lesen:

- «Konzentriere die Kräfte auf die Schwachstellen des Feindes unter Ausnützung der eigenen Stärken.»
- «Wähle den Kampfplatz so, dass die eigenen Stärken bestmöglich zum Tragen kommen.»

Daraus ergeben sich bereits die **prinzipiellen Grundideen** einer Strategie:

- sich auf Stärken konzentrieren
- Schwächen überwinden
- dabei Umfeld und Wettbewerb beobachten und
- einen möglichst hohen Überraschungseffekt erzielen.

Ein einprägsames Bild von dem Begriff Strategie vermittelt die Vorstellung einer **Brücke:**

Sie soll Standort und Zielpunkt verbinden und es so möglich machen, einen Fluss oder ein sonstiges Hindernis zu überwinden.

Die Entfernung zwischen Standort und Ziel, die Anforderungen an die Tragfähigkeit, die zur Verfügung stehende Bauzeit und die vorhandenen Mittel sind ausschlaggebend dafür, ob eine primitive Holzbrücke errichtet oder eine aufwendige Beton- bzw. Stahlkonstruktion verwendet wird. Mit anderen Worten: Die Kunst besteht nicht zuletzt darin, eine Strategie zu entwickeln, die dem Unternehmen und seinen Möglichkeiten angepasst ist.

Für KMU heisst das:

Es müssen keine aufwendigen und komplizierten Strategieentwicklungen durchgeführt werden. Dafür fehlen oft die Zeit und die Leute. Auch besteht dann die bereits angesprochene Gefahr, dass diese umfassenden Papiere letztlich nicht umgesetzt werden.

Wichtig ist, dass man sich mit der Zukunft auseinandersetzt, weiss, wo man in einigen Jahren stehen will, und anhand von strategischen Überlegungen die Richtung und den Weg dorthin bestimmt. Die einfache Holzbrücke kann für KMU völlig ausreichen. Das Vorgehen sollte pragmatisch und einfach sein.

**Strategische Überlegungen sollen auf die Frage Antwort geben:
«Tun wir die richtigen Dinge»?**

Diese Frage muss sich ein Unternehmen stellen, **bevor** es Antworten auf die Frage sucht: «Tun wir die Dinge richtig»?

Denn: Ein Unternehmen kann seine Tätigkeiten noch so gut ausführen, es wird so lange erfolglos bleiben, als diese Tätigkeiten eigentlich die falschen sind!

Der folgende Abschnitt zeigt auf, welches strategische Denken und Verhalten in den untersuchten KMU anzutreffen war.

Gleichzeitig soll weiter verdeutlicht werden, warum es sich lohnt, einen Blick in die Zukunft zu richten und das Unternehmen auf einen bestimmten Kurs zu setzen.

3.3 KMU und Strategie: Beobachtungen aus der Praxis

Wie schlägt sich die in Abschnitt 3.2 bereits angesprochene Skepsis vieler Unternehmensleiter von KMU gegenüber strategischen Planungen in der «strategischen Praxis» der Unternehmen nieder?

Tatsächlich sind schriftlich formulierte strategische Vorstellungen über die mittelfristige Ausrichtung bzw. Entwicklung (zwei bis fünf Jahre) in den befragten Unternehmen eher die Ausnahme (vgl. Tab. 3.1):

	6–49 MA	50–499 MA
Umsatz	25%	55%
Produktion	18%	36%
Marketing	15%	38%
Forschung und Entwicklung	15%	40%
Personalbedarf	13%	27%
Weiterbildung	10%	17%

Tab. 3.1: Anzahl der Unternehmen, die für ausgewählte Bereiche über schriftlich formulierte strategische Vorstellungen verfügen (Zahlen gerundet)

Es wird deutlich, dass für die einzelnen Unternehmensbereiche zum grössten Teil kaum schriftlich formulierte Vorstellungen und Pläne darüber bestehen, wie sie in einigen Jahren aussehen sollen bzw. aussehen müssten, um das Unternehmen dorthin zu bringen, wo man es haben will. Je unvollständiger die Vorstellungen für die einzelnen Bereiche sind, desto weniger zielgerichtet und desto unsicherer lässt sich das Unternehmen in Zukunft führen.

Aber auch wenn man kein umfassendes Konzept für die strategische Ausrichtung des Unternehmens für die Zukunft hat, so handelt doch jeder Unternehmer mehr oder weniger bewusst nach bestimmten Grundvorstellungen (z.B. ist das Bearbeiten einer Nische bereits eine strategische Ausrichtung).

In unserer Untersuchung befragten wir die Unternehmensleiter, wie wichtig bestimmte Strategien bzw. unternehmerische Marschrichtungen für ihr Unternehmen sind. Dabei stellte sich heraus:

> Drei Viertel der Unternehmensleiter der befragten KU und auch der MU sehen eine «hohe Flexibilität bezüglich Kunde und Markt» als wichtigste unternehmerische Marschrichtung zur Gewinnung von Wettbewerbsvorteilen für ihr Unternehmen an.

Sie sind davon überzeugt, dass diese «klassische» Strategie von KMU nach wie vor am meisten Erfolg verspricht. Ganz wichtig dabei ist jedoch, dass sich die Unternehmen darüber im klaren sind, welche Art von Flexibilität damit gemeint ist.

Es drängt sich also die Frage auf: **Was ist eigentlich Flexibilität?**

Das Kap. «Arbeitsorganisation» gibt dazu detailliertere Hinweise.

In der Praxis wird darunter üblicherweise verstanden: Flexibilität im Hinblick auf

- die Produktion (schnelles Umstellen, kleine Losgrössen usw.) sowie
- die Erfüllung spezieller Kundenwünsche.

KMU waren diesbezüglich traditionell im Vorteil gegenüber grösseren und somit zumeist trägeren Unternehmen. Auch in Zukunft werden erfolgreiche kleine und mittlere Unternehmen durch Stärken in diesen Bereichen gekennzeichnet sein.

Aber: Diese Art der Flexibilität ist zunehmend nur noch eine (wenn auch wichtige!) *Grundlage* für erfolgreiches Wirtschaften, als alleinige strategische Ausrichtung wird sie jedoch nicht mehr genügen. Dies wird durch folgende Erfahrungen unterstrichen:

- Im Rahmen unserer Untersuchung befragten wir die betrachteten KMU, ob die ernsthaften Konkurrenten für ihre Produkte eher selbst KMU oder eher Grossunternehmen (GU) sind. Dabei ergab sich folgendes Bild:

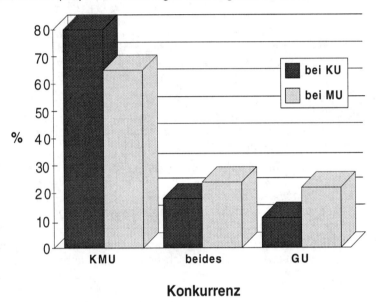

Abb. 3.1: Grösse der ernsthaften Konkurrenten

Sowohl KU als auch MU haben hauptsächlich Konkurrenten, die ebenfalls KMU sind. Damit ist es natürlich nur schwer möglich, sich durch besondere Flexibilität in oben verstandenem Sinne von dieser Konkurrenz abzuheben.

- Doch auch bei den Unternehmen, deren Konkurrenten vor allem die als schwerfällig verschrieenen «Dinosaurier» (sprich Grossunternehmen) sind, ist Flexibilität kein Garant mehr für Erfolg: Grossunternehmen versuchen in letzter Zeit vermehrt, ihre Abläufe, z.B. in der Produktion, ebenfalls flexibler zu gestalten. Schlagworte wie Lean Production usw. weisen hier den Weg. Die Folge für KMU ist, dass ihre traditionellen Stärken, nämlich Flexibilität und kurze Entscheidungswege, immer weniger einen Wettbewerbsvorteil gegenüber Grossunternehmen darstellen.

Dies zeigt: Flexibilität im klassischen Sinne ist zwar eine der Grundvoraussetzungen für ein erfolgreiches KMU. Heutzutage muss jedoch zusätzlich gelten:

Flexibilität ist das Gegenteil von Trägheit!

Das heisst: Es ist von grösster Bedeutung, dass das Unternehmen und seine Mitarbeiter nicht als Folge von jahrelangem Erfolg träge werden. Der Blick für bedrohliche Entwicklungen darf sich nicht verschleiern. Wichtig sind scharfe Sinne und das Bewusstsein für die Faktoren, die für den Erfolg des Unternehmens verantwortlich sind.

> *Ein Mittelunternehmen, das im Maschinenbau tätig ist, machte den Grossteil des Umsatzes mit Textilmaschinen für die Bearbeitung von Handstrickgarn. Das Unternehmen konnte auch Sonderwünsche der Kunden sowohl bezüglich des eigentlichen Produktes als auch bezüglich Lieferzeiten erfüllen (= klassische Flexibilität), gute Gewinne waren die Regel. Im Jahr des grössten Gewinnes der Firmengeschichte entschloss sich die Unternehmensleitung, das Unternehmen «auf ein zweites Bein zu stellen». Die Ursache für diesen Entscheid war ein Blick in die Zukunft:*
>
> *(1) Es deutete sich eine Änderung der Freizeitgewohnheiten der Leute an, Stricken rückte in den Hintergrund. (2) Maschinelles Stricken als Konkurrenzprodukt zu Handstricken wurde immer billiger.*
>
> *Zwei Jahre später war der Umsatz mit den «alten» Produkten auf unter 20% der ursprünglichen Summe weggebrochen. Das Unternehmen überlebte diese Krise jedoch dank der Diversifikation auf ein anderes Produkt, das trotz anfänglich heftiger Widerstände einiger Mitarbeiter heute das Hauptgeschäft darstellt.*

Man sieht: Aktiv handeln heisst immer bereit sein zu schnellen Reaktionen, vorbereitet sein auf neue Situationen, um sich rasch und überlegt anpassen zu können. Reagieren und Anpassen muss dabei verstanden werden als zielgerichtete Strategie unter Bereitstellung der notwendigen Ressourcen für eine solche Politik.

Es bleibt festzuhalten:

Für KMU ist es wichtig, sich physisch und geistig so flexibel zu verhalten, dass es Wettbewerbern schwer möglich ist, ihnen nachzueifern. Dazu ist es notwendig, sich ganz gezielt über den zukünftigen Kurs Gedanken zu machen und das Unternehmen bewusst und längerfristig «auszurichten».

KMU handeln noch sehr häufig rein intuitiv. Damit fällt es einem Unternehmen sehr schwer, die eigenen Stärken optimal zu nutzen und sich im Markt zu profilieren. Ausserdem ist intuitives Handeln gefährlich, da bei überraschenden Änderungen von Einflussfaktoren die Auswirkungen unüberschaubar werden. Besser ist es, bestimmte Entwicklungen «vorauszudenken», um rechtzeitig Antworten zu besitzen.

Das heisst: es müssen Strategien entwickelt werden!

Eine weitere Feststellung aus unserer Befragung sei hier angemerkt:

> Mittelunternehmen messen einer strategischen Ausrichtung ganz allgemein eine höhere Bedeutung bei als Kleinunternehmen.

Dies wird daraus ersichtlich, dass im Vergleich zu den KU insgesamt ein höherer Prozentsatz der MU die Bedeutung verschiedener Strategiealternativen als «sehr wichtig» einstufte. Ausserdem haben wesentlich mehr MU schriftlich formulierte strategische Vorstellungen für die Zukunft (Tab. 3.1).

Diese Beobachtung wird auch durch folgendes Resultat unterstrichen:

> Rund ein Drittel mehr MU als KU sehen die Fähigkeit der Unternehmensleitung, die Firma langfristig nach strategischen Überlegungen zu führen, als einen der drei wichtigsten Erfolgsfaktoren für ihr Unternehmen an.

3.4 Wie werden Strategien entwickelt?

Will man eine Strategie für die Zukunft entwickeln, so ist zunächst folgendes zu beachten:

Strategieentwicklung ist nicht die Aufgabe einer Planungsabteilung. In KMU ist sie die ureigenste Aufgabe der Unternehmensleitung selbst!

Die führenden Mitarbeiter müssen den Unternehmensleiter allerdings tatkräftig dabei unterstützen. Denn:

- sie können wichtige Impulse geben,
- sie sind zumeist sehr wichtig für die Umsetzung der Strategie. Dafür ist Konsens bei der Strategieentwicklung eine Grundvoraussetzung,
- dadurch wird unternehmerischer Initiativgeist gefördert.

Zur Erarbeitung von Strategien gibt es kein Standardverfahren. Vielmehr besitzt oder entwickelt jedes Unternehmen seine eigene Methode. Allerdings gibt es gewisse Anhaltspunkte, die bei Beachtung die Strategieentwicklung erleichtern. Zu den einzelnen Schritten sollen im folgenden einige Hinweise gegeben werden.

Die Situation analysieren

Zunächst einmal muss eine Bestandsaufnahme der Situation gemacht werden, so wie sie sich momentan dem Unternehmen präsentiert. Ziel ist es, einen möglichst guten Überblick über die Ausgangslage für die Zukunft zu erhalten.

Dabei ist es wichtig, sich auf das Wesentliche zu beschränken. Denn: Ordner voller Informationen verbauen die Sicht für die Aspekte, die wirklich relevant sind. Nicht selten wird dann die Übung abgebrochen mit der (resignierenden) Feststellung, dass man gar nicht die Zeit hat, alle Informationen zu verarbeiten. Bevor man deshalb etwas Falsches mache, lasse man es lieber bleiben. Daher: Versuchen Sie, die wichtigsten Erkenntnisse über den Markt und die eigene Marktposition in knapper Form übersichtlich auszuarbeiten. Lassen Sie sich nicht entmutigen, wenn gewisse Informationen fehlen. Unternehmensführung in der Situation von vollkommener Information bleibt eine Illusion. Nehmen Sie Informationslücken bewusst in Kauf! Die gute Kenntnis über Kunden, deren Wünsche und Probleme, Konkurrenten und Trends ist in den meisten Fällen wichtiger als genaue Zahlen und Daten.

Welche Bereiche sollten nun genauer untersucht werden?

Grundsätzlich kann gesagt werden: Zu analysieren sind sowohl die jetzige Situation als auch die zukünftige Entwicklung

- der unternehmensrelevanten Umweltfaktoren (extern) und
- des eigenen Unternehmens (intern).

Konkret sollte man sich u.a. zu folgenden Punkten Überlegungen machen:

Durchzuführende Analysen	**Fragestellungen**
Unser Geschäft heute und morgen	Was ist unser Geschäft heute? Wie könnte es in Zukunft aussehen?
Produkt-/Marktübersicht	Mit welchen Produkt-/Marktsegmenten sind wir am Markt tätig?
Umweltanalyse	Welche externen Entwicklungen kommen auf uns zu (z.B. technologische Änderungen, gesetzliche Regelungen und Verordnungen)?
Konkurrenzanalyse	Wo sind wir stark, wo schwach im Vergleich zur Konkurrenz?
Marktdaten/Marktentwicklung	Wie ist der Markt heute? Wohin entwickelt er sich?
Branchenanalyse	Wie sind die Zukunftsperspektiven unserer Branche?
Substitutionsanalyse	Wo gibt es Veränderungsprozesse?
Ökologische Umweltgefährdungen	Was bedeutet der Schutz der Umwelt für uns bzw. unsere Kunden?
Unternehmensanalyse	Welche Stärken sollten besser genutzt, welche Schwächen vermieden werden?
Wertvorstellungsprofil	Welche Wertvorstellungen leiten unser Denken und Handeln?
Kundenstruktur	Wie setzen sich unsere Kunden zusammen?
Ertragsstruktur	Mit welchen Marktleistungen und Zielgruppen verdienen wir unser Geld?
Kostenstruktur	Wie kostenintensiv sind die einzelnen Funktionen?
Kundenzufriedenheit	Wie zufrieden sind unsere Kunden/Nichtkunden mit unserer Leistung?
Portfolioanalyse	Wie stark ist unsere Wettbewerbssituation?
Innovationsanalyse	Wo sind interessante Innovationsfelder?

Diese Aufstellung ist weder vollständig, noch ist es ein Muss, *alle* Analysen durchzuführen. Sie soll lediglich einen Anhaltspunkt über mögliche Analysebereiche geben.

In den einzelnen Kapiteln dieses Leitfadens finden Sie einige Hinweise dafür, die die Durchführung dieser Analysen erleichtern können (z.B. finden sich im Kap. «Marketing» Anmerkungen zur Produkt-/Marktposition sowie zur Durchführung einer gezielten Marktforschung; Kap. «Innovation» liefert Tips zur Innovationsanalyse usw.).

Eine Übersicht in Checkliste A gibt darüber hinaus Hilfestellung, aus welchen sogenannten Sekundärquellen man sich zu bestimmten Analysebereichen Informationen beschaffen kann. Mit Sekundärquellen sind dabei bereits vorhandene Datenquellen gemeint, die nicht mehr selbst gesammelt werden müssen.

Welche Analysen in welchem Detaillierungsgrad letztendlich auch gemacht werden können: Es ist wichtig, sämtliche erhobenen Informationen in geeigneter Weise zu verdichten. Gerade für strategische Überlegungen bei KMU bietet es sich an, die Analysen in

1. einer Zusammenstellung der **Stärken und Schwächen** des eigenen Unternehmens (unternehmensinterne Faktoren) als auch in
2. einer Aufstellung der möglichen **Chancen und Gefahren,** die sich aus den Entwicklungstendenzen des allgemeinen Umfeldes des Unternehmens ergeben (unternehmensexterne Faktoren),

einfliessen zu lassen.

Zu 1:

Die Bewertung der eigenen Stärken und Schwächen muss durch einen Vergleich erfolgen, d.h., man benötigt eine Messlatte. Sinnvollerweise wird dazu der Vergleich mit den/dem wichtigsten Konkurrenten angestellt, denn: Nicht bestmöglich, sondern «nur» besser als die Konkurrenz zu sein ist die Voraussetzung für Erfolg!

Das bedeutet: Eine Stärke liegt dann vor, wenn das Unternehmen in einem erfolgsrelevanten Bereich der Konkurrenz überlegen ist, im gegenteiligen Fall handelt es sich um eine Schwäche.

Notwendige Voraussetzung für das Erstellen eines Stärken-Schwächen-Profils ist dementsprechend, die vorhandene (und potentielle!) Konkurrenz bezüglich dieser erfolgsrelevanten Bereiche zu analysieren. Hinweise für die konkrete Durchführung einer Konkurrenzanalyse liefert Checkliste B.

An dieser Stelle sei die enge Verwobenheit der unterschiedlichen oben aufgeführten Analysen betont: Diese können nicht völlig unabhängig voneinander durchgeführt werden, da z.B. eine Konkurrenzanalyse (als unternehmensexterne Analyse) für die Erstellung des Stärken-Schwächen-Profils (unternehmensinterne Analyse) als Messlatte benötigt wird.

Ein Beispiel für ein Stärken-Schwächen-Profil findet sich in Checkliste C. Das Beispiel ist bewusst ausführlich gehalten, um gleichzeitig gewisse Anhaltspunkte für mögliche Kriterien, die untersucht werden können, zu geben. In der praktischen Anwendung empfiehlt es sich jedoch, sich auf die Betrachtung ausgewählter, für den Erfolg des Unternehmens zentraler Kriterien (strategische Schlüsselfragen) zu beschränken.

Zu 2:

Des weiteren müssen die Informationen, die aus den unterschiedlichen Analysen des externen Umfeldes gewonnen wurden, bezüglich ihrer strategischen Relevanz für das eigene Unternehmen beurteilt werden. Ziel ist es dabei, Chancen zu erkennen und auf mögliche Gefahren hinzuweisen. Für jede aufgezeigte Entwicklung ist zu fragen: Wie trifft dieser Trend unser Unternehmen?

Das Vorgehen ist das folgende:

Trifft eine aufgezeigte Entwicklung auf eine Stärke, so ist dies ganz bestimmt als eine Chance zu interpretieren, denn das Unternehmen ist besser als die Konkurrenz in der Lage, diese Entwicklung auszunützen. Im umgekehrten Fall müssen die Gefahren klar erkannt werden.

Immer zu beachten ist: Gefahren sind leichter zu dramatisieren und wahrnehmbar zu machen als Chancen! Gehen Sie daher ganz gezielt auf «Chancensuche»!

Wichtig für die Erstellung des Chancen-Gefahren-Profils ist es, sich auf wenige zentrale Fragestellungen zu konzentrieren. Denn: Das Erkennen und vor allem die richtige Beurteilung der *fundamentalen Trends* ist von grösserer Bedeutung als Analysen mit hohem Detaillierungsgrad.

Ein beispielhaftes (und ebenfalls bewusst ausführlich gestaltetes) Chancen-Gefahren-Profil ist in der Checkliste D dargestellt. Auch hier ist es wichtig, sich für die weiteren strategischen Überlegungen auf die Hauptchancen und Hauptgefahren zu beschränken.

Aus diesen Analysen des Unternehmens und der Umwelt heraus gilt es nun, die *Schlüsselprobleme* für die folgenden strategischen Überlegungen zu erkennen. Hierbei ist dringend anzuraten, sich auf die fünf bis zehn wichtigsten Schlüsselprobleme zu beschränken; mehr lassen sich kaum noch sinnvoll bearbeiten und bringen in der Regel nur wenig zusätzlichen Nutzen.

Man kann sich dazu folgende Fragen stellen:

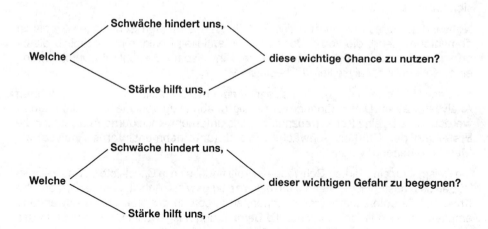

Wie werden Strategien entwickelt?

Für die strategischen Überlegungen stehen die *Stärken* und die *Chancen* im Vordergrund. Natürlich müssen auch Schwächen und Gefahren berücksichtigt werden, doch darf man nicht den Fehler begehen, in der Analysephase nur Probleme im negativen Sinne zu sehen.

Ein empirischer Exkurs zur strategischen Analyse

Wie sich die Situation der von uns befragten KMU bezüglich einiger dieser zu erhebenden Daten präsentierte, soll im folgenden kurz vorgestellt werden.

Beispiele zu «Unser Geschäft heute und morgen»:

	6–49 MA	50–499 MA
unter 30%	8%	13%
30–50%	21%	29%
51–70%	24%	25%
71–90%	20%	17%
über 90%	27%	16%
(vom Gesamtumsatz)		

Tab. 3.2: Umsatz mit der Hauptproduktgruppe

Man kann in Tab. 3.2 sehen, dass gerade die KU häufig nur von einer Produktgruppe leben. Diversifikation ist eher unüblich. Diese Unternehmen müssen ganz besonders auf die zukünftigen Entwicklungen achten und sich strategische Handlungsalternativen überlegen, da ihre Abhängigkeit von der Hauptproduktgruppe sehr hoch ist und diesbezügliche Veränderungen schnell zu Krisen führen können.

Eine andere Abhängigkeit kann entstehen, wenn der Umsatz mit nur wenigen Kunden erzielt wird:

	6–49 MA	50–499 MA
1–2	11%	5%
3–5	25%	14%
6–10	19%	19%
11–20	14%	21%
mehr als 20	31%	41%

Tab. 3.3: Anzahl Kunden, mit denen zusammen mindestens die Hälfte des Umsatzes beim Hauptprodukt erzielt wird

Beispiele zur Branchenanalyse:

	6–49 MA	50–499 MA
sehr/eher schwach	18%	9%
weder noch	24%	19%
sehr/eher stark	58%	72%

Tab. 3.4: Abnehmermacht: Wie stark können die Abnehmer den Unternehmen die Konditionen (Preis, Menge, Qualität, Lieferbedingungen) diktieren?

	6–49 MA	50–499 MA
sehr/eher schwach	38%	39%
weder noch	33%	34%
sehr/eher stark	29%	27%

Tab. 3.5: Lieferantenmacht: Wie stark können die Lieferanten die Konditionen diktieren?

Vor allem die Abnehmer sind allem Anschein nach in der Lage, den befragten KMU gegenüber ihre eigenen Vorstellungen durchzusetzen. Es wird auch hier deutlich: Die von vielen Unternehmensleitern genannte Kundenorientierung und Kundenflexibilität ist eine Grundvoraussetzung für das Überleben von KMU in der heutigen Zeit! Die hier geforderten, *weitergehenden* Strategieüberlegungen sollten jedoch dahin gehen, wie dieser verspürte Druck in Zukunft eventuell reduziert werden könnte (z.B. durch Nischenprodukte usw.)!

Beispiele für Marktdaten:

	6–49 MA	50–499 MA
unter 1%	9%	3%
1–10%	23%	20%
11–30%	17%	34%
über 30%	16%	26%
nicht bekannt	35%	17%

Tab. 3.6: Marktanteil im Markt des Hauptproduktes

Wie werden Strategien entwickelt?

Der Marktanteil ist eine der wichtigsten Grössen, die ein Unternehmen im Auge behalten muss, um Informationen zur Entwicklung der eigenen Position im Markt zu besitzen und Handlungsbedarf abschätzen zu können. Daher stimmt es sehr bedenklich, dass jedes dritte KU und fast jedes fünfte MU *keinen* diesbezüglichen Überblick haben!

	6-49 MA	50-499 MA
schrumpfen	16%	16%
gleichbleiben	52%	47%
wachsen	32%	37%

Tab. 3.7: Voraussichtliche Entwicklung des Marktvolumens für das Hauptprodukt in den nächsten zwei Jahren

Die Kenntnis dieser Daten ist von Bedeutung, um die Entwicklung des eigenen Unternehmens richtig interpretieren zu können: Wächst beispielsweise der Markt stark, so ist ein gleichbleibender Umsatz anders zu interpretieren (sinkender Marktanteil!) als bei einer Marktschrumpfung.

	6-49 MA	50-499 MA
sehr intensiv	37%	47%
eher intensiv	48%	45%
eher schwach	14%	7%
sehr schwach	1%	0%

Tab. 3.8: Intensität des Wettbewerbs für das Hauptprodukt im Markt insgesamt

Auch diese Tabelle spricht eine deutliche Sprache: Nur noch ganz wenige MU und mittlerweile auch KU befinden sich mit ihrem Hauptprodukt in einem geschützten (Nischen-)Markt!

Beispiele zur Konkurrenzanalyse:

	6-49 MA	50-499 MA
keine	2%	0%
1-2	40%	47%
6-10	24%	32%
11-50	20%	16%
über 50	14%	5%

Tab. 3.9: Anzahl ernsthafter Konkurrenten im Markt für das Hauptprodukt

Eine weitere wichtige Analyse ist die Untersuchung der Grösse der Konkurrenten. Darüber wurde in diesem Kapitel bereits eine Aussage (siehe Abb. 3.1) gemacht.

Substitutionsanalyse:

	6–49 MA	50–499 MA
sehr gross	7%	4%
eher gross	33%	38%
eher klein	51%	53%
sehr klein	9%	5%

Tab. 3.10: Ersatzprodukte: Ausmass der Gefahr, dass das Hauptprodukt durch ein Produkt der Konkurrenten ersetzt werden könnte

	6–49 MA	50–499 MA
sehr schwer	27%	32%
eher schwer	61%	60%
eher leicht	11%	8%
sehr leicht	1%	0%

Tab. 3.11: Markteintrittsbarrieren: Ausmass der Schwierigkeit für einen Neuanbieter, im Markt für das Hauptprodukt Fuss zu fassen

Allem Anschein nach bestehen in den Märkten für die jeweiligen Hauptprodukte der KMU relativ hohe Markteintrittsbarrieren, sei es durch besondere Standorte, hohen Kapitalbedarf, Image, Kostenvorteile, Zugang zu Absatzwegen usw. Dies bedeutet einen gewissen Schutz für die bestehenden Anbieter.

Diese Auswahl von Auswertungen aus unserer Untersuchung soll zum einen Beispiele für die strategischen Analysebereiche aufzeigen, anderseits Ihnen eine Einordnung des eigenen Unternehmens ermöglichen.

Noch einige allgemeine Anmerkungen zur Analysephase:

Liegen die Analysen in schriftlicher Form vor, sollten in einem nächsten Schritt die an der Strategieentwicklung beteiligten Personen zu einer mindestens eintägigen Arbeitssitzung zusammengebracht werden, um die Erkenntnisse aus den Analysen zu diskutieren. Wichtig ist dabei, auch einen gemeinsamen Abend in entspannter Atmosphäre zu verbringen, an dem dann die etwas «mutigeren» Gedanken ausgetauscht werden können.

Eventuell müssen anschliessend noch zusätzliche Detailanalysen durchgeführt oder gewisse Pendenzen abgeklärt werden.

Als Schlussfolgerung aus den Diskussionen entsteht ein gewisser Handlungsbedarf, d.h., Ziele für die Zukunft müssen erarbeitet werden.

Die Strategien festlegen

Nachdem nun der Standort bestimmt und auch die Zukunft klarer erkennbar geworden ist, muss das Unternehmen im nächsten Schritt seine eigenen Strategien für die Zukunft festlegen.

Zeigt die Analyse, dass das Unternehmen bereits in einer starken Position in einem relativ ruhigen – und ruhig bleibenden! – Markt tätig ist, so kann mit kleineren Kurskorrekturen so weitergemacht werden wie bisher. Aber: Viele KMU sind ehemals auf der Grundlage einer bestimmten Produktidee und des zur Herstellung notwendigen Know-hows gegründet worden und haben sich seither wenig verändert. Häufig wird es daher vorkommen, dass aufgrund gravierender Veränderungen grössere Anstrengungen nötig sind, um die Marktposition zu halten oder neue Marktpositionen aufzubauen. Je nachdem werden auch die notwendigen strategischen Umorientierungen drastischer ausfallen.

Viele Strategien sind denkbar. Die Kunst ist es, die «richtigen» auszuwählen und der Bedeutung entsprechend, die ihnen das Unternehmen gibt, zu gewichten und in eine Rangfolge zu bringen. Dies kann beispielsweise so aussehen:

<u>Unternehmensstrategien nach ihrer Priorität:</u>

1. Erhaltung der Liquidität	langfristig
2. Gewinnoptimierung	langfristig
3. Marktanteilserweiterung	mittelfristig
4. Diversifikation	mittelfristig
5. Kooperation	mittelfristig
6. Umsatzausweitung mit Produkt X	kurzfristig
7. Preiserhöhung 5% bei Produkt Y	kurzfristig
8. Markteinführung des Produktes Z	kurzfristig

Wichtig ist, dass nicht nur die Wertfolge, sondern auch die Zeitfolge der Strategien festgelegt wird.

Aus diesen Grundüberlegungen lassen sich dann die Strategien für die einzelnen Teilbereiche des Unternehmens bestimmen.

Das heisst auch: Es müssen konkrete Massnahmen getroffen werden. Diese Massnahmen sind notwendig, um die Strategien umsetzen zu können. Ein Beispiel:

Ein Unternehmen, das eine Strategie der *intensiven Marktdurchdringung* betreibt, kann dazu unter anderem folgende Massnahmen einsetzen:

- Aufbau neuer Vertriebswege
- Aufbau eines Informationssystems zur differenzierten Erfassung von Kundenwünschen
- Veränderung der Werbeträger und Verstärkung der Werbebemühungen.

Eine Strategie der *Markterschliessung* kann dagegen z.B. nachstehende Massnahmen erfordern:

- Veränderung der bisherigen Werbekonzeption entsprechend der vorgesehenen Marktsegmentierung
- Erweiterung der Aussendienstorganisation
- Ausbildung der Vertriebsmitarbeiter
- Preissenkungen zur Überwindung der Markteintrittsbarriere
- Bereitstellung zusätzlicher finanzieller Mittel.

Zu beachten ist:

- ❏ Erfolgreiche Strategien erlauben es, die eigenen Kräfte auf die Stärken des Unternehmens zu konzentrieren.
- ❏ Sie sind darauf ausgerichtet, Umwelt- und Marktchancen auszunutzen.
- ❏ Sie greifen die Konkurrenz dort an, wo sie schwach ist.
- ❏ Sie sind einfach.

Schliesslich wird als weitere Funktion einer Strategieplanung ganz deutlich: Das, was der Unternehmer in den einzelnen Teilbereichen in Zukunft zu tun gedenkt, muss *aufeinander abgestimmt* werden. Eine Wachstumsstrategie ohne Bereitstellung der finanziellen Mittel ist genauso unsinnig wie eine Forcierung der Automatisierung ohne entsprechende Weiterbildung, viele weitere Beispiele liegen auf der Hand. An dieser Stelle sei nochmals auf die bereits im Einleitungskapitel angesprochene Vernetztheit der einzelnen Teilbereiche hingewiesen. Eine klar geregelte Koordination ist notwendig, um die Mittel richtig einzusetzen und weder ein Zuviel noch ein Zuwenig in bestimmten Teilbereichen zu erhalten. Die Strategieplanung ist dafür ein äusserst hilfreiches Instrument.

3.5 Wie werden Strategien konkret umgesetzt?

Die Formulierung von Strategien reicht natürlich noch nicht aus. Die eigentliche Arbeit kommt jetzt erst: Die Strategien müssen umgesetzt werden. Denn: Strategie ohne Aktionspläne ist ein Gebet um ein Wunder! Was ist dabei zu beachten?

- Erläutern Sie die Strategien allen denjenigen Mitarbeitern klar und verständlich, die nicht an der konkreten Strategieerarbeitung beteiligt waren. Nur so verschafft man sich für die Neuausrichtung Verständnis und Akzeptanz.
- Leben Sie die Strategie persönlich vor. So entsteht bei den Mitarbeitern die Bereitschaft, auch selbst in dieser Art und Weise zu denken und zu handeln.
- Richten Sie die Ausbildung der Mitarbeiter auf die Strategie aus, d.h., die Mitarbeiter müssen in den Bereichen ausgebildet werden, die strategisch hohe Priorität besitzen (vgl. Kap. «Qualifikation und Weiterbildung»).
- Fördern Sie die Mitverantwortung der Mitarbeiter und die Identifikation mit der Strategie. Dies kann beispielsweise durch eine Erfolgsbeteiligung geschehen.
- Bleiben Sie in täglichem Kontakt mit den Mitarbeitern. So können Missverständnisse bezüglich der Strategien direkt ausgeräumt und kann strategiegerechtes Handeln gewürdigt werden.

Zum Abschluss noch einige Hinweise auf Fehlerquellen, die bei der Entwicklung und Durchsetzung von Strategien unbedingt vermieden werden sollten:

- mangelnder Einbezug der Mitarbeiter
- Überbetonung formalistischer Aspekte (Richtlinien erlassen, Handbücher erarbeiten usw.)
- Entwurf komplizierter Pläne
- Setzen ehrgeiziger Ziele bei fehlender Risikobereitschaft
- Beharren auf Erfolgsrezepten von gestern
- Expansion um der Expansion willen
- ungenügende Qualifizierung der Mitarbeiter.

Eine prägnante Beschreibung, die den Sinn von Strategien zu verdeutlichen versucht, lieferte Omar Bradley:

«Mit der Zeit lernt man, seinen Kurs nach dem Licht der Sterne zu bestimmen und nicht nach den Lichtern jedes vorbeifahrenden Schiffes!»

Literatur

Holzhuber, T. (1984). *Strategische Unternehmensführung in Klein- und Mittelbetrieben*, Wien: Signum Verlag.

Pipp, G. (1990). *Zukunftssicherung durch strategisches Management, Führungshilfen für Klein- und Mittelbetriebe*, Schriftenreihe der SKA, Zürich: Schweizerische Kreditanstalt.

Kreikebaum, H. (1993). *Strategische Unternehmensplanung*, Stuttgart: Verlag W. Kohlhammer.

Pümpin, C. & Geilinger, U. (1988). *Strategische Führung*, Schriftenreihe «Die Orientierung», Bern: Schweizerische Volksbank.

Kapitel 4

Marketing

Harald Brodbeck

Die richtige Ware zum richtigen Zeitpunkt am richtigen Ort...

4. Marketing

4.1 Grundlagen

Das Angebot an Gütern und Dienstleistungen weltweit wird immer grösser. Der Käufer hat dementsprechend eine grosse Auswahl, wie er sein spezielles Bedürfnis befriedigen will. Aus diesem Grunde sind nicht mehr die Güter knapp, sondern die Märkte. Dieser Wandel vom Verkäufermarkt der Nachkriegszeit zum Käufermarkt heute setzt den Konsumenten in die Lage, mit seiner Kaufentscheidung das absatzpolitische Verhalten von Unternehmen zu «belohnen» oder zu «bestrafen».

Diese Tatsache verlangt von den Unternehmen ein grundlegendes Umdenken: Sie dürfen sich nicht mehr nur als Produzent von Gütern, sondern müssen sich vor allem als Dienstleister für ihre Kunden verstehen. Dies verlangt eine konsequente Orientierung am Markt. Aus dieser Überlegung heraus entstand der Begriff des Marketings.

Der Wichtigkeit von Marketing für den Erfolg des eigenen Unternehmens sind sich auch die von uns befragten KMU-Leiter bewusst:

> Sowohl bei KU als auch bei MU sehen zwei Drittel der Unternehmer Marketing als wichtigsten Erfolgsfaktor für den Betrieb an!

Die Ansicht, Marketing sei Werbung oder nur der Verkauf, ist noch weit verbreitet. Angesichts der geschilderten neueren Situation greift dies jedoch zu kurz. Man kann den Unterschied zwischen Marketing und Verkauf auch als den Unterschied zwischen Säen und Ernten verstehen. Gutes Marketing entspricht gutem Säen und vor allem guter Saatbeetpflege. Gutes Verkaufen ist wirtschaftliches Ernten. Auf kurze Sicht gesehen, mag die Ernte gut sein, und der Verkauf erhält die ganze Anerkennung dafür. Aber wenn das Saatbeet durch Marketing nicht wieder neu bereitet wird, werden künftig auch die grössten Verkaufsanstrengungen vergeblich sein, weil es dann nichts mehr zu ernten gibt. Dies zeigt: Verkauf ist nur ein Teilbereich der für ein Unternehmen relevanten Marketingaufgaben.

In einprägsamer Form kann die Aufgabe des Marketings folgendermassen umschrieben werden:

Es ist den richtigen Leuten die richtige Ware zum richtigen Preis am richtigen Ort zum richtigen Zeitpunkt mit der richtigen Werbung und den richtigen Verkaufsfördermassnahmen so gewinnbringend wie möglich zu verkaufen. Dabei gilt: richtig = marktgerecht.

Marketing bedeutet folglich eine systematische Markt- und Kundenorientierung. Diese Ausrichtung muss bereits damit beginnen, dass sie das gesamte Denken jedes einzelnen Mitarbeiters zu jeder Zeit bei seiner täglichen Arbeit prägt:

Marketing fängt bereits im Kopf an!

Denn so selbstverständlich, wie es klingt, ist das marktorientierte Denken und Handeln noch nicht. Viele Unternehmen haben grosse Mühe, sich immer konsequent auf den Kunden und seine Wünsche auszurichten. Probleme gibt es nämlich spätestens dann, wenn veränderte Marktbedürfnisse vom Unternehmen und vom einzelnen Mitarbeiter verlangen, Dinge, die «wir immer schon so gemacht haben», aufzugeben und zu verändern. Warum sollte das, was in der Vergangenheit Erfolg brachte, plötzlich nicht mehr richtig sein? Hier ist der Unternehmer gefordert, die Einstellungen seiner Mitarbeiter dahingehend zu beeinflussen, dass sie in jeder Situation flexibel und aufgeschlossen für Neuerungen sind.

Wichtig zu beachten ist dabei: Sachargumente gegen Veränderungen sind häufig nur vorgeschoben. Die wahren Gründe werden nicht ausgesprochen. Dies sind beispielsweise Angst, die neue Situation nicht mehr zu beherrschen, Bequemlichkeit oder Verteidigung der eigenen Position. Als marktorientierter und damit veränderungswilliger Unternehmer muss man diese Barrieren «im Kopf» jedes einzelnen überwinden, indem man sich auf solche Abwehrhaltungen einstellt und gute Argumente vorbereitet. Veränderungsbereitschaft jedes Mitarbeiters ist die Grundvoraussetzung, damit die immer wieder beteuerte «konsequente Kundenausrichtung als oberstes Unternehmensziel» nicht zur blossen Phrase verkommt.

Übrigens: Das Denken in Marketingkategorien muss vom Unternehmer vorgelebt werden. Das bedeutet, dass in gleichem Masse die Wünsche der «internen Kunden», also der eigenen Mitarbeiter, wahrgenommen werden und für den einzelnen spürbar Berücksichtigung finden! (Vgl. Kap. «Mitarbeiterführung»)

Marketing ersetzt nicht, sondern ergänzt den guten Riecher!

Viele Unternehmen betreiben bereits ein Marketing, ohne es genau zu wissen. Sie sind z.B. umfassend über die Wettbewerber und die Abnehmer informiert und wissen über ihre eigene Position im Markt gut Bescheid. Allerdings ist dieses Wissen sehr oft auf mehrere Personen verteilt, nicht niedergeschrieben und somit nicht direkt zu verwenden. Ein systematisches Vorgehen hilft hier, das Einzelwissen zu bündeln und zielgerichtet anzuwenden, Zusammenhänge werden leichter erkannt. Ausserdem können eventuelle Lücken bzw. Schwächen nur dann entdeckt und beseitigt werden, wenn man sich «sein Marketing» bewusstmacht. Vielleicht nur, um anschliessend feststellen zu können: «Das haben wir schon immer geahnt.»

Es lässt sich festhalten, dass eine solche marketingbewusste Denkweise nicht, wie vielfach behauptet, aufgrund der Finanzlage und der Qualifikation des Personals vor allem auf Grossbetriebe zugeschnitten ist. Sie ist vielmehr auch für KMU von überlebensnotwendiger Wichtigkeit. Denn:

Wer sich nicht nach dem Markt richtet, wird vom Markt gerichtet!

Neben dem Denken in Marketingkategorien ist Marketing natürlich auch eine **praktische Aufgabe.** Dies bedeutet, dass der Markt, den man bedient, systematisch bearbeitet werden muss. Hier besteht bei den KMU noch eine Lücke zwischen oben erwähnter Einsicht, Marketing sei der wichtigste Erfolgsfaktor, und dem folgenden Ergebnis:

> Nur jedes zweite MU und gar jedes dritte KU halten eine intensive Marktbearbeitung (worunter z.B. Kundenkontakte, gezielte Werbung, bewusste Preisbildung usw. verstanden werden) für sehr wichtig, um Wettbewerbsvorteile zu erlangen.

Gutes Marketing verlangt jedoch, **aktiv** zu werden. Dazu müssen alle in der Definition auf Seite 51 angesprochenen Aufgaben des Marketings einzeln und bewusst gestaltet und aufeinander abgestimmt werden. Die folgenden Abschnitte sollen dafür einige Denkanstösse und Tips geben.

4.2 Den richtigen Leuten die richtige Ware

Jedes Unternehmen hat eine gewisse Anzahl Kunden, die es mit einem bestimmten Leistungspaket bedient. Man neigt, vor allem in Zeiten, in denen es der Firma gut geht, schnell dazu, sich mit der Bedienung dieses Kundenstammes zu begnügen. So läuft man jedoch Gefahr, mit der Zeit den Gesamtüberblick zu verlieren und vermehrt die «falschen Leute» (also nicht die wirklich attraktiven Kunden) mit der «falschen Ware» (sprich: mit nicht genau auf die Bedürfnisse der Kunden zugeschnittenen Leistungspaketen) zu beliefern. Des weiteren kann eine zu grosse Abhängigkeit von bestimmten Kunden entstehen. Deshalb ist es von Zeit zu Zeit notwendig, sich ein Bild darüber zu machen, ob man noch die richtigen Schwerpunkte bei seiner Marktbearbeitung setzt. Sich mit dieser Frage auseinanderzusetzen ist äusserst wichtig, sei es auch nur, um herauszufinden, dass der eingeschlagene Kurs nach wie vor stimmt.

Als erster Schritt steht folgende Überlegung im Vordergrund:

Welches ist die Menge aller möglichen Kunden, denen wir unsere Leistung anbieten könnten?

Dazu gehören Fragen wie:

- Welche Kunden beliefern wir momentan?
- Haben wir bei den bestehenden Kunden das Potential ausgeschöpft?
- Welche früheren Kunden könnten nach wie vor unsere Produkte benötigen?
- Gibt es zusätzliche Kunden, die neuerdings unsere Produkte benötigen könnten? Diese können z.B. durch Neugründungen oder Diversifikation angestammter Unternehmen entstehen. So baut der koreanische Mischkonzern Hyundai erst seit wenigen Jahren Autos.
- Gibt es zusätzliche Anwendungen für unsere Produkte, mit denen wir in neue Märkte stossen könnten? (Kann man beispielsweise auf speziell für die Automobilindustrie entwickelten, robotergerechten Lagergestellen für Karosserieteile auch Teile der Weisswarenindustrie lagern?)

Ziel ist es, durch diese Überlegungen Marktchancen zu identifizieren!

Nach dem Motto: «Man kann es nicht jedem recht machen» sollte natürlich nicht in jedem Bereich der Wettbewerb aufgenommen werden. Denn:

Marketing für jeden ist Marketing für keinen! Es gilt daher in einem nächsten Schritt herauszufinden:

Welche dieser insgesamt möglichen Märkte/Kunden sollen tatsächlich intensiv bearbeitet werden?

Es gilt, die «richtigen Leute» zu identifizieren.

Um hier die Schwerpunkte für die Zukunft festlegen zu können, müssen die potentiellen Märkte/Kunden auf ihre Attraktivität hin beurteilt werden. Beispielhaft lassen sich folgende Fragen stellen:

- Wie gross ist das Marktvolumen?
- Wie hoch ist das Marktwachstum und das -potential?
- Wie hoch sind Markteintrittsbarrieren in den neu anvisierten Märkten (z.B. Patente, Zugang zu Absatzwegen, Lieferantentreue usw.)?
- Welche Renditen können erzielt werden?

Aufgrund dieser Abschätzung der Attraktivität muss sich das Unternehmen entscheiden, welche Kunden oder Märkte in Zukunft bearbeitet werden sollen (vergleichen Sie hierzu auch Kap. «Strategie»).

Nun muss allerdings zur Kenntnis genommen werden, dass sich die ausgewählten Kunden/Märkte hinsichtlich ihrer Bedürfnisse und Produkterwartungen mehr oder weniger voneinander unterscheiden. Das Ziel ist jetzt, homogene Kundengruppen abzugrenzen, damit dann mit einer gezielten (Teil-)Marktbearbeitung grösstmögliche Erfolge erreicht werden können. Ganz im Sinne des griechischen Sprichwortes: Nur wer das Ziel kennt, kann es treffen!

Die Frage lautet also:

Gibt es unter den ausgewählten Kunden bzw. Märkten bestimmte Gruppen, die auf die gleiche Weise bearbeitet werden können?

Dies ist die Frage nach einer sinnvollen «Marktsegmentierung». Marktsegmentierung heisst, den Markt in Kundengruppen zu unterteilen, die unterschiedliche Bedürfnisse und Probleme haben und auf die Marktbearbeitungsinstrumente (Preisgestaltung, Werbung, Vertrieb usw.) unterschiedlich reagieren.

Je besser es in dieser Phase gelingt, den Markt zu segmentieren, desto besser wird es später gelingen, ein bestimmtes Produkt mit einem bestimmten Nutzen anzubieten. Desto besser kann auch in der Verkaufsargumentation auf den Käufer und seine Bedürfnisse eingegangen werden.

Welche Segmentierungskriterien herangezogen werden können, ist in Abb. 4.1 dargestellt.

Drei mögliche Verhaltensweisen lassen sich aus einer Segmentierung ableiten:

1. **Undifferenzierte Marktbearbeitung:** Die Unterschiede zwischen den verschiedenen Marktsegmenten werden nicht beachtet, der gesamte Markt wird gleich bearbeitet. Dies ist das «Schrotflintenkonzept». Es ist dann

anwendbar, wenn sich die Segmente in ihren Bedürfnissen nur wenig voneinander unterscheiden.

2. **Differenzierte Marktbearbeitung:** Jedes einzelne Segment wird einzeln massgeschneidert bearbeitet. Diese Strategie wird als «Scharfschützenkonzept» bezeichnet.

3. **Konzentration:** Der gesamte Markt wird segmentiert, es werden allerdings nur ausgewählte Segmente, die für das Unternehmen besonders attraktiv sind, bearbeitet. Attraktiv kann dabei z.B. heissen: hohe Rendite, schwache Konkurrenz, überlegener Kundennutzen, Know-how und Ressourcen sind intern vorhanden, zur Strategie passend, verteidigungsfähig.

Egal, für welche Form der Marktbearbeitung man sich entscheidet:

Für jedes der letztlich ausgewählten Segmente gilt es jetzt, das jeweilige Leistungspaket zu schnüren, das angeboten werden soll.

In den folgenden Abschnitten geht es darum, mit welchen Instrumenten die identifizierten Teilmärkte und Kunden konkret bearbeitet werden können (Preis, Verkauf, Vertrieb usw.). Dies muss sowohl für die bestehenden als auch für die neu zu erschliessenden Kunden und Märkte in systematischer Weise gemacht werden.

Kriterien zur Marktsegmentierung

Segment	Segmentierungskriterien
für den Verkauf an **Unternehmen**	**geographische/regionale** Marktsegmente (MS) **firmendemographische** MS (Grösse der Unternehmen) **branchenorientierte** MS (Stahl, Elektro, Behörden, usw.) **anwendungstechnische** MS (Firmen, die gleiche Technologien benutzen)
für den Verkauf an **Verwender**	**geographische/regionale** (MS) **soziodemographische** MS (Eigenschaften von Zielgruppen, z.B. alle Studenten) **psychologische** MS (Verhaltensweise von Zielgruppen, z.B. alle umweltbewussten Verbraucher) **verbrauchorientierte** MS (Kaufgewohnheiten wie Prestigebedürfnis) **sozioökonomische** MS (Kaufkraft usw.)
hervorgehend aus **Marktstrategie**	**Produkt**segmente (z.B. Porsche: Sportwagen) **Qualitäts**segmente **Vertriebs**segmente (nach Vertriebswegen) **Preis**segmente

Abb. 4.1: Segmentierungskriterien

Eine noch feinere Segmentierung entsteht dann, wenn einzelne Merkmale miteinander gekoppelt werden, z.B. «Grossunternehmen der Automobilindustrie im europäischen Raum mit qualitativ hochwertigen Ansprüchen» usw. Auf diese Art und Weise entstehen Teilmärkte.

Zunächst noch einige ausgewählte Anmerkungen zur **richtigen Ware:**

Die «richtige Ware» soll ein ganz bestimmtes Bedürfnis einer Zielgruppe befriedigen. Das heisst: Entscheidend dafür, ob ein Produkt verkauft wird oder nicht, ist der Nutzen bzw. die Funktion, die es für den potentiellen Kunden erfüllt. Nicht mehr das technisch Mögliche, sondern das vom Kunden Benötigte ist zu liefern! (Vgl. Kap. «Technologieeinsatz»)

Dabei besteht die Ware aus zwei Teilen:

- aus dem Produkt selbst und dessen Qualität bzw. Leistungsvermögen
- aus den zugehörigen Dienstleistungen wie Lieferung, Inbetriebnahme, Garantieleistung, Service, Personalschulung usw.).

> Bei je zwei Fünfteln der untersuchten KU und MU beträgt der Anteil an Dienstleistungen am Produkt bereits zwischen 10 und 20%.
>
> Interessant ist die Veränderung dieses Anteils in den vergangenen 5 Jahren: Während bei etwa der Hälfte der KMU der Anteil an Dienstleistungen unverändert blieb, hat dieser sich bei der anderen Hälfte erhöht!

Der Kunde erwartet mehr denn je als Produkt ein komplettes Paket. Dies muss der Anbieter sowohl bei der Offertenerstellung (biete dem Kunden einen Zusatznutzen!) als auch bei der Vorkalkulation (Teile des Service sollten kostenlos sein!) berücksichtigen.

Eine weitere Form, ein Produkt zu beschreiben, ist sein «Alter». Ist es schon lange im Markt, und hat es viele Konkurrenten? Oder ist es ein neues Produkt, mit dem wir noch eine Weile allein auf dem Markt sein werden? Beide Situationen erfordern eine separate Vorgehensweise.

Wichtig für ein Unternehmen ist es, nicht nur «alte» Produkte, die in der Regel gegen viel und starke Konkurrenz kämpfen müssen, im Programm zu haben. Ausdruck für das Alter eines Produktes ist die Phase, in der es sich in dem sogenannten Produktlebenszyklus befindet:

> Vier Fünftel der untersuchten KU und sieben Zehntel der MU haben unter 20% Anteil an Produkten in der Einführungs- und Wachstumsphase.

Daraus lässt sich erkennen, dass KMU den häufig geforderten Umsatzanteil von 50% mit Produkten, die sich in der Einführungs- und Wachstumsphase befinden, zum grössten Teil nicht erfüllen.

Auch wenn viele KMU Marktnischen bearbeiten, in denen Neuerungen nicht so dringend notwendig erscheinen: eine bewusste Innovationsförderung scheint auch hier dennoch angeraten zu sein! (Vgl. Kap. «Innovation»)

4.3 Der richtige Preis

Eine erste wichtige Frage im Rahmen der konkreten Marketinginstrumente ist die Frage nach dem Preis:

- Wie teuer darf mein Produkt höchstens sein? (Preisobergrenze)
- Wie billig darf es höchstens sein? (Preisuntergrenze)

Der Preis ist ein um so sensibler zu handhabender Parameter, je preisempfindlicher sich die Nachfrage verhält, d.h. je mehr Nachfrage bei einer bestimmten Preissenkung erzeugt wird, und umgekehrt, je mehr Nachfrage bei einer bestimmten Preiserhöhung verlorengeht.

Ist die Nachfrage demgegenüber preisunempfindlich, so haben Preisschwankungen nur wenig Einfluss darauf (dies ist z.B. die typische Situation bei Grundnahrungsmitteln wie Brot).

Bei unserer Untersuchung ergaben sich folgende Resultate:

> Nahezu 70% der KU als auch der MU befinden sich mit ihren Produkten in Märkten mit preisempfindlicher Nachfrage!

Das bedeutet, dass eine bewusste und richtige Preisbildung gerade in diesen Märkten von erheblicher Bedeutung ist, um die erwünschte Nachfragemenge mit den erwünschten Margen zu erhalten.

Welchen preispolitischen Spielraum hat ein Unternehmen eigentlich?

Prinzipiell gilt: Der Spielraum geht vom Preis, der zu niedrig ist, um Gewinn abzuwerfen, bis zum Preis, der zu hoch ist, um Nachfrage zu schaffen:

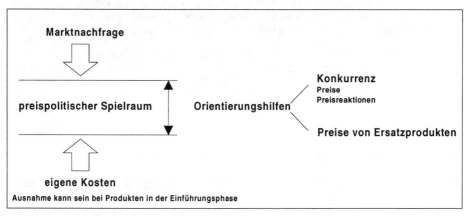

Abb. 4.2: Der preispolitische Spielraum

Unsere Untersuchung ergab, dass der überwiegende Teil der KMU den *Preis nach den eigenen Kosten* festlegt. Das bedeutet, dass rein nach innerbetrieblichen Gegebenheiten kalkuliert wird: Preis = Kosten + Gewinn.

Dies ist gefährlich, da der Preis dann häufig am Markt nicht durchsetzbar ist, d.h., die eigenen Kosten sind so hoch, dass kein preispolitischer Spielraum mehr besteht!

Daher sollte das Unternehmen sich an anderen Preisüberlegungen orientieren. Beispiele sind:

- *Marktpreise:* Welche Preise sind im Markt erzielbar? Sieht man dann, dass die eigenen Kosten zu hoch sind, um einen angemessenen Gewinn oder Deckungsbeitrag zu erwirtschaften, müssen Massnahmen auf der Kostenseite ergriffen werden (beispielsweise mit Hilfe einer Wertanalyse, vgl. Kap. «Technologieeinsatz»).

- *Nutzenpreise:* Diese Sichtweise ist vor allem bei Auftrags- oder Spezialfertigung sinnvoll. Versuchen Sie abzuschätzen: Wie gross ist der Nutzen, den der Kunde durch den Kauf und Einsatz unseres Produktes hat, und wie gross ist die Differenz zwischen den Kosten seiner heutigen Problemlösung und der von uns angebotenen? Vielleicht kommt bei dieser Betrachtung heraus, dass sogar ein höherer Preis als der kalkulierte gerechtfertigt wäre.

Der folgende Kasten gibt einen Überblick über die häufigsten Fehler bei Preisentscheidungen.

Schwachpunkte vieler Unternehmen bei der Preispolitik:

- Preisfestlegung zu einseitig kostenbezogen.
- Preis wird nicht häufig genug angepasst, um aus Marktveränderungen Vorteile zu ziehen.
- Betrachtung des Preises als unabhängig von den anderen Marketingaktivitäten, d.h., er wird nicht als wesentlicher Bestandteil der Positionierungsstrategie angesehen.
- Preise für Produktvarianten und Marktsegmente werden nicht genügend abgestuft.

Zum Abschluss noch einige allgemeine Hinweise zum Preis:

■ Der Preis ist ein wesentlicher Bestandteil der strategischen Ziele, die man mit einem Produkt verfolgt: Will das Unternehmen beispielsweise kurzfristige Gewinnmaximierung, maximales Absatzwachstum, maximale Abschöpfung oder Qualitätsführerschaft? Je nachdem setzt man unterschiedliche Preise.

■ Um bei der Einführung eines Produktes in der Anfangsphase Nachfrage zu erzeugen, gehen viele Unternehmen mit dem Preis zunächst sogar unter die eigenen Kosten. Dies ist dann möglich, wenn der Preis bei steigender Nachfrage relativ schnell erhöht werden kann und die Kosten plus eine Gewinnmarge deckt!

- Allgemein ist jedoch zu sagen: Gerade in den heutigen Zeiten eines Käufermarktes, da die Kundenmacht vor allem viele KMU in Schwierigkeiten bringt, ist der «Weg nach oben» (preislich gesehen) äusserst mühsam und zum Teil mit erheblichen Absatzverlusten verbunden. Der Wettbewerb ist viel härter geworden, d.h., Zusatzleistungen können nicht in gleichem Masse mit einem höheren Preis einhergehen. Die Kosten im Griff zu haben ist daher ein ganz wesentlicher Faktor.

- Es klingt banal, wird aber häufig vergessen: Insbesondere bei Exportgeschäften in sogenannte Exotenländer ist mit harten Preisverhandlungen zu rechnen, so dass man hier unter Umständen zunächst einige Prozent über dem normalen Listenpreis anbieten sollte, um sich Luft nach unten zu verschaffen.

- Achtung vor zu grossen Preissprüngen: Dies löst Skepsis bei den Kunden aus, die Verhandlungen werden dann meistens härter. Aber genauso ist vor zu grossem Nachgeben zu warnen. Hier läuft man Gefahr, unglaubwürdig zu werden. Zu empfehlen ist also eine konsequente Preispolitik! Dazu gehört auch der folgende Punkt:

- Die Preise sollten vor allem wegen der Inflation und der Preisentwicklung bei wichtigen Rohstoffen laufend beobachtet werden. Sind notwendige Anpassungen unumgänglich, sollten diese aus oben erwähnten Gründen in möglichst kleinen Schritten vorgenommen werden.

4.4 Wie verkaufe und wie verteile ich mein Produkt?

Der Verkauf ist das direkteste Instrument zur Marktbearbeitung, da dessen Mitarbeiter in der Regel die ersten Kontaktpersonen für den Kunden sind.

Die Aufgaben des Verkaufs lassen sich wie folgt umreissen:

- ❏ Potentielle Kunden mit auswählen: Diese Arbeit sollte in Zusammenarbeit mit der Unternehmensleitung im Rahmen der bereits diskutierten Aufgabe «Die richtigen Leute finden» geschehen.
- ❏ Kunden ansprechen und vom eigenen Produkt überzeugen: Dies geschieht telefonisch, schriftlich und in einer sehr entscheidenden Phase durch persönlichen Besuch.
- ❏ Die Abwicklung des Auftrages gestalten: Hierzu gehören die Offertstellung, die Auftragsbestätigung, die Weiterleitung des Auftrages in den Betrieb, die Terminüberwachung usw.
- ❏ Die Betreuung der Kunden nach dem Verkaufsabschluss: Der Kunde will weiter beraten werden, Garantie- und Serviceleistungen sind zu erledigen, und ganz allgemein muss der persönliche Kontakt aufrechterhalten bleiben. Man sollte sich ab und zu «sehen lassen», um dem Geschäftspartner im Gedächtnis zu bleiben.
- ❏ Informationsbeschaffung direkt im Markt: Verkäufer sind «Mini-Marktforscher» und für viele KMU die wichtigste Quelle für Informationen über Kundenbedürfnisse und Konkurrenzverhalten.

Gerade KMU verfügen meistens nicht über einen professionellen Aussendienst. Hier gilt es zu bedenken, dass eine Vielzahl an Mitarbeitern persönlichen Kundenkontakt hat: Dies fängt beim Unternehmer selbst an, geht über Installateure, Montagearbeiter beim Kunden, die Telefonistin und natürlich die Vertreter, den Verkaufsleiter und die Verkäufer.

Deshalb ist es wichtig,

- die Aufgaben, Kompetenzen und Verantwortlichkeiten der im Verkauf Tätigen genau festzulegen. Für den Kunden ist wichtig, dass er genau weiss, wen er in welcher Situation ansprechen muss.
- gewisse Richtlinien für das Auftreten nach aussen festzulegen und die Mitarbeiter darüber zu informieren. Denn: Wie man in den Wald hineinruft, so ruft es heraus.
- allen Mitarbeitern die Firmenstrategie im allgemeinen und bezüglich der einzelnen Marktsegmente im besonderen zu erläutern.

Der **persönliche** Verkauf, also der direkte Kontakt mit Kunden, um Kundenbestellungen zu erlangen, ist die wohl am häufigsten anzutreffende und auch wichtigste Form des Verkaufs gerade bei KMU. Persönlicher Verkauf ist teuer und kostet viel Zeit. Ausserdem verlangt diese Aufgabe viel Gespür (Verhandlungsgeschick, Auftreten, Überzeugungskraft), aber auch produktbezogenes Wissen. Der Verkäufer muss «verschiedene Sprachen» sprechen können, je nachdem, ob er z.B. mit einem Techniker oder einem Kaufmann spricht. Daher ist die erste Frage, die sich der Verkäufer beim Kontakt mit einem Kunden stellen muss:

Wem möchten wir unser Produkt eigentlich verkaufen, d.h., wer beeinflusst auf Kundenseite, ob unser Produkt gekauft wird oder nicht?

Vor diesem Problem stehen vor allem die Unternehmen, die ihre Produkte nicht Konsumenten, sondern Organisationen verkaufen wollen.

Das Kaufverhalten von Organisationen

Organisationen als Einkäufer verhalten sich typischerweise anders als Konsumenten. Organisationen sind hauptsächlich industrielle Abnehmer und öffentliche Institutionen. Kennzeichen dieser Märkte sind unter anderem:

- weniger Käufer
- grössere Käufer
- enge Beziehung zwischen Lieferant und Kunde
- ein professionelles Beschaffungsmanagement.

Was hat nun ein KMU, das einer Organisation sein Produkt verkaufen will, zu beachten?

Wenn Organisationen Produkte erwerben, geschieht dies häufig durch professionelle Einkäufer, die innerhalb und ausserhalb ihres Berufes ständig dazulernen. Sie sind sehr gut fähig, auch technische Details zu bewerten. Dies heisst für den Verkäufer eines KMU: Die Leistungsdaten und die technischen Informationen über das eigene Produkt müssen beherrscht werden.

Ein weiteres Kennzeichen für den Einkauf durch Organisationen ist auch die im Vergleich zu Konsumentenentscheidungen höhere Zahl an Mitwirkenden. Oftmals bestimmen ganze Einkaufsausschüsse über den Kauf von Produkten mit höherer Bedeutung. Dazu gehören:

- Anwender: Sie machen oft den Vorschlag zum Kauf und wirken bei der Definition der Produkteigenschaften mit.
- Beeinflusser: Hier ist vor allem das technische Personal zu nennen, aber auch der Betriebsrat usw.
- Einkäufer: Dies sind die Mitarbeiter der Einkaufsabteilung, die Lieferanten auswählen und mit ihnen verhandeln. Achtung: Sie sind meistens «nur» für die Abwicklung (Lieferbedingungen, Rabatte usw.) zuständig!
- Entscheider: Auch sie nehmen bei der konkreten Auswahl zumeist kaum Einfluss.
- Genehmigungsinstanzen usw.

Die Grösse und Zusammensetzung dieses Beschaffungsteams ist je nach Produkt unterschiedlich, d.h., beim Kauf eines Grosscomputers sind natürlich mehr Personen beteiligt als beim Kauf von Büromaterial.

Der Verkauf des KMU muss daher folgende Fragen klären:

- Welche Personen sind an der Einkaufsentscheidung beteiligt?
- Wie gross ist ihr Einfluss?
- Bei welchen Teilentscheidungen bringen sie ihren Einfluss zur Geltung?
- Welches sind die relevanten Auswahlkriterien, die das Einkaufsgremium anlegt?

Da man weder über die Zeit noch über die Mittel verfügt, alle Personen zu kontaktieren, müssen sich KMU darauf beschränken, die Schlüsselfiguren, die eine wichtige Rolle spielen, anzusprechen.

Wichtig ist: Überprüfen Sie regelmässig die Rolle und den Einfluss der an der Entscheidung beteiligten Personen. So verfolgte die Firma Kodak beim Verkauf von Röntgenfilmen an Krankenhäuser jahrelang die Strategie, über den Labortechniker zu verkaufen. Das Unternehmen übersah dabei, dass die Kaufentscheidung in zunehmendem Masse von Verwaltungsfachkräften getroffen wurde. Erst als die Verkaufszahlen absackten, erkannte man die geänderte Einkaufspraxis und beeilte sich, seine Zielgruppenstrategie entsprechend zu ändern.

Ein weiterer wesentlicher Faktor, der beim Verkauf an Organisationen berücksichtigt werden muss, ist die *Kaufsituation.* Handelt es sich um:

- einen reinen Wiederholungskauf
- einen Wiederholungskauf mit veränderten Wünschen oder
- einen Erstkauf?

Je nachdem muss eine unterschiedliche Verkaufsstrategie angewandt werden.

Ein **reiner Wiederholungskauf** liegt dann vor, wenn die Einkaufsabteilung routinemässig nachbestellt (Bürobedarf, chemische Grundstoffe usw.).

Strategie: Hier gilt es, die Qualität konstant hoch zu halten. Zusätzlich kann man versuchen, den Zeitaufwand des Einkäufers für die Wiederbestellung so gering wie möglich zu halten (z.B. durch automatische Nachbestellverfahren).

Beim **Wiederholungskauf mit Änderungswünschen** will der Käufer Änderungen im Preis, beim Produkt, bei den Lieferbedingungen usw.

Strategie: Ist man bereits Lieferant, so sollte alles daran gesetzt werden, diesen Wünschen zu entsprechen. Ist ein Lieferant einmal «draussen», wird es schwer, den Kunden zurückzugewinnen. Ist ein Unternehmen noch nicht Lieferant, kann es versuchen, eine solche Kaufsituation bewusst herbeizuführen. Der potentielle Kunde muss davon überzeugt werden, dass das eigene Leistungspaket besser ist (durch Zusatzleistungen oder weil die Änderungswünsche bereits berücksichtigt sind usw.) und dies für den Kunden einen Fortschritt darstellt. Dann besteht die Möglichkeit, dass man die Routine des reinen Wiederholungskaufs durchbricht.

Der **Erstkauf** stellt die grösste Chance und Herausforderung für den Verkauf dar. Je höher die Kosten und Risiken sind, desto mehr Personen wirken hierbei an der Entscheidung mit.

Strategie: Wichtig ist, möglichst viele Entscheidungsträger beim Käufer zu erreichen und Informationen bzw. Unterstützung zu bieten. Vor allem in frühen Phasen des Kaufprozesses ist eine aktive Bearbeitung möglich:

- Bei der Problemerkennung, d.h., wenn der Kunde zunächst einen Bedarf entdecken muss: Hier kann man beispielsweise direkt den Anwender fragen, ob ein Bedarf für das Produkt besteht.

- In einer zweiten Phase legt der Käufer die Eigenschaften der benötigten Produkte sowie der benötigten Mengen fest: Auch hier besteht eine grosse Chance, Einfluss zu nehmen. Der Käufer hat in der Regel noch wenig Wissen über die neu zu beschaffenden Produkte, d.h., hier muss man ihn beraten, werben usw. Also:

Die aktive Bearbeitung eines Käufers muss bereits lange bevor dieser von Ihnen ein Angebot einholt, beginnen!

Dabei sollte, wenn Auswahl besteht, der beste Verkäufer eingesetzt werden. Oft wollen die Käufer auch den Unternehmensleiter selbst sehen. Er sollte also, wenn möglich, in diesen Situationen auch dabeisein.

Die Verteilung (Distribution)

Hier stellt sich die praktische Frage: Wie schafft das Unternehmen die Produkte direkt zum Kunden?
Dabei geht es hauptsächlich um die Ausgestaltung und Optimierung der folgenden Aufgaben:

- Lagerhaltung
- Organisation von Aussenlagern, Depots
- Transportart
- Organisation des Fuhrparks
- Schulung des Fuhrpark- und Rampenpersonals
- Administration und Disposition: Wähle ich eine eigene oder eine gemietete Infrastruktur?

Durch letztere Möglichkeit wandelt man fixe in variable Kosten um. Hier bestehen Spielräume in der Distribution.

Folgende Ziele sollte das Unternehmen dabei erreichen, ganz nach der Eingangsdefinition dieses Kapitels «Den richtigen Leuten die richtige Ware zum richtigen Zeitpunkt» zu liefern:

- Optimale Lieferzeiten: Es muss abgeschätzt werden, wie lange der Kunde bereit ist, auf die Lieferung zu warten bzw. wann er die Lieferung braucht. Nicht schnellstmöglich, sondern so schnell wie nötig ist entscheidend.

- Optimale Lieferbereitschaft: Sie hängt eng mit der Lagerbewirtschaftung zusammen. Die Lieferbereitschaft ist heutzutage ein wichtiges Marketingargument für den Verkäufer, um dem Kunden über Produkt und Preis hinaus die Vorteile einer Zusammenarbeit zu verdeutlichen. Hier wettbewerbsfähig zu sein ist in immer mehr Branchen von Bedeutung. Ein gutes Beispiel dafür ist die Automobilindustrie. Mit sogenannten Just-in-time-Systemen werden die Lieferanten angehalten, eine bestimmte Anzahl bestimmter Produkte zu einem bestimmten Zeitpunkt bis an das Produktionsband des Herstellers zu liefern.

- Hohe Lieferzuverlässigkeit: das heisst wenig Bestellungsfehler, Verpackungsfehler, Transportfehler, Reklamationen.

Wichtig ist, nicht die perfekteste Lösung zu wählen, diese ist nämlich meistens die teuerste. Das Ziel muss vielmehr sein, «nur» die Kundenanforderungen und Marktbedürfnisse zu erfüllen.

4.5 Die richtige Werbung und Verkaufsförderung

Gerade bei KMU werden die Werbeaufgaben nicht von einer eigenen Abteilung, sondern meistens vom Vertrieb oder Verkauf erledigt. Dies ist gut, wenn:

- die Mitarbeiter die notwendigen Qualifikationen und Kompetenzen besitzen
- die Mitarbeiter für die Einhaltung der Richtlinien des Firmenerscheinungsbildes Sorge tragen
- für die Konzeption und kreative Umsetzung externe Fachleute (Werbeagenturen, Werbeberater) herangezogen werden.

Der mit der Werbung betraute Mitarbeiter sollte sich als Koordinator verstehen. Er formuliert die Zielsetzung und stimmt sie mit der Unternehmensleitung ab. Ferner erstellt er einen Etatentwurf.

Es gibt keine verbindlichen Aussagen darüber, wieviel für Werbung ausgegeben werden soll. Prinzipiell muss natürlich der Werbeaufwand bei schnellebigen Konsumgütern (wie Unterhaltungselektronik usw.) höher sein als bei langlebigen Investitionsgütern (wie Maschinen).
In jedem Fall wird man bei der Neueinführung von Produkten mehr in die Werbung investieren müssen als bei bereits eingeführten Produkten.

Es sei nochmals betont: Es gibt keine Richtlinien für den Werbeaufwand! Aber angesichts der Tatsache, dass gerade die untersuchten KU mehrheitlich das Gefühl haben, weniger als der Durchschnitt für Werbung auszugeben, scheint in dieser Hinsicht zum Teil ein «schlechtes Gewissen» zu bestehen. Die folgende Tabelle erlaubt eine Einordnung und somit einen Quervergleich.

Werbeaufwand in Umsatzprozent	6–49 MA	50–499 MA
unter 1%	26%	18%
1–2%	37%	40%
3–5%	27%	35%
6–10%	8%	5%
über 10%	2%	2%

Tab. 4.1: Was wendeten die von uns befragten KMU für Werbung auf?

Werbung kann beispielsweise durch Inserate geschehen, an Messen und Ausstellungen oder über Telefonanrufe. Am erfolgversprechendsten ist jedoch (und dies ist in der Investitionsgüterindustrie von besonderer Bedeutung) der direkte Kundenbesuch. Gerade hier sollten KMU nicht übertrieben sparen. Denn: Jede andere Form der Werbung ist im Prinzip nur eine Hilfsfunktion für das persönliche Gespräch!

Als sinnvoller Ersatz für einen (recht teuren) direkten Kundenbesuch bietet sich der traditionelle Brief als Werbemittel an. Hierbei ist allerdings zu beachten:

Jeder Werbebrief muss wie ein gutes Verkaufsgespräch aufgebaut sein!

Ein Beispiel: Den potentiellen Kunden interessiert nicht in erster Linie, wie gut, schön, preiswert, haltbar etc. das Produkt (z.B. eine industrielle Bohrmaschine) ist. Sondern: Der Kunde will *nur seine Vorteile* hören bzw. lesen. Die Bohrmaschine interessiert ihn nicht, sondern nur, dass er runde Löcher in der halben Zeit mit weniger Kraftaufwand und viel leiser bohren kann.

Vor allem für KMU muss Werbung jedoch nicht unbedingt nur mit direkten Ausgaben verbunden sein. So sind die persönlichen Kontakte und Bekanntschaften (Sportvereine, Gemeinderat usw.) häufiger Auslöser für Aufträge in der unmittelbaren Region. Auch hier lohnt es sich, einige Überlegungen anzustellen.

Unabhängig davon, in welcher Form Kunden angesprochen werden, sind bei der Kommunikation gewisse «Todsünden» unbedingt zu vermeiden. Diese sind in der Checkliste E im Anhang aufgeführt.

Abschliessend noch ein Tip für den Umgang mit externen Werbeberatern oder -agenturen:
Informieren Sie den externen Berater über alles, was für die Lösung der gestellten Aufgabe von Bedeutung ist. Das heisst: Ihm sollten in schriftlicher Form die entscheidenden Punkte hinsichtlich der Ausgangssituation und der Zielsetzung zur Verfügung gestellt werden. Ein solches Papier steckt den Rahmen für die Ideen des Beraters. Je präziser es ist, desto weniger Missverständnisse entstehen und desto genauer können die Kosten abgeschätzt werden.
Welche Informationen das Papier enthalten sollte, ist der Checkliste F im Anhang zu entnehmen.

4.6 Wie beschaffe ich mir Marktinformationen?

Sämtliche beschriebenen Marketingaktivitäten können nur dann sinnvoll durchgeführt werden, wenn sie auf fundierten Marktinformationen basieren. Wirksames Marketing benötigt eine permanente und konsequente Sammlung und Aufbereitung von Daten und Informationen aus dem Markt und der weiteren Umwelt des eigenen Unternehmens. Richtige Entscheidungen sind nicht mehr nur Ergebnis von Intuition und Phantasie. Das Wissen muss abgesichert sein.

Vier Fragen stehen dabei im Vordergrund:

1. Welche Informationen sind notwendig?
2. Wie erhalte ich die notwendigen Informationen?
3. Wer soll die notwendigen Informationen sammeln?
4. Was mache ich damit?

Welche?

Bevor mit der Informationssammlung begonnen wird, müssen die interessierenden Themengebiete festgelegt werden, um so bereits eine gewisse Systematik in die Suche zu bringen. Dies geschieht am besten anhand von Checklisten, beispielsweise zur Analyse der Umwelt oder des Unternehmens (vergleiche die Checklisten C und D zum Kap. «Strategie»).

Es erscheint sinnvoll, die Suche zunächst eher breit anzulegen. Ansonsten läuft man Gefahr, den Blickwinkel von vorneherein zu stark einzuschränken.

Wie?

Informationen gibt es genug, man muss nur die richtigen finden! Dazu bestehen prinzipiell zwei Möglichkeiten: Einerseits kann bereits vorhandenes (internes und externes) Material ausgewertet werden. Dies ist die sogenannte Sekundärforschung. Die direkte Erhebung von Marktdaten, beispielsweise mittels eigener Befragungen, wird Primärforschung genannt.

innerbetrieblich	ausserbetrieblich
Kundenkartei	Publikationen von Verbänden
Vertreterberichte	Jahresberichte der Unternehmen
Unterlagen des Rechnungswesens	Fachpresse
Informationen über Konkurrenz	Messen und Ausstellungen
Frühere Marktforschungsergebnisse	Veröffentlichungen von Banken
Absatzentwicklung und Prognosen	Veröffentlichungen von Instituten, Handelskammern
	Marktanalysen von Verlagen
	Statistische Ämter
	Öffentliche Bibliotheken
	EDV-Datenbanken

Tab. 4.2: Beispiele von Informationsquellen

Sinnvollerweise beschränkt man sich zunächst auf die Sekundärforschung. Zu diesem Zweck wird alles Material, das in der Firma bereits verfügbar oder recht einfach zu beschaffen ist, gesammelt und aufgenommen.

Weitergehende und ergänzende Informationen können im Anschluss daran (falls noch notwendig) über Primärerhebungen gewonnen werden. Um zuverlässige Ergebnisse zu erhalten und den eigenen Aufwand in Grenzen zu halten, ist hier das Hinzuziehen von Fachleuten ratsam. Diese professionellen Marktforscher bieten sowohl Marktanalysen (eine bestimmte Situation zu einem bestimmten Zeitpunkt, wie z.B. die Marktgrösse) als auch Marktbeobachtungen (die laufende Beobachtung bestimmter Entwicklungen, wie Marktanteilsverschiebungen usw.) an. Deren Vorteil: Sie wissen, wo und wie zu suchen ist.

Zu betonen ist die Bedeutung von Messebesuchen zur Informationsgewinnung. Dort kann man mit etwas Geschick sehr viel über Kundenbedürfnisse, neue technologische Entwicklungen, Ideen für Produktverbesserungen, Konkurrenzdaten usw. erfahren. Wichtig ist es, die Erkenntnisse sofort in schriftlicher Form aufzubereiten und im Betrieb zu kommunizieren.

Wer?

Grundsätzlich wird in einem KMU zunächst der Unternehmensleiter selbst bereits über eine Fülle an Informationen verfügen. Sein Know-how über Kunden und Konkurrenten sollte er in einer ersten Phase zu Papier bringen oder einfach sammeln (z.B. vorhandenes Prospektmaterial, Branchenmitteilungen usw.).

Weitere, äusserst wichtige Quellen stellen natürlich der Verkauf bzw. der Aussendienst (unter anderem auch die Monteure) dar. Sie stehen mitten im Geschehen, sprich im Markt, und haben häufigen direkten Kundenkontakt. Allerdings tauchen in der Praxis des öfteren Probleme bezüglich Aussendienstinformationen auf. Auf der einen Seite besteht die Gefahr, dass einige der Mitteilungen, die in das Unternehmen geliefert werden, subjektiv gefärbt sind. Auf der anderen Seite kommt es vor, dass die Aussendienstberichte im Unternehmen nicht ernstgenommen werden und ohne Konsequenzen bleiben. Diese möglichen Probleme und Konflikte muss der Unternehmensleiter beachten.

Als eine Möglichkeit, neutrale, ungefärbte Informationen zu erhalten, bieten sich professionelle Marktforscher an. Diese Form der Datenerhebung hat einen zusätzlichen Vorteil. In persönlichen Gesprächen mit Kunden erfährt man als Anbieter bei manchen zum Teil aus Höflichkeit oder Desinteresse nicht die ganze Wahrheit, andere Kunden dramatisieren kleinste Pannen. So gesehen bieten sich neutrale Marktforschungsergebnisse vor allem als Ergänzung der eigenen Recherchen an.

Was?

Was geschieht nun mit den gesammelten Informationen?

Das vielfältige Material muss gefiltert, zusammengestellt und interpretiert werden. Als Kriterium sollte der jeweilige Zweck der Analyse im Vordergrund stehen. Bei der systematischen Aufbereitung kann beispielsweise unterschieden werden nach:

- Informationen, die für sämtliche Entscheidungen von Bedeutung sind (z.B. Marktanalysen, umfangreiche Unternehmensanalysen usw.), sowie

- Informationen für bestimmte Teilprobleme, auf die man nur von Fall zu Fall zurückgreift. Dazu gehören Konkurrenzanalysen, Standortanalysen usw.

Als Ergebnis dieser Arbeit sollte jedenfalls eine den eigenen Bedürfnissen angepasste systematische Zusammenstellung der wichtigsten Daten *an einem definierten Ort* vorliegen. Die Daten gehören nicht ins Archiv, sondern an einen Ort, wo sie *laufend ergänzt* werden können und vor allem *den Mitarbeitern zugänglich* sind. Die Mitarbeiter verstehen dadurch die Situation des Unternehmens besser und bekommen ein Gespür dafür, worauf es bei ihrer eigenen Arbeit ankommt. Zusätzlich wissen sie, wohin sie selbstgewonnene Informationen tragen können. Denn: je mehr offene Augen und Ohren, um so genauer die Entscheidungsgrundlagen! Auf diese Weise entsteht eine immer aktuelle Datenbank, die Grundlage aller künftigen Marketingplanungen ist.

Literatur

Borschberg, E. & Staffelbach, B. (1990). *Marketing für kleine und mittlere Unternehmen,* Bern: Haupt Verlag.

Schattner, K. (1988). *Die Zukunft meistern,* Bochum: Kleffmann Verlag.

Rupp, M. (1988). *Produkt/Markt-Strategien,* Zürich: Verlag Industrielle Organisation.

Kapitel 5

Finanz- und Rechnungswesen

Harald Brodbeck

«Sind wir nun pleite oder nicht?»

5. Finanz- und Rechnungswesen

5.1 Zur Bedeutung des Finanz- und Rechnungswesens

> Eine Schreinerei schob die Erstellung der Abschlussrechnung für ihre geleistete Arbeit an einem Bauprojekt trotz mehrmaliger Aufforderung des Bauherrn so lange vor sich her, bis die gesetzliche Frist abgelaufen und somit die Leistung verjährt war. Von seinen Forderungen sah der Betrieb keinen Franken mehr.

Hier handelt es sich zugegebenermassen um einen extremen Fall. Häufiger kommt es vor, dass Belege nicht rechtzeitig vorliegen, gebucht wird ohne Beleg, Papier zunächst einmal über längere Zeit auf einem Stapel gesammelt wird oder sogar Rechnungen verlorengehen. Mahnungen, verpasste Fristen für den Abzug von Skonti oder zu später Eingang von Geld sind die Folge. Dem Unternehmen entgehen dadurch völlig unnötig Gelder, was bei den in vielen Branchen mühsam zu erwirtschaftenden Margen von 3 bis 4% um so ärgerlicher ist. Zusätzlich kann es zu Schwierigkeiten bei der Prüfung der Bücher kommen. Mit anderen Worten:

Ordnung ist das halbe Leben, vor allem im Finanz- und Rechnungswesen!

Eine saubere Dokumentation ist die Grundvoraussetzung dafür, dass das Finanz- und Rechnungswesen auch als Führungsinstrument eingesetzt werden kann, wozu in diesem Kapitel einige Anregungen gegeben werden sollen.

Das Finanz- und Rechnungswesen erfüllt viele Zwecke, wie:

- Rechnungslegung zur Information der Unternehmensleitung, aber auch von Anteilseignern, Arbeitnehmern, Gläubigern, Kunden, Staat, Verwaltungsrat usw.
- Bereitstellen von Diskussionsunterlagen (zur Entscheidungsvorbereitung)
- Erfassen und Aufbereiten von Vorgängen mittels Belegen
- Kontrolle der Wirtschaftlichkeit und Rentabilität
- Sicherung der Liquidität.

Damit wird die Wichtigkeit des Bereiches bereits anschaulich.

Welche Bedeutung wird dem Finanz- und Rechnungswesen in der unternehmerischen Praxis von KMU beigemessen?

> Unsere Untersuchung ergab, dass bei den KU 40%, bei den MU immerhin jeder vierte Unternehmensleiter die Führungsverantwortung des Finanz- und Rechnungswesens selbst innehat.
> Fast die Hälfte der befragten KMU sehen den Faktor Finanzressourcen für den Erfolg ihres Unternehmens als einen der wichtigsten an.

Zumindest eine Mitsprache der Unternehmensleitung in diesem Bereich ist dringend notwendig, auch dann, wenn ein Treuhänder das Finanzwesen verwaltet, was bei über der Hälfte der befragten Kleinunternehmen und jedem zehnten Mittelunternehmen der Fall ist. Die Unternehmensziele müssen jederzeit mit dem Finanz- und Rechnungswesen abgestimmt werden, denn: Das richtige Kapital zur rechten Zeit ist das Lebenselixier jedes Unternehmens.

> Der Geschäftsleiter eines MU wollte eine neue Halle bauen. Die Idee reifte schon länger in seinem Kopf, das Unternehmen hatte einen guten Gewinn gemacht, der als Basis für die Investitionen dienen sollte. Als er die Idee seiner Finanzabteilung mitteilte, musste er erfahren, dass der Grossteil des Gewinns langfristig angelegt wurde und momentan für Investitionen nicht flüssigzumachen war.

5.2 Bilanz und Erfolgsrechnung: ein lästiges Übel?

Zur Rechenschaftslegung ist vom Gesetz her für fast alle Unternehmen jährlich zumindest eine Bilanz sowie eine Erfolgsrechnung zu erstellen.

Dies sollte nicht als Muss aufgefasst werden, sondern als Chance, mehr über sein Unternehmen zu erfahren und es gezielter steuern zu können. Denn die Informationen aus diesen beiden Rechnungen sind bereits hochinteressant:

- Die **Bilanz** ist ein momentanes Abbild der zukünftigen Ein- und Auszahlungen des Unternehmens. Sie wird vor allem durch die Bildung von Kennzahlen aussagekräftig; ihnen ist ein eigener Abschnitt gewidmet.

- Die **Erfolgsrechnung** macht die Entstehungsursachen und die Erfolgsquellen des Gewinnes sichtbar.

Diese beiden Elemente sind Bestandteil der sogenannten Hauptbuchhaltung.

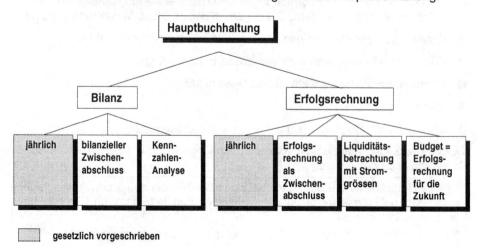

Abb. 5.1: Bestandteile der Hauptbuchhaltung

Bilanz und Erfolgsrechnung: ein lästiges Übel?

> Auch für KMU ist es heutzutage wirtschaftlich, die Buchhaltung computergestützt zu führen. Dies zeigt die Tatsache, dass etwa 90% der KU und sogar 99% der MU unserer Befragung dieses technische Hilfsmittel bereits einsetzen.

Die Bilanz ist innerhalb des gesetzlichen Rahmens «gestaltbar»:

- Man kann aktivierungsfähige Aufwendungen aktivieren oder nicht (→ stille Reserven).
- Man setzt kürzere oder längere Nutzungsdauern für Anlagen fest.
- Man findet Gründe für ausserordentliche Abschreibungen.
- Man bildet mehr oder weniger Rückstellungen.
- Man bewertet sein Lager höher oder niedriger usw.

Ziele dieser Massnahmen können beispielsweise sein:

- die Kreditwürdigkeit zu pflegen
- eine zufriedenstellende Ausschüttung sicherzustellen
- einen «zu hohen» Gewinn zu vermeiden.

Dabei ist aber immer zu beachten: Die Gewinne, die in einer Periode z.B. «um die Steuer herumgeschifft» wurden, müssen irgendwann später zwangsläufig doch ausgewiesen werden. Das gleiche gilt im umgekehrten Fall.

Daher ist es wichtig, für die eigenen Analysen, beispielsweise mittels Kennzahlen, diese kleinen Kniffe wieder herauszurechnen, damit die Bilanzen der verschiedenen Jahre auch vergleichbar bleiben. Ansonsten beträgt man sich selbst!

Zwischenabschlüsse

Wie bereits erwähnt, müssen laut Gesetz einmal im Jahr eine Bilanz und eine Erfolgsrechnung erstellt werden. Um als Führungsinstrument dienen zu können, ist der jährliche Abstand allerdings in den meisten Fällen viel zu lang. Vieles kann in einem Jahr passieren, was das Unternehmen gefährdet und die Geschäftsleitung zum Eingreifen zwingt.

Daher ist es sinnvoll, über das Jahr hinweg mehrere Zwischenabschlüsse zu erstellen, was immerhin ein Drittel der befragten KU nicht tun.

	6–49 MA	50–499 MA
kein Zwischenabschluss	27%	9%
alle paar Monate	34%	35%
monatlich	40%	57%

Tab. 5.1: Häufigkeit von Zwischenabschlüssen

Keinen Zwischenabschluss zu machen ist für jedes Unternehmen gefährlich!

Auf welche Weise sich der kleine und mittlere Unternehmer während des Jahres über den Geschäftsgang informiert, wird je nach Branche und Grösse unterschiedlich aussehen. In vielen Fällen ist eine gute Lösung eine Kombination von

- einer kurzfristigen Erfolgsrechnung jedes Quartals und
- monatlichen Führungskennzahlen.

Die **kurzfristige Erfolgsrechnung (KER)** informiert die Geschäftsleitung über den Erfolg im vergangenen Monat oder Quartal. Ausgangsbasis dafür ist die Finanzbuchhaltung.

Die kurzfristige Erfolgsrechnung dient als Führungsinstrument. Sie wird daher unter betriebswirtschaftlichen, nicht unter steuerlichen Gesichtspunkten erstellt.

Aus diesem Grund müssen die Zahlen der Finanzbuchhaltung zeitlich und sachlich abgegrenzt werden, damit kein falsches Bild entsteht, was zu falschen Entscheidungen führen würde:

- Aufwände und Erträge müssen einzelnen Perioden zugeordnet werden. Beispiel: Zinsen, die nur einmal im Jahr gezahlt werden, Gratifikationen usw.
- Es müssen Korrekturen vorgenommen werden, die das eigene Unternehmen mit anderen vergleichbar machen. So bezieht z.B. in vielen KMU der Unternehmer keinen formalen Lohn; deshalb muss ein betriebswirtschaftlich korrekter Lohn in die KER einfliessen.

Der Sinn der KER besteht darin, den Unternehmer so häufig über den Geschäftsgang zu informieren, dass er das Unternehmen im Griff behalten und schnell eingreifen kann, wenn die Entwicklung von seinen Erwartungen abweicht.

Wichtig ist: Die KER muss einfach aufgebaut sein. Umfassende Zahlengerüste stiften Verwirrung und sind unübersichtlich!

Die (monatlich durchgeführte) KER eines Mittelunternehmens aus der Maschinenbaubranche, die diese Ansprüche sehr gut erfüllt, ist beispielsweise folgendermassen aufgebaut:

Kumuliert per _____	Ist Vorjahr TSFr.	Plan 19__ TSFr.	Kumuliert Soll TSFr.	kumuliert Ist **TSFr.**	kumuliert Vorjahr Ist TSFr.
Erlös					
Maschinen					
Ersatzteile					
Montage					
Transporttechnik					
Lohnarbeit					
Zwischensumme Erlös					
Bestandsänderung					
Sonstiger Ertrag					
Summe Ertrag					
Materialeinsatz					
Löhne und Gehälter					
Sozialleistungen, Pension					
Abschreibung					
Betriebskosten					
Verwaltung + Vertriebskosten					
Sonderkosten des Vertriebs					
Betriebliche Steuern					
Zinsen					
Aufwand Betrieb					
Betriebsergebnis					
Aufwand neutral					
Ertrag neutral					
Saldo neutral					
Sonstige Steuern					
Gesamtergebnis					

Abb. 5.2: Beispiel für den Aufbau einer kurzfristigen Erfolgsrechnung

Budget

Ein weiteres wichtiges Instrument ist das Budget. Das Budget ist die Erfolgsrechnung für das nächste Jahr. Es zwingt den Unternehmer, realistisch zu planen!

Man hat dadurch die Chance, noch im alten Jahr Massnahmen zu ergreifen, sollte das Budget ein unbefriedigendes Ergebnis für das nächste Jahr anzeigen.

Für KMU ist das Aufstellen eines Budgets sehr wichtig, da es oft das einzige Planungsinstrument des Unternehmens ist.

> Jedes fünfte Kleinunternehmen in unserer Befragung erstellt kein Budget. Sogar jedes dritte KU hat keine schriftlichen Pläne für den Umsatz des nächsten Jahres!

Es ist nicht empfehlenswert, wenn das Budget nur am Schreibtisch des Unternehmensleiters entsteht. Alle Mitarbeiter, die direkt von den Budgetzahlen betroffen sind, sollten mit einbezogen werden. Damit entsteht eine Art gemeinsamer Vertrag, dessen Bedingungen (sprich die Zahlen des nächsten Jahres) von den einzelnen Personen zu erfüllen sind. Dies bringt Solidarität aller Beteiligten, die gemeinsam vereinbarten Ziele auch wirklich zu erreichen.

Ebenso wichtig wie das Budget selber ist die laufende **Budgetkontrolle**. Sie erlaubt dem Unternehmer, sofort Massnahmen einzuleiten, wenn die Zahlen vom gesteckten Ziel abweichen.

> Die Hälfte aller untersuchten KU und jedes siebente MU führen während des Jahres keine Budgetkontrolle durch!

Als Instrumente zur Budgetkontrolle bieten sich wie erwähnt die KER sowie die im folgenden Abschnitt beschriebenen Kennzahlen an.

5.3 Kennzahlen: Was können sie aussagen?

Churchill sagte einst: Daten sind die schlechteste Form der Darstellung finanzwirtschaftlicher Sachverhalte – mit Ausnahme aller anderen!

Ein Unternehmen benötigt regelmässig Informationen darüber, wie es finanziell dasteht, um daraus Gefahren rechtzeitig zu erkennen und Planungs- und Kontrollgrundlagen für gezielte Entscheidungen der Unternehmensleitung zu erhalten. Wichtig ist, zu überprüfen, ob die finanzielle Situation «aus dem Ruder läuft» oder als stabil zu bezeichnen ist.

In KMU bietet es sich an, mit Hilfe geeigneter Kennzahlen die betrieblichen Zusammenhänge übersichtlicher und transparenter darzustellen und so Informationslücken zu schliessen.

Die dafür benötigten Daten liefert vor allem die Bilanz eines Unternehmens.

1. Um für Analysezwecke aussagekräftige Zahlen zu erhalten, muss das Zahlenmaterial in geeigneter Form aufbereitet werden. Soweit in der Bilanz nicht bereits ausgewiesen, sind folgende Positionen zu bilden: Anlagevermögen, Umlaufvermögen, liquide Mittel, Eigenkapital, langfristiges Fremdkapital, kurz- und mittelfristiges Fremdkapital.

2. Im Anschluss daran werden Kennzahlen gebildet. Der Nutzen dieser Kennzahlen ist dann besonders hoch, wenn:

    - sie **regelmässig** erhoben und analysiert werden

    - das Kennzahlengerüst **individuell** festgelegt wird.

Wie so oft gilt: Qualität statt Quantität! Zu empfehlen sind nicht mehr als zehn Kennzahlen, die allerdings sorgfältig ausgewählt werden sollten.

3. Kennzahlen dürfen nicht isoliert betrachtet werden. Erst durch Vergleiche erreicht ein Kennzahlenwert an Aussagekraft. Diese können sein:

- Zeitvergleiche

- Betriebsvergleiche: Oftmals wird innerhalb von Interessenverbänden (Branchenverband usw.) ein Quervergleich mit Durchschnittskennzahlen erhoben. Teilnehmen können Unternehmen, die ihre finanzwirtschaftlichen Daten für die verbandsinterne Weiterverarbeitung zur Verfügung stellen. Hierbei erhält man sehr detaillierte Auswertungen (Wirtschaftlichkeitszahlen, branchentypische Bilanzstrukturen usw.). Eine weitere Informationsquelle sind Treuhandgesellschaften, die ebenfalls Daten über zwischenbetriebliche Quervergleiche liefern.

- Soll-Ist-Vergleiche.

Das gesamte Kader des Unternehmens muss sich mit den Zahlen auseinandersetzen und sie analysieren. Denn: Die richtige Interpretation ist das A und O!

Weiterhin zu beachten ist:

- Kennzahlen analysieren nicht nur den Ist-Zustand, sondern sind auch ein wertvolles Planungsinstrument.

- Die Auswertungen der Zahlen gehen meistens an Leute, die Laien im Bereich des Finanz- und Rechnungswesens sind. Das heisst, dass die Kennzahlensysteme klar und übersichtlich sein müssen und sich auf das Wesentliche beschränken. Ebenso wichtig ist, dass zusätzlich zu den nackten Zahlen die Zusammenhänge in wenigen Sätzen beschrieben werden. In diesen Beschreibungen kann man beispielsweise Vergleiche mit Branchenwerten oder Vergleiche mit Vergangenheitswerten aufzeigen, damit die Zahlen richtig interpretiert werden können.

Abbildung 5.3 zeigt, über welche Untersuchungsbereiche durch Kennzahlen Aussagen zu gewinnen sind. Das Bild zeigt den gesamten Analysebereich auf. Über welche Gebiete sich die Unternehmensleitung letztendlich genauer informieren will, muss sie ganz individuell für ihre speziellen Bedürfnisse auswählen.

Zu den einzelnen Untersuchungsbereichen sollen hier noch einige Anregungen gegeben werden.

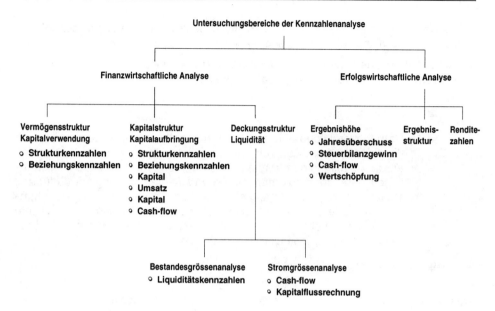

Abb. 5.3: Untersuchungsbereiche der Kennzahlenanalyse

Vermögensstruktur

Die Vermögensstruktur macht Aussagen über die Aktivseite der Bilanz. Hier interessiert vor allem der Anteil von Anlagevermögen und Umlaufvermögen. Mögliche Kennzahlen können z.B. sein:

- Anlagevermögen / Umlaufvermögen • 100

- Anlagevermögen / Gesamtvermögen • 100

Hier wird bereits deutlich, warum eine nackte Zahl ohne richtige Interpretation für das Unternehmen noch nichts aussagt: Nehmen wir an, die Kennzahl zeigt einen vermeintlich niedrigen Anteil an Anlagevermögen. Ist dies nun eher gut oder eher schlecht?

Einerseits bedeutet ein kleineres Anlagevermögen, dass weniger Kapital langfristig gebunden ist und der Betrieb geringere Fixkosten hat. Damit ist das Unternehmen flexibler, da z.B. schnellere Produktionsumstellungen möglich sind und ein Beschäftigungsrückgang nicht so stark auf den Erfolg durchschlägt.

Liegt aber andererseits der Grund für das niedrige Anlagevermögen darin, dass der Betrieb mit alten, bereits abgeschriebenen Anlagen arbeitet und Gefahr läuft, den Anschluss an den technischen Fortschritt zu verpassen, ist dies ungünstig. Man sieht deutlich:

Der Sinn der Kennzahlen ist es vor allem, die Geschäftsleitung dazu anzuregen, über den eigenen Betrieb nachzudenken und den Ursachen auf den Grund zu gehen!

Kennzahlen: Was können sie aussagen? 79

Häufig werden genaue Regeln empfohlen, welchen Wert eine Kennzahl in einem gesunden Unternehmen haben muss. Mit der Befolgung dieser Regeln alleine ist es aber, wie obiges Beispiel zeigt, nicht getan!

Kapitalstruktur

Bei der Analyse der Kapitalstruktur, also der Passivseite der Bilanz, kann man Informationen zu zwei Bereichen erhalten:

1. Die Fristigkeit des Kapitals: Hier soll beurteilt werden, wie gross das Risiko ist, dass Kapital entzogen wird. Dieses Risiko ist um so kleiner, je mehr langfristig gebundenes Kapital (d.h. Eigenkapital und langfristiges Fremdkapital) im Unternehmen steckt.
2. Die Art und Zusammensetzung des Kapitals: Die Frage ist hier, wie hoch das Unternehmen verschuldet ist, untersucht wird also der Anteil von Eigenkapital und Fremdkapital. Beispiele von Kennzahlen sind:

    Eigenkapitalquote = Eigenkapital / Gesamtkapital

    Verschuldungsgrad = Fremdkapital / Eigenkapital.

	6–49 MA	50–499 MA
unter 30%	25%	26%
30–50%	24%	31%
51–70%	15%	21%
71–90%	13%	10%
über 90%	24%	13%

Tab. 5.2: Eigenkapitalquoten der KMU in unserer Untersuchung

Die Branchenunterschiede fallen dabei kaum ins Gewicht, die Quoten sind sowohl in der Metallbranche als auch in der Maschinen- und Elektrobranche tendenziell die gleichen.

Wie hoch die Eigenkapitalquote sein sollte, kann nicht pauschal gesagt werden. Zu bedenken ist jedoch:

- Fremdkapital bedingt feste Zins- und Tilgungszahlungen, woraus in Jahren, in denen nicht genug Rückflüsse erwirtschaftet werden, um diese Zahlungen zu leisten, Liquiditätsschwierigkeiten und sogar Insolvenzgefahr entstehen können.
- Ausserdem hat ein Unternehmen mit geringem Eigenkapital auch geringere Reserven, um Krisen überstehen zu können.

So gesehen ist es vor allem bei den eher noch anfälligeren KU sehr bedenklich, dass jedes vierte Unternehmen dieser Grössenklasse weniger als 30% Eigenkapitalanteil besitzt! Aber auch die MU, die tendenziell eine noch geringere Eigenkapitalquote aufweisen, sollten für sich überprüfen, ob hier eventuell Handlungsbedarf besteht (beispielsweise Gewinne nicht ausschütten, sondern für eine Kapitalerhöhung verwenden usw.).

Damit erhöht man darüber hinaus auch die Kreditwürdigkeit bei den Banken, die sich häufig an der Regel: «Verhältnis EK zu FK nicht schlechter als 1:2» bei Kreditvergaben orientieren, da ihnen sonst das Risiko, ihr Geld zu verlieren, zu hoch ist.

Deckungsstruktur – Liquidität

Jede Firma muss sicherstellen, dass sie stets über genügend flüssige Mittel verfügt, also liquide ist. Das heisst:

Die Einzahlungen und Auszahlungen müssen sowohl der Höhe nach als auch zeitlich übereinstimmen. Ansonsten wird das Unternehmen illiquide, was zum Konkurs führen kann.

Um Aussagen zur Liquidität eines Unternehmens machen zu können, gibt es zwei mögliche Vorgehensweisen:

1. Liquiditätskennzahlen bilden (sogenannte Bestandsgrössenanalysen)
2. Stromgrössen, wie den Cash-flow, analysieren.

1. Liquiditätskennzahlen

Die Grundlage für Liquiditätskennzahlen bilden, wie schon bei der Vermögens- und Kapitalstruktur, (nur) Grössen aus der Bilanz.

Liquiditätskennzahlen stellen Beziehungen zwischen Vermögen (Aktivseite) und Kapital (Passivseite) oder, anders ausgedrückt, zwischen Investition und Finanzierung her.

In der *kurzfristigen* Betrachtung werden sogenannte Liquiditätsgrade gebildet. Sie stellen die flüssigen Mittel den Zahlungsverpflichtungen gegenüber. Die Frage ist: Kann ich morgen die fälligen Rechnungen zahlen?

Ein Beispiel:

Liquidität 2. Grades = (Zahlungsmittel + Debitoren) / kurzfristige Verbindlichkeiten • 100.

Die Empfehlung lautet: Die Liquidität 2. Grades sollte zwischen 100% und 200% sein.

Langfristige Betrachtungen sind umfangreicher: Beurteilt werden soll, wie weit sich die Kapital- und die Vermögensstruktur entsprechen.

Dafür gibt es Regeln. Diese «Finanzierungsregeln» zielen darauf ab, dass:

- eine zeitliche Entsprechung vorliegt, mit anderen Worten: Kurzfristig aufgenommenes Geld soll nur kurzfristig in Vermögen gebunden werden, während langfri-

Kennzahlen: Was können sie aussagen? 81

stig aufgenommenes Geld auch langfristig gebunden werden darf (z.B. für die Anschaffung von Maschinen längerfristige Kredite verwenden). Diese Regel wird die «Goldene Bankregel» genannt.

- sich die Risiken entsprechen. Die Idee ist dabei: Viele Teile des Anlagevermögens (z.B. Spezialmaschinen) sind kaum oder nur weit unter Wert veräusserbar. Je mehr nun dieses Anlagevermögen durch Eigenkapital (das im Konkursfall haftet) gedeckt ist, desto eher werden die Ansprüche der Gläubiger im Falle eines Konkurses erfüllt, obwohl man das Anlagevermögen selbst kaum noch zu Geld machen kann. Dies ist die sogenannte «Goldene Bilanzregel».

Goldene Bankregel:

langfristiges Kapital / langfristiges Vermögen (Fristenentsprechung)

Beispiel: $$\frac{\text{Eigenkapital} + \text{langfristiges Fremdkapital}}{\text{Anlagevermögen} + \text{langfristiges Umlaufvermögen}}$$

Empfehlung: =1!

Goldene Bilanzregel:

Eigenkapital / Anlagevermögen >= 1 (Risikoentsprechung)

Diese Regeln sind allgemein anerkannte Grundsätze dafür, welche Finanzierungsmittel zur Deckung eines gegebenen Kapitalbedarfs gewählt werden sollen. Sie dienen bei Finanzierungsentscheidungen als Orientierung für das Unternehmen.

Wichtig sind sie auch deshalb, weil sie oft (z.B. von Banken) herangezogen werden, wenn beurteilt werden soll, ob ein Unternehmen kreditwürdig ist oder nicht. Ihre Einhaltung gilt als Befolgung der «Spielregeln» und als Zeichen für solides Finanzgebaren.

Aber: Trotz der Wichtigkeit dieser Regeln ist durch ihre Einhaltung die Liquidität noch nicht gesichert.

2. Stromgrössen analysieren

Die bislang betrachteten, bestandsorientierten Kennzahlen beschränken sich auf die Analyse der Bilanz und vernachlässigen die Erfolgsrechnung als wichtige zusätzliche Informationsquelle. Dies ist bei der Beurteilung der Liquidität aus unterschiedlichen Gründen gefährlich, so dass diese Regeln die Aufrechterhaltung der Zahlungsfähigkeit des Unternehmens nicht garantieren können. Solche Gründe sind:

❑ Die Bilanz enthält keine Angaben zu einigen regelmässig anfallenden Zahlungsverpflichtungen, wie z.B. Lohn- und Gehaltszahlungen. Diese Informationen sieht man jedoch in der Erfolgsrechnung.

- Aus der Bilanz ist nur ungenau oder gar nicht ersichtlich, in welchem Zeitraum die verschiedenen Positionen der Aktiva zu Geld gemacht werden können und

- wie hoch der Betrag ist, der sich bei Flüssigmachen der Aktiva ergibt (Unterbewertung oder Überbewertung!).

Daher sollten zur Beurteilung der Liquidität neben den bestandsorientierten Kennzahlen auch noch Stromgrössen betrachtet werden. Die Idee dabei ist: Anstelle von Beständen sollen die innerhalb eines Zeitraumes aufgetretenen Bewegungen (die sogenannten «flows») erfasst werden.

Die Analyse eines Unternehmens mit Hilfe von Stromgrössen dient zur besseren Beurteilung der **Liquidität.** Darüber hinaus sind sie auch als Mass für den **Erfolg** eines Unternehmens zu verwenden.

Der Cash-flow

Eine zentrale Bedeutung bei der Analyse des Unternehmens kommt dem Cash-flow zu. Diese Stromgrösse ist, je nach Interpretation, ein Mass sowohl für die Liquidität als auch für den Erfolg des Betriebes. Der Cash-flow lässt sich wie folgt berechnen:

Indirekte Ermittlung: (durch Rückrechnung aus Jahresüberschuss)	**Direkte Ermittlung** (aus Zahlungsgrössen)
Bilanzgewinn/ Bilanzverlust + Einstellung in die Rücklagen - Entnahmen aus den Rücklagen - Gewinnvortrag (Vorperiode) + Verlustvortrag (Vorperiode)	Betriebseinnahmen (= zahlungswirksame Erträge) Betriebsausgaben (= zahlungswirksame Aufwendungen)

Jahresüberschuss
+ Aufwand, nicht Auszahlungen
    • Abschreibungen auf Anlagevermögen
    • Zuführung zu (langfristigen) Rückstellungen
- Ertrag, nicht Einzahlungen
    • Zuschreibungen zu Anlagevermögen
    • Auflösung von (langfristigen) Rückstellungen
	= Cash-flow

= Cash-flow	

Abb. 5.4: Ermittlung des Cash-flow

Zur Beurteilung der Liquidität:

Es wird unterstellt, dass der Cash-flow ein Mass dafür ist, wieviel Mittel in flüssiger Form zur Verfügung stehen. Weiter wird angenommen, dass die durch den Cash-flow aufgezeigten Mittel von dem Unternehmen für neue Investitionen oder zur Einlösung fälliger Verbindlichkeiten und damit zur Aufrechterhaltung der Liquidität verwendet werden können.

Diese Mittel nennt man die Innenfinanzierungsmittel, also flüssige Mittel, die nicht von aussen dem Unternehmen zugeführt wurden (darauf wird in Abschnitt 5.4 noch genauer eingegangen).

Trotz einiger Ungenauigkeiten ist der Cash-flow vor allem für KMU ein Orientierungsmassstab für die Liquidität und damit auch für den Innenfinanzierungsspielraum des Unternehmens.

Zur Beurteilung des Erfolgs:

Der Jahresüberschuss als einer der gängigsten Erfolgsindikatoren ist deshalb nicht sehr aussagekräftig, weil er durch Bilanzierungswahlrechte unterschiedlich manipulierbar ist. Um Zahlen zu erhalten, die eine gute Beurteilung des eigenen Erfolges ermöglichen, müssen diese Bilanzgestaltungen wieder herausgerechnet werden.

Der Cash-flow ist dazu besser geeignet: Er eliminiert die hauptsächlichen Verzerrungen, nämlich die Wirkungen der

- Abschreibungen/Zuschreibungen sowie
- Rückstellungsbildung/-auflösung.

Damit ist der Cash-flow ein relativ guter und einfach zu berechnender Indikator auch für den Erfolg von KMU.

Es ist sinnvoll, neben absoluten Zahlen zur Erfolgsbeurteilung auch relativierte Zahlen zu ermitteln, da erst so beispielsweise ein Vergleich mit dem üblichen Erfolg in der Branche oder Vergleiche mit anderen Unternehmen möglich werden.

Eine solche Kennzahl ist der Cash-flow, bezogen auf den Umsatz des Unternehmens. Für die Unternehmen im Rahmen unserer Untersuchung ergaben sich dazu folgende Zahlen:

	6–19 MA	20–49 MA	50–99 MA	100–499 MA	Total
negativ	16%	13%	20%	12%	15%
0–3%	18%	16%	15%	13%	16%
4–6%	20%	22%	22%	24%	21%
7–9%	17%	17%	14%	21%	17%
10–12%	13%	14%	12%	16%	14%
über 12%	17%	18%	17%	14%	17%

Tab. 5.3: Cash-flow 1992 in Prozent des Bruttoumsatzes nach der Unternehmensgrösse

(Weitere) Möglichkeiten zur Erfolgsmessung

Noch kurz ein Ausflug zu anderen Möglichkeiten, den Erfolg eines Unternehmens zu beurteilen:

Bewährt haben sich hierzu die Rentabilitätskennzahlen. Sie werden gebildet, indem eine absolute Erfolgszahl in Beziehung gesetzt wird zu dem eingesetzten Kapital. Je nachdem, was als eingesetztes Kapital herangezogen wird, unterscheidet man zwischen Eigenkapital- und Gesamtkapitalrentabilität.

Beispiele sind:

	Eigenkapitalrentabilität:	Gesamtkapitalrentabilität:
bezogen auf Jahresüberschuss (JÜ):	JÜ / Eigenkapital	JÜ / Gesamtkapital
bezogen auf Cash-flow (CF):	CF / Eigenkapital	CF / Gesamtkapital

In welcher Grössenordnung sich die befragten Unternehmen bezüglich der Gesamtkapitalrentabilität im Jahr 1992 bewegten, zeigt die folgende Tabelle:

	6–19 MA	20–49 MA	50–99 MA	100–499 MA	Total
negativ	21%	20%	25%	18%	21%
0–3%	21%	25%	27%	29%	24%
4–6%	22%	20%	19%	18%	21%
7–9%	14%	13%	11%	12%	13%
10–12%	10%	8%	6%	10%	9%
über 12%	13%	14%	13%	12%	13%

Tab. 5.4: Gesamtkapitalrentabilität 1992 (JÜ nach Steuern in Prozent des Gesamtkapitals)

5.4 Die Planung der zukünftigen Finanzen

Erkenntnisse aus Insolvenzanalysen belegen, dass Unternehmenszusammenbrüche meistens durch innerbetriebliche Fehler, speziell im Finanzbereich des Unternehmens, hervorgerufen werden. Daher ist die Liquiditätssicherung des Unternehmens das Kernziel, welches das Finanzwesen nie aus den Augen verlieren darf. Denn: Über längere Zeit illiquide zu sein, zieht die Insolvenz des Unternehmens nach sich.

Die Analyse der Kennzahlen liefert Daten, die den **momentanen** finanziellen Zustand des Unternehmens beschreiben. Dadurch können:

Die Planung der zukünftigen Finanzen

- kritische Zustände erkannt werden. Man kann abschätzen, ob bereits sofort Massnahmen eingeleitet werden müssen (z.B. kurzfristige Beschaffung von zusätzlichen Finanzmitteln, um ausstehende Zahlungen tätigen zu können).

- erste Prognosen gemacht werden, wie sich die finanzielle Situation des Unternehmens entwickeln wird (z.B. anhand langfristiger Deckungsgrade: Sollte kurzfristiges Fremdkapital in längerfristiges umgeschichtet werden?).

Die Planung der Finanzen für die Zukunft muss jedoch noch einen Schritt weitergehen.

Wichtig ist, dass man etwa weiss,

- zu welchem Zeitpunkt und
- in welcher Höhe

in der mittel- und längerfristigen Zukunft Finanzmittel benötigt werden.

Nur dann können rechtzeitig die Massnahmen getroffen werden, die notwendig sind, um das Kapital und seine Zusammensetzung an die erkennbaren Entwicklungen anzupassen.

Dazu ist es notwendig, sich mit *Veränderungen* sowohl innerhalb des Unternehmens als auch in der Unternehmensumwelt (Zinsen, Zahlungsbedingungen usw.) zu befassen und sie entsprechend zu berücksichtigen.

Die Planung der Finanzen geschieht daher in **zwei Schritten:**

1. Eine Prognose der zukünftigen finanziellen Bedürfnisse
2. Ein aktives Management der Finanzen:
   - Auswahl der Finanzmittel, mit denen ein vorhergesagter Bedarf gedeckt werden soll, oder
   - Prüfung einer geeigneten Verwendung der Mittel bei Prognose eines Überschusses.

Zu diesen beiden Schritten werden im folgenden einige Anregungen gegeben.

Prognose der zukünftigen finanziellen Bedürfnisse

Es ist die Frage zu klären: Welchen Einfluss haben die zukünftigen Entwicklungen auf die Zahlungsvorgänge des Unternehmens?

Bei dieser Art der Prognose geht es ganz einfach darum, die Zahlungsvorgänge, die von den vorgelagerten Planungsbereichen des Absatzes und der Produktion ausgelöst werden, zu erkennen.

So ist auf der einen Seite unter Berücksichtigung der Zahlungsgepflogenheiten der Kunden abzuschätzen, wann die geplanten Umsätze tatsächlich zu Zahlungseingängen führen.

Auf der anderen Seite stehen die Zahlungsverpflichtungen, die das Unternehmen erfüllen muss. Sie entstehen aus der Beschaffung von Rohstoffen, Löhnen und Gehältern, Dienstleistungen usw. Aber auch ausserordentliche Posten, wie der Kauf oder Verkauf einer Maschine, sind zu erfassen.

Wichtig bei dieser Abschätzung ist es, zu überlegen, wie sich das Unternehmen mittel- bis langfristig entwickeln soll (vergleiche dazu die Ausführungen im Kap. «Strategie»).

Besonders dann, wenn das Unternehmen in Zukunft wachsen soll, sind die finanziellen Folgen rechtzeitig zu überdenken. Denn: das Wachstum des Betriebes erfordert in der Mehrzahl der Fälle zusätzliches Kapital von aussen. Die einbehaltenen Gewinne reichen oftmals nicht aus, um eine Expansion zu finanzieren. Deshalb müssen die Finanzen bei starkem Wachstum besonders genau überwacht und – wenn notwendig – Eigenkapital und Kredite erhöht werden. Folgende Faustregel für erste Abschätzungen hat sich in der Praxis herausgestellt:

Faustregel:

Um eine Million Schweizer Franken mehr Umsatz zu machen, benötigt ein Unternehmen ungefähr eine Million Schweizer Franken mehr Kapital!

Erwartungen und Prognosen sind unsicher. Daher ist es vor allem bei langfristigen Plänen unerlässlich, die Plandaten regelmässig anhand der jeweils erzielten Ergebnisse auf ihre Richtigkeit hin zu überprüfen und gegebenenfalls den veränderten Verhältnissen anzupassen.

Ist aufgrund dieser Prognosen der Kapitalbedarf (oder Kapitalüberschuss) abgeschätzt, so gilt es dann, sich Möglichkeiten zu überlegen, wie das Unternehmen sich mit Kapital versorgt (oder wie es das vorhandene Kapital verwendet).

Aktives Management der Finanzen

Welche Möglichkeiten haben KMU nun, da die zukünftigen finanziellen Bedürfnisse prognostiziert sind, damit umzugehen?

Ein aktives Finanzmanagement versucht ständig, alle Möglichkeiten zur Ertragssteigerung bzw. zur Aufwandssenkung auszuschöpfen. Dazu gehören u.a. die Anlage zeitweiliger Finanzmittelüberschüsse, die Senkung des Kapitalbedarfs durch schnellere Geldfreisetzung, Überlegungen, wie Forderungen früher zu Geld werden, usw. Des weiteren können die vielfältigen Möglichkeiten der Finanzmärkte – sowohl für die Finanzanlage als auch für die Finanzmittelbeschaffung – für das Unternehmen ausgenutzt werden.

Für die tägliche und die längerfristige Sicherung der Liquidität (also das Gleichgewicht der Auszahlungen und Einzahlungen) können beispielsweise folgende Aktivitäten in Betracht gezogen werden:

- Aufschieben von Ausgaben (z.B. Zahlungsziele ausnutzen)
- Beschleunigen der Einnahmen (z.B. Einlagen früher tätigen, ausstehende Forderungen einholen)
- Vermindern der Ausgaben (z.B. auf eine Entnahme verzichten)
- zusätzliche Einnahmen erzeugen (z.B. Reserven auflösen).

Beeinflussbar sind prinzipiell die folgenden Bereiche:

1. Steuerung der **Geldverwendung**:	das **Binden** (Investition)
	das **Rückführen** (Definanzierung)
2. Steuerung der **Geldversorgung**:	das **Freisetzen** (Desinvestition)
	das **Beschaffen** (Finanzierung) von Finanzmitteln.

Die Steuerung der Geldverwendung

Steuerung des Kapitalbedarfs

Durch Änderungen des Kapitalbedarfs wird versucht, Belastungen geringer zu halten.

Beispielsweise muss nicht jede Maschine gekauft werden. Der Kapitalbedarf kann gesenkt werden, wenn Maschinen statt dessen geleast oder gemietet werden.

Eine weitere Möglichkeit besteht darin, ganze betriebliche Funktionen auszugliedern. Ein Beispiel:

> Ein MU der Metallbranche löste in einer Krisensituation die unternehmenseigene Entwicklungsabteilung auf. Damit wurde ein enormer Block an Fixkosten aufgelöst. Hat das Unternehmen Entwicklungsbedarf, so wendet es sich heute an ein spezialisiertes Ingenieurbüro, das nach Erfolg entlöhnt wird. Hierbei darf jedoch nicht die grosse Gefahr vergessen werden, langfristig relevantes Know-how zu verlieren.

Viele Unternehmen gehen dazu über, ihre Lager möglichst klein zu halten. Ein solches bewusstes Vorratsmanagement hat zur Folge, dass Geld, das in Vorräten steckt, weniger lange gebunden ist und somit für andere Zwecke verwendbar wird.

Ein weiteres Instrument, auf den Kapitalbedarf einzuwirken, besteht in einem Management der Kredite (Mahn- und Inkassopolitik, Abschliessen von Kreditversicherungen usw.).

Anlage von Finanzmitteln

Entsteht durch die tägliche Steuerung ein Überschuss an Zahlungsmitteln, so sollten diese Gelder sinnvoll angelegt werden. Dabei muss darauf geachtet werden, dass die Gelder dann wieder verfügbar sind, wenn sie tatsächlich benötigt werden (siehe das Beispiel auf Seite 72!). Zusätzlich muss das Risiko der Anlagen genau abgewogen werden.

Die Steuerung der Geldversorgung

In diesem Bereich muss überlegt werden: Wie beschafft man sich Eigenkapital, wie beschafft man sich Fremdkapital, und wie sollte die Zusammensetzung des Kapitals optimal gewählt werden?

Zu betrachten sind die Steuerungsmöglichkeiten der Innenfinanzierung (durch Kapitalumschichtung einerseits und Vermögensumschichtung andererseits) sowie der Aussenfinanzierung (Kapitalkosten, woher kommen die Kapitalgeber, wie gross ist das Risiko eines Abzugs des Kapitals, welche Laufzeiten liegen vor, usw.).

Um Finanzmittel bzw. Kapital zu beschaffen, stehen den Unternehmen prinzipiell folgende Möglichkeiten zur Verfügung:

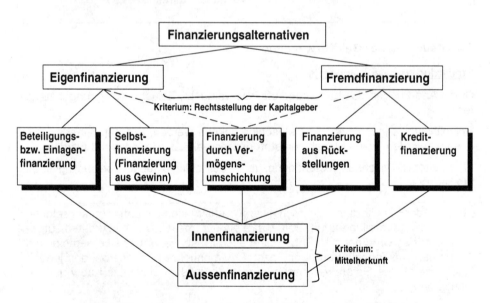

Abb. 5.5: Finanzierungsquellen

Wird ein Kapitalbedarf festgestellt, ist zunächst zu entscheiden, was für Kapitalquellen zu seiner Deckung herangezogen werden.

Die erste Frage lautet: Welche Rechtsstellung soll der Kapitalgeber haben? Also die Frage: **Eigenkapital oder Fremdkapital?**

Immer zu beachten ist (wie bereits bei der Besprechung der Eigenkapitalanteile erwähnt wurde): Eine genügend breite Eigenkapitalbasis ist immer eine wesentliche Voraussetzung für die zusätzliche Aufnahme von Fremdkapital.

Ansonsten muss das Unternehmen bei Kapitalbedarf die Vor- und Nachteile von Eigenfinanzierung und Fremdfinanzierung für die spezielle Situation gegeneinander abwägen.

In einem zweiten Schritt stellt sich nun die Aufgabe, die richtigen Finanzierungsquellen zu finden.

Es geht also um die Frage: Beziehe ich Kapital von «aussen» oder von «innen»? Und: Welche Quellen können ausgeschöpft werden?

Im Rahmen der **Aussenfinanzierung** erfolgt eine Zuführung finanzieller Mittel durch:

- **Einlagen** der Unternehmenseigner bzw. **Beteiligungen** von Gesellschaftern: Besonders in der Aufbauphase eines Unternehmens ist es häufig schwierig, Darlehen zu erhalten. Um Kapital zur Verfügung zu haben, sind eigene Mittel oder Mittel von Geschäftspartnern, Mitarbeitern, Bekannten usw. in diesen Fällen oft die einzige Möglichkeit.

- **Kreditkapital von Gläubigern:** Hier ist zunächst an Banken gedacht. Zu beachten ist dabei: Fördern Sie aktiv das Vertrauen der Bank zu Ihrem Unternehmen (offene Informationspolitik, «Plaudern» mit dem Kommerzberater, rechtzeitiger Einbezug der Bank bei Investitionsentscheidungen usw.).

- **Kreditsubstitute:** Diesbezüglich gibt es prinzipiell zwei Möglichkeiten, das Leasing und das Factoring. Maschinen können geleast statt gekauft werden. *Leasing* ist eine Form der Fremdfinanzierung, Eigenkapital und Kreditlimiten bleiben weiterhin verfügbar. Es ergibt sich so die Möglichkeit, die Investition aus ihren eigenen Erträgen zu bezahlen. Beim *Factoring* kann das Unternehmen seine Kundenforderungen an eine Factoringfirma (spezielles Finanzierungsinstitut oder Kreditinstitut) abtreten. Dafür erhält es sofort einen vereinbarten Prozentsatz der Forderungen. Mahn- und Inkassofunktion übernimmt die Factoringfirma.

Die **Innenfinanzierung** resultiert dagegen aus der marktlichen Verwertung von Vermögensteilen, also aus Umsatzerlösen.

- Erfolgt eine Finanzierung aus einbehaltenen Gewinnen, so spricht man von *Selbstfinanzierung*. Geschickt ist es, wenn der (vermutete) erwirtschaftete Gewinn bereits vor Abschluss der Bücher wieder investiert wird, somit nicht als Jahresgewinn in der Bilanz und Erfolgsrechnung auftaucht und nicht in dieser Periode versteuert werden muss.

- Durch *Vermögensumschichtungen* kann sich ein Unternehmen frei verfügbares Kapital schaffen, indem das Vermögen besser genutzt wird. Beispiele hierfür sind der Verkauf von nicht betriebsnotwendigem Vermögen (wie Liegenschaften, Wertpapiere, Teile des Fuhrparks) sowie der Verkauf von Know-how. So können Lizenzen vergeben oder Patente veräussert werden. Eine weitere Möglichkeit ist der Abbau von Rohstoff- bzw. Fertiglagern, die zum Teil unnötig viel Kapital binden.

- Die Finanzierung durch *Zurückbehalten von Aufwandsgegenwerten*, die in der betreffenden Periode nicht zu Auszahlungen führen, ist die Finanzierung aus

Rückstellungen bzw. Abschreibungen. So können beispielsweise durch die Bildung von Rückstellungen Gelder an das Unternehmen gebunden werden. Rückstellungen dienen der Begleichung von in späteren Perioden anfallenden Verbindlichkeiten. Die durch Rückstellungen freigemachten finanziellen Mittel stehen dem Unternehmen folglich nur so lange zur Verfügung, bis die Verbindlichkeit fällig wird und die Rückstellung aufgelöst werden muss. Dies ist unbedingt bei der Planung der Finanzen zu beachten.

Tendenziell neigen Manager dazu, sich lieber neue Finanzquellen zu erschliessen, als die bereits vorhandenen besser auszunutzen. Aber wie man sieht, gibt es auch neben beispielsweise einer Kreditaufnahme viele weitere Möglichkeiten, sich Kapital zu beschaffen. Eine Spur Ideenreichtum und Phantasie kann hier durchaus von Nutzen sein!

Literatur

Perridon, L. & Steiner, M. (1988). *Finanzwirtschaft der Unternehmung,* München: Vahlen Verlag.

Steiner, F. (1986). *Finanzielle Führung in der Praxis des Klein- und Mittelbetriebes,* Bern: Cosmos Verlag.

Lutz, B.(1983). *Die finanzielle Führung der Unternehmung*, Schriftenreihe «Die Orientierung», Bern: Schweizerische Volksbank.

Modoux, G. (1981). *Budget und Budgetkontrolle in kleinen und mittleren Unternehmen,* Schriftenreihe «Die Orientierung», Bern: Schweizerische Volksbank.

Bürgi, A. (1985). *Führen mit Kennzahlen: ein Leitfaden für den Klein- und Mittelbetrieb,* Muri/Bern: Cosmos Verlag.

Kapitel 6

Arbeitsorganisation

Ingrid Sattes
Hanspeter Conrad

«Ich habe mir Gruppenarbeit aber anders vorgestellt.»

6. Arbeitsorganisation

Im folgenden Kapitel werden Zusammenhänge zwischen Arbeitsorganisation und Faktoren der Wirtschaftlichkeit aufgezeigt, und es wird erklärt, weshalb sich Klein- und Mittelunternehmen hier unterschiedlichen Problemen gegenübergestellt sehen. Optimierungsmöglichkeiten der Arbeitsorganisation werden auf der Ebene der Arbeitstätigkeiten[1] und des Gesamtunternehmens vorgestellt. Spezielle Beachtung sollen in diesem Kapitel Probleme der Qualitätskontrolle und der Zertifizierung finden, die aus unserer Perspektive eng mit der Arbeitsorganisation verknüpft sind. Am Ende des Kapitels wird auf wichtige Rahmenbedingungen der Arbeitsorganisation wie Arbeitszeit und Lohnsystem eingegangen.

6.1 Arbeitsorganisation als Wirtschaftlichkeitsfaktor

Viele Klein- und Mittelunternehmen können sich gegenüber grossen Konkurrenten behaupten, weil sie flexibel auf Kundenwünsche eingehen können. Diese *Flexibilität* kann durch organisatorische Gegebenheiten, wie z.B. fehlende Regulationsmöglichkeiten[2] vor Ort, behindert werden.

> Unternehmen, in denen die Abteilungsvorgesetzten oder die Mitarbeiter selbst die inhaltliche und zeitliche Aufgabenausführung festlegen und auftragsbezogene Daten ändern können, sind flexibler und wirtschaftlich erfolgreicher. Gleichzeitig sind weniger Absenzen infolge Krankheit und weniger Kündigungen durch Mitarbeiter zu verzeichnen.

Regulationsmöglichkeiten vor Ort erhöhen die Verantwortlichkeit der Mitarbeiter für ihre Tätigkeiten.[3]

---

[1] Die Summe der Aufgaben, die von einer Person im Rahmen ihrer Beschäftigung im Unternehmen erfüllt werden.

[2] Mit einer Arbeitstätigkeit verbundene Möglichkeiten, beim Auftreten von Problemen im Arbeitsablauf, Schwankungen und Störungen selbst Lösungen zu suchen und die Probleme zu beseitigen. Regulationsmöglichkeiten können durch mangelnde fachliche Kompetenz, durch fehlende Berechtigung zum selbstverantwortlichen Handeln oder durch hohen Zeitdruck beeinträchtigt sein.

[3] Aufgaben mit Regulationsmöglichkeiten enthalten ausführende und planende Tätigkeiten und haben einen höheren Motivationsgehalt für den Arbeitnehmer. Motivierte Arbeitnehmer kündigen nicht und fehlen seltener.

Die Daten in Abb. 6.1 deuten auf einen Zusammenhang zwischen Regulationsmöglichkeiten und Wirtschaftlichkeit hin: Unternehmen mit sehr hohen Regulationsmöglichkeiten vor Ort mussten zwischen 1990 und 1992 weniger Rentabilitätseinbussen in Kauf nehmen als Unternehmen mit sehr geringen.

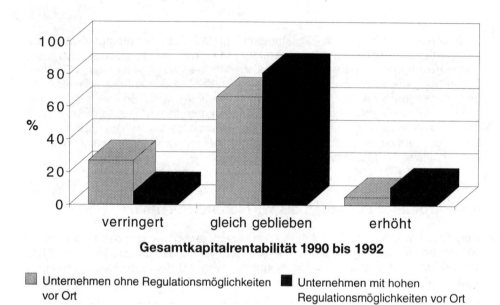

Abb. 6.1: Unternehmen mit hohen und geringen Regulationsmöglichkeiten vor Ort (Extremgruppen) und die Veränderung der Rentabilität von 1990 bis 1992

In kleinen und grösseren Unternehmen sind generell arbeitsorganisatorisch unterschiedliche Bedingungen typisch. In Kleinunternehmen finden sich folgende **vorteilhafte** Merkmale:

- eine übersichtliche Struktur,
- nur eine oder zwei Hierarchiestufen,
- schnelle Weiterleitung von Informationen,
- keine extreme Trennung zwischen Planungs- und Ausführungsaufgaben, d.h., Planung und Ausführung können optimal aufeinander abgestimmt werden.

Übersichtliche Struktur und geringe Arbeitsteilung verschaffen den Kleinunternehmen die für eine rasche Anpassung an Kundenwünsche notwendige Flexibilität. Allerdings entspringt die geringe Arbeitsteilung meist nicht einer bewussten Philosophie, sondern entsteht quasi automatisch, weil wenige Personen viele Aufgaben zu erledigen haben.

Daraus resultieren unter Umständen auch **Nachteile:**

- Wichtige Schlüsseltätigkeiten wie Arbeitsplanung, Qualitätsprüfung oder Lagerverwaltung werden häufig gemäss dem individuellen Stil des Stelleninhabers abgewickelt. Der meist vorhandene Zeitmangel verhindert in der Regel eine ausreichende Dokumentation der Abläufe und kann beim Wechsel des Stelleninhabers zu schwerwiegenden Problemen führen.
- Die für diese Aufgaben Zuständigen sind oft durch Mehrfachaufgaben überlastet.

In mittleren und grossen Unternehmen ist im Gegensatz dazu besondere Vorsicht geboten, wenn das Prinzip der Zusammenfassung ähnlicher Verrichtungen in eigenständigen Abteilungen zu einer zu starken Zergliederung des Unternehmens führt. Damit verbunden ist meist eine deutliche Trennung von planenden und ausführenden Arbeiten. Der reibungslose Durchlauf des Produkts durch die verschiedenen Abteilungen kann mit zunehmender Komplexität der Organisation z.B. durch folgende Umstände **behindert** werden:

- Informationen werden nicht mehr weitergegeben, da Spezialisten in den verschiedenen Abteilungen (z.B. Konstruktion, AVOR und Fertigung) über unterschiedliche Ausbildungen verfügen und die Probleme vor- und nachgelagerter Abteilungen nicht mehr kennen bzw. verstehen.
- Die Planungsverantwortlichen planen an den Produktionsbedingungen in einzelnen Abteilungen vorbei.
- Die Zunahme der Arbeitsteilung hat eine Zunahme von Schnittstellen und damit Koordinationsaufwand und -probleme zur Folge.
- Es entsteht Abteilungsdenken, wodurch die Kooperation zwischen Abteilungen und die Weitergabe von Informationen behindert werden.
- Die Durchlaufzeiten erhöhen sich als Folge der Zunahme an Schnittstellen und Liegezeiten.
- Der Entscheid für eine EDV-gestützte Produktionsplanung und -steuerung verhindert eine dezentrale Anpassung in der Werkstatt.

Für eine wirtschaftliche Arbeitsorganisation müssen die Vorteile der kleinen Organisation erhalten bleiben: flache Hierarchien, eine stärkere Einheit von Planung und Ausführung, kurze Informations- und Kommunikationswege. Gleichzeitig müssen durch eine gemässigte Systematisierung der Abläufe in den verschiedenen Unternehmensbereichen eine sinnvolle Delegation und die leichte Einarbeitung neuer Mitarbeiter ermöglicht werden.

Die typischen Unterschiede zwischen Klein- und Mittelunternehmen in der Arbeitsorganisation sollen durch folgende Daten der Fragebogenerhebung exemplarisch verdeutlicht werden:

	6–19 MA	20–49 MA	50–99 MA	100–499 MA
Mitarbeiter kann Art der Aufgabenausführung selbst bestimmen	31%	14%	11%	10%
Mitarbeiter/Vorgesetzte können Änderungen der PPS-Daten vornehmen	37%	25%	12%	14%

Tab. 6.1: Aufgabeninhalte und Autonomie der Mitarbeiter in den von uns untersuchten KMU

Diese Daten verdeutlichen, dass in Kleinunternehmen Mitarbeiter die Art der Aufgabenausführung stärker selbst bestimmen und die Produktionsplanung durch Selbstregulation vor Ort anpassen können. In Mittelunternehmen sind demgegenüber die Planung und Kontrolle in stärkerem Masse zentralen Stellen überantwortet, was die Flexibilität dieser Organisationen unter Umständen erheblich einschränkt. Im Anhang befindet sich die Checkliste G zur Ermittlung organisatorischer Schwächen und Stärken.

6.2 Motivationsfördernde Arbeitsgestaltung[4]

Zahlreiche Untersuchungen haben ergeben, dass Tätigkeitsmerkmale wie ganzheitliche Arbeitsaufgaben[5], abwechslungsreiche und sinnvolle Arbeit, Selbständigkeit und Verantwortung bei der Arbeit sowie Kommunikations- und Informationsmöglichkeiten am Arbeitsplatz wesentliche Faktoren für die Motivation der Mitarbeiter darstellen.

Die Mitarbeiter in traditionell geführten Mittelunternehmen finden deutlich andere Arbeitsbedingungen vor als Mitarbeiter in Kleinbetrieben. Die stärkere Arbeitsteilung und teilweise rigide, bis ins Detail reichende Arbeitsvorgaben vermindern den Überblick über den Zusammenhang der einzelnen Arbeitsschritte bis zum Endprodukt. Der Arbeitende verliert zudem die Möglichkeit, selbst Entscheidungen zu fällen, seine eigenen Arbeitsschritte zu planen und individuelle Arbeitsmethoden zu entwickeln.

Dies verhindert die bei ganzheitlichen und vielfältigen Aufgaben entstehende Identifikation mit der Arbeitsaufgabe, möglicherweise auch mit dem Produkt oder dem Unternehmen. Unter solchen Umständen kennen die Mitarbeiter oft nicht einmal die genaue Verwendung des Teils, an dem sie gerade arbeiten.

---

[4] Veränderungen der Arbeitstätigkeiten, die die Verbesserung der Arbeitsmotivation des Ausführenden zum Ziel haben. Diese Veränderungen haben meistens auch positive Auswirkungen auf die Produktivität.

[5] Aufgaben mit planenden, ausführenden und kontrollierenden Elementen und der Möglichkeit, Ergebnisse der eigenen Tätigkeit auf die Übereinstimmung mit den gestellten Anforderungen hin zu überprüfen.

Sind Eigeninitiative und Mitdenken der Mitarbeiter nicht mehr gefragt, reduziert sich die Arbeitsmotivation[6] – die normalerweise durch das Bewusstsein entsteht, eine sinnvolle Arbeit tun zu können – auf die möglichst schnelle Erledigung weniger Arbeitsschritte für möglichst viel Geld. Dies führt auf lange Sicht zu einer reinen Salärmotivation.

Viele Unternehmer, die sich über diese Arbeitseinstellung ihrer Mitarbeiter beklagen, erkennen nicht, dass die Produktionsbedingungen und die Arbeitsorganisation in ihrem Betrieb eine wichtige Ursache für eine solche Salärmotivation bilden. Dies kann vor allem für Unternehmen problematisch sein, deren rasch sich verändernde Umfeldbedingungen und hohe Kundenorientierung flexible, verantwortungsbewusste Mitarbeiter unbedingt erfordern.

In Kleinbetrieben, in denen weniger Menschen zur Verfügung stehen und Möglichkeiten für extreme Arbeitsteilung, Kontrolle und Vorschriften nicht vorhanden sind, tritt dieser Motivationsverlust bei den Arbeitenden typischerweise seltener auf. Sowohl Befragungen der Mitarbeiter selbst als auch der zuständigen Abteilungsleiter ergaben in Kleinunternehmen eine diesbezüglich günstigere Bewertung der Tätigkeiten.

Eine anspruchsvolle und interessante Arbeit zu haben ist für viele Mitarbeiter wichtiger als ein hoher Lohn. Der Lohn spielt zwar eine grosse Rolle, steht aber in unserer Untersuchung, d.h. sogar in wirtschaftlich unsicheren Zeiten, in einer von Mitarbeitern in Schweizer KMU erstellten Rangreihe von acht wichtigen Merkmalen nach der «interessanten Arbeit» erst an zweiter Stelle. Im Anhang befindet sich eine Checkliste, die die Auswirkung wichtiger Tätigkeitsmerkmale auf die Motivation der Mitarbeiter konkreter aufzeigt (Checkliste H).

> In Betrieben, in denen die Arbeitstätigkeiten auch auf der ausführenden Ebene durch grössere Selbständigkeit, Verantwortung, Kommunikationsmöglichkeiten und grösseren Abwechslungsreichtum gekennzeichnet sind, treten geringere Fehlzeiten und Kündigungen auf.

Interessante, abwechslungsreiche Arbeit fördert:

- ❐ Mitdenken und Verantwortungsgefühl,
- ❐ die Motivation für die Arbeit insgesamt,
- ❐ die Identifikation mit dem Produkt und dem Unternehmen,
- ❐ das Erfahrungslernen über Möglichkeiten der Rückmeldung,
- ❐ die Entscheidungsbereitschaft und -fähigkeit,
- ❐ die Motivation, Verbesserungen zu suchen und Neues zu wagen,
- ❐ die Vielseitigkeit und Flexibilität der Mitarbeiter,
- ➜ **die Flexibilität des Unternehmens.**

---

[6] Arbeitsmotivation ist eine positive, innere Einstellung zur Arbeit, die dazu führt, die Arbeit so gut wie möglich auszufüllen. Salärmotivation bezeichnet eine Einstellung zur Arbeit, bei der die Bezahlung wichtiger ist als der Wunsch, die Arbeit gut zu machen.

6.3 Wie optimiere ich die Arbeitsorganisation?

In traditionell organisierten Mittelbetrieben finden sich motivations- und flexibilitätsfördernde Arbeitsbedingungen weniger ausgeprägt als in Kleinbetrieben. Für die Optimierung der Arbeitsorganisation stehen vier Ansätze zur Verfügung:

- Arbeitstätigkeiten können durch verschiedene Arten der **Aufgabenerweiterung**[7] motivierender gestaltet werden. Damit verbunden sind häufig eine Verbesserung der Qualität sowie die Abnahme von Absenzen und Fluktuation.
- Die **Einführung von Gruppenarbeit**[8] und die damit verbundenen Veränderungen der Arbeitsorganisation können, über positive Auswirkungen auf die fachlichen und sozialen Kompetenzen der Mitarbeiter hinaus, zur Erhöhung der Flexibilität und zur Verkürzung von Durchlaufzeiten führen.
- In KU gehen Veränderungen der Arbeitsorganisation häufiger in Richtung **Systematisierung und Aufbau wichtiger Schlüsselfunktionen** und einer Entlastung des Unternehmers durch stärkere Delegation von Verantwortung, wie dies bereits im Kapitel «Unternehmensstruktur und Organisation» verdeutlicht wurde.
- In MU gehen arbeitsorganisatorische Verbesserungen häufiger in Richtung **funktionaler Integration,** d.h. Abbau von Hierarchiestufen und Verlagerung von Planungs- und Kontrollaufgaben in die ausführende Ebene.

Dies sind natürlich nur grobe Verallgemeinerungen. Es gibt auch kleine Unternehmen, die z.B. für ihre Grösse eine Hierarchiestufe zuviel eingeführt haben, oder mittlere Unternehmen, in denen z.B. zu viel Verantwortung allein in den Händen des Unternehmers oder Geschäftsführers liegt. Unserer Erfahrung nach haben zwar kleine Unternehmen in der Regel andere Probleme mit der Arbeitsorganisation als mittlere, entscheidend ist jedoch immer eine sorgfältige Problemanalyse der besonderen Situation eines Unternehmens.

Optimierung der Arbeitstätigkeiten durch Aufgabenerweiterung

Es ist möglich, durch die Art der Arbeitsorganisation Arbeitstätigkeiten motivierender zu gestalten. Besonders problematisch sind Arbeitstätigkeiten, bei denen neben einem sehr hohen Routinegrad (d.h. kurzzyklische, einfache Handgriffe) ein hoher Zeitdruck besteht und zudem hohe Qualitätsansprüche zu erfüllen sind.

Durch verschiedene Formen der Aufgabenerweiterung lassen sich die nachteiligen Wirkungen dieser schlechten Arbeitsbedingungen zunächst mildern. Bei Arbeitstätigkeiten mit körperlicher Belastung oder langfristig zu erwartenden Schädigungen ist eine grundlegende Umgestaltung der Arbeitstätigkeit mit einer Beseitigung der Schädigungsursache unumgänglich. Das häufigste Problem in den von uns untersuchten KMU war in diesem Zusammenhang der Lärm am Arbeitsplatz.

---

[7] Organisatorische Veränderungen von Arbeitstätigkeiten, die durch eine Vergrösserung der Aufgabenbereiche bei den Mitarbeitern die Entwicklung von Arbeitsmotivation fördern.

[8] Eine Form der Arbeitsorganisation, in der mehrere Personen in direkter Zusammenarbeit eine gemeinsame Arbeitsaufgabe in, von Fall zu Fall unterschiedlich ausgeprägter, Eigenverantwortung ausführen.

Wie optimiere ich die Arbeitsorganisation?

Die leichter durchführbaren, da auf die unmittelbare Ausführung begrenzten Formen der Aufgabenerweiterung sind die *Aufgabenvergrösserung* (auch *job enlargement* genannt), die *Aufgabenrotation (job rotation)* und die *Aufgabenanreicherung (job enrichment)*. Aufgabenvergrösserung, bei der einfache Aufgaben um andere einfache Aufgaben ergänzt werden, oder Aufgabenrotation, bei der Mitarbeiter zwischen gleichartigen Aufgaben wechseln (indem z.B. acht Montageschritte zu zwei Montagestationen zusammengefasst werden), können körperliche Belastungen einer einzelnen Tätigkeit reduzieren; Motivationsmängel werden dadurch nicht beseitigt. Nur mit einer Aufgabenerweiterung im Sinne einer *Aufgabenanreicherung (job enrichment)*, bei der die Tätigkeit durch den Einbezug von Planungs-, Kontroll- und/oder Unterhaltsaufgaben ergänzt und mit einer erhöhten Verantwortung verbunden wird, kann die Motivation der Mitarbeiter und letztlich auch deren Effizienz gesteigert werden. Findet Aufgabenrotation unter Einbezug von Planungs-, Kontroll- oder Unterhaltsaufgaben statt, kommt die Aufgabenrotation der Aufgabenanreicherung nahe. Durch Aufgabenerweiterung werden Mitarbeiter auch vielseitiger einsetzbar, d.h., die Polyvalenz[9] des Personals steigt, was in Zeiten schnell schwankender Anforderungen von seiten des Marktes immer wichtiger wird.

Eine Übersicht über die Formen der Aufgabenerweiterung und deren Auswirkungen gibt Tabelle 6.2.

	Umsetzung	Auswirkung
Aufgabenvergrösserung	Eine Aufgabe wird um strukturell gleichartige oder ähnliche einfache Aufgaben erweitert.	Verlängerung des Arbeitszyklus, kurzfristig neue Lerninhalte.
Aufgabenrotation	Mehrere Aufgaben werden von verschiedenen Personen im Wechsel ausgeführt. Einbezug von Planung, Kontrolle oder Unterhalt --> Aufgabenanreicherung.	Kurzfristig grössere Abwechslung, Abbau einseitiger Belastungen, bei komplexen Aufgaben steigt die Polyvalenz.
Aufgabenanreicherung	Eine Aufgabe wird um Planungs-, Kontroll- und/oder Unterhaltsaufgaben erweitert.	Höhere Leistungsmotivation, Polyvalenz und Verantwortungsbereitschaft.

Tab. 6.2: Formen der Aufgabenerweiterung

Bei einer Aufgabenerweiterung im Sinne einer Aufgabenanreicherung ist der Einbezug vor- und nachgelagerter Abteilungen unvermeidlich, da Planungs-, Kontroll- und Unterhaltsaufgaben, die vorher von anderen Abteilungen ausgeführt wurden, nun in den Verantwortungsbereich einer vorher rein ausführenden Tätigkeit verlegt werden müssen. Die Planung vor Ort setzt zudem ein Produktionsplanungs- und -steuerungssystem voraus, welches nicht Anfangs- und Endpunkt jeder Tätigkeit auf die Minute genau vorschreibt, sondern nur Abschlusstermine mit einem gewissen zeitlichen Vorlauf vorgibt.

---

[9] Das Ausmass an abrufbaren Qualifikationen. Die Mitarbeiter beherrschen mehr als eine Aufgabe innerhalb eines definierten Aufgabenbereiches. Je mehr Aufgaben beherrscht werden, um so höher ist die Polyvalenz.

Gruppenarbeit

Bei der Schaffung motivationsförderlicher Arbeitstätigkeiten entstehen häufig so komplexe Aufgaben, dass diese nicht mehr einzelnen Personen übertragen werden können. In diesem Fall kann die Arbeitsorganisation durch die Einführung von Gruppenarbeit optimiert werden.

Das entscheidende und wichtigste Element der Gruppenarbeit ist, dass den Mitarbeitern einer Gruppe **eine Aufgabe zur Erledigung in gemeinsamer Verantwortung** übergeben wird. Gleichzeitig muss die Gruppe bestimmte Spielräume haben, z.B. bei der Planung des Arbeitsablaufes und bei der internen Arbeitsverteilung.

Verschiedene Formen von Gruppenarbeit unterscheiden sich in erster Linie durch die Möglichkeiten der **Selbstregulation,** d.h. den Grad an Verantwortung und die konkreten Entscheidungsmöglichkeiten, die den Mitarbeitern übergeben werden. Je mehr Entscheidungsmöglichkeiten einer Gruppe überantwortet werden, desto mehr Möglichkeiten zum eigenständigen Funktionieren hat sie.

> In einem mittleren Unternehmen, welches medizinische Produkte aus Chrom und Stahl produziert, wurden alle direkt produktiven Arbeitsgänge für eine Produktgruppe, vom Zuschneiden des Materials bis zur Metallbearbeitung, einer Gruppe von acht Männern zugeteilt. Eine dezentrale Werkstattsteuerung ermöglichte der Gruppe, am Wochenbeginn die Feinkoordination für die Dauer einer Woche jeweils selbst zu übernehmen. Auch die interne Aufgabenverteilung übernahm die Gruppe selbst. In der Anlernphase wurden die koordinierenden Aufgaben wie gewohnt vom Meister übernommen, der sie dann sukzessive in regelmässigen Gruppensitzungen an die Gruppe weitergab. Neben drastischen Verkürzungen der Durchlaufzeit von zwei Monaten auf zwei Wochen wurden in der Gruppe langjährige Qualitätsprobleme gelöst, und innerhalb eines halben Jahres stieg durch das gegenseitige Anlernen der Mitarbeiter die Polyvalenz um 50%.

Die Möglichkeit, über die Aufgabenverteilung zwischen den Mitarbeitern zu entscheiden, setzt natürlich eine grössere Polyvalenz der Mitarbeiter voraus, da Mitarbeiter, die nur eine Arbeitstätigkeit beherrschen, nicht an verschiedenen Arbeitsplätzen eingesetzt werden können. Jeder Mitarbeiter soll entsprechend seinen Fähigkeiten und Wünschen möglichst viele der Gruppenaufgaben beherrschen. Eine vollständige Polyvalenz – jeder kann alles – ist dabei keineswegs notwendig.

Die wichtigsten Merkmale echter Gruppenarbeit sind:

- eine klare Zielvereinbarung,
- eine ganzheitliche und überschaubare Aufgabe,
- gemeinsame Verantwortung für diese Aufgabe,
- ein innerer Zusammenhang zwischen den einzelnen Aufgaben,
- Rückmeldung über die Zielerreichung,
- eine überschaubare Gruppengrösse (je nach Aufgabe 6 bis 10 Personen).

Im Anhang findet sich die Checkliste I zur Bestimmung der vorhandenen Autonomie von Gruppen für Produktionsbetriebe.

Bei der Einführung von Gruppenarbeit ist eine Reihe praktischer Fragen zu beantworten. Diese betreffen die Information und den Einbezug der betroffenen Mitarbeiter, die optimale Gruppengrösse, den genauen Aufgabenbereich der Gruppe, die Bestimmung des Grades der Selbstregulation, die Funktionen der Vorgesetzten bzw. Gruppensprecher, die Dauer des Einführungsprozesses, bis die Gruppe voll funktionieren kann, sowie die Gestaltung des Ausbildungsprogramms für die Mitarbeiter.

Prinzipiell ist die Gründung einer *Projektgruppe* ratsam, die alle diese Fragen diskutiert und in Übereinstimmung zwischen Mitarbeitern und Geschäftsleitung beantwortet. Die Projektgruppe soll aus Vertretern der Geschäftsleitung, Führungskräften und Mitarbeitern der betroffenen Abteilungen bestehen. Häufig wird sich der Einbezug eines externen Beraters mit Erfahrung in diesem Bereich als notwendig und hilfreich erweisen. Die Projektgruppe muss zunächst eine sorgfältige Analyse des Ist-Zustandes in den betroffenen Abteilungen durchführen, die sich z.B. auf die konkreten Produktionsbedingungen, die Art der Arbeitsorganisation, die Qualifikation der Mitarbeiter und die zur Verfügung stehende Technik bezieht.

Sehr wichtig ist die *frühzeitige Information der Mitarbeiter* über die angestrebten Veränderungen im Betrieb. Häufig werden durch eine zögernde Informationspolitik unklare und unrichtige Teilinformationen verbreitet, die dann in einem späteren Zeitpunkt den Widerstand gegen Veränderungen auf seiten der Mitarbeiter verschärfen (siehe Kap. «Mitarbeiterführung»).

Zu den wichtigsten Aspekten der Veränderung, über die rechtzeitig Klarheit zu schaffen ist, gehört die *Führung von Gruppen*. Es hat sich bewährt, mit der Leitung einer Gruppe in der Einführungsphase einen Meister oder Abteilungsleiter zu betrauen. Die fachlichen und sozialen Kompetenzen des Gruppenleiters sind in der Anfangsphase enorm wichtig, da er die Gruppe bei der schrittweisen Übernahme von ungewohnten Kontroll- und Planungsfunktionen und bei der Einführung der Gruppensitzungen oft stark unterstützen muss. Hat sich die Gruppe eingearbeitet, können und sollten interne Koordinationsfunktionen von einem geeigneten Mitarbeiter übernommen werden, der dann zum Gruppensprecher wird. Die Funktion des Gruppensprechers sollte allerdings nicht dauernd von ein und derselben Person wahrgenommen werden, sondern in bestimmten zeitlichen Abständen zwischen verschiedenen Gruppenmitgliedern wechseln. Der Meister/Abteilungsleiter kann sich ab diesem Zeitpunkt stärker auf die Koordination zwischen vor- und nachgelagerten Gruppen konzentrieren.

Entscheidend für das Gelingen der Einführung von Gruppenarbeit ist schliesslich eine *ausreichend lange Einführungsphase*, in der sich die Mitarbeiter einerseits sozial auf das Miteinanderarbeiten einstellen können, andererseits durch fachliche Weiterbildungsmassnahmen darauf vorbereitet werden, in Zukunft mehr als die bisherige eingeschränkte Arbeitstätigkeit auszuführen. Die sozialen Lernprozesse, z.B. das Lösen von gemeinsamen Problemen oder das kompetente Austragen von Konflikten untereinander, dauern oft länger als das Erlernen sachlicher Inhalte. Im Anhang findet sich Checkliste J zur Bewertung des Gruppenklimas, die als Anhaltspunkt für soziale Probleme und deren Lösungen eingesetzt werden kann.

Vorteilhaft ist es auch, zunächst *interessierte Mitarbeiter auf freiwilliger Basis* zur Teilnahme auszuwählen. Dies erhöht die Wahrscheinlichkeit, dass die Gruppenarbeit positiv anläuft und andere Mitarbeiter durch diese Erfahrungen motiviert werden.

Zur Regelung von Abstimmungserfordernissen im Produktionszusammenhang und zur Besprechung auftretender organisatorischer, aber auch sozialer Probleme ist die Einrichtung *regelmässiger Gruppensitzungen* nötig. Diese werden meistens vom Abteilungsleiter oder von einem Gruppensprecher moderiert.

Folgende Vorgehensweisen für die Einführung von Gruppenarbeit haben sich bewährt:

- Einführungsphasen sollten nicht zu knapp bemessen werden: ein halbes Jahr bis ein Jahr ist dafür einzukalkulieren.
- Vorgesetzte übernehmen zunächst weiterhin administrative und planende Funktionen, bis genügend Mitarbeiter in diese Tätigkeiten eingeführt worden sind. Danach konzentrieren sie sich meist eher auf Koordinationsaufgaben.
- Es ist sinnvoll, mit der Gruppenarbeit in einigen wenigen Pilotgruppen anzufangen und spätere Gruppen von deren Erfahrung profitieren zu lassen.

Gruppenarbeit kann in bestimmten Fällen die einzig sinnvolle Organisationsform sein, wenn z.B. die gegenseitige Abhängigkeit der Teilaufgaben aus technischen oder qualifikatorischen Gründen sehr hoch ist oder sehr hohe fachliche und/oder psychische Anforderungen bestehen, wie z.B. hohe Qualitätsanforderungen, hohe Kosten bei Fehlern oder Zeitdruck.

Die Reduktion von Schnittstellen

Vor allem in Mittelbetrieben mit einer funktionalen Organisation und vielen Schnittstellen zwischen den einzelnen Abteilungen kann die Optimierung der Arbeitsorganisation durch Reduzierung von vertikalen oder horizontalen Schnittstellen erreicht werden. Die Optimierung muss demnach folgende Ziele verfolgen:

- Abbau von Hierarchiestufen,
- Verlagerung indirekter Funktionen in die Fertigung,
- produktorientierte räumliche und organisatorische Zusammenlegung von Aufgaben.

Damit findet eine Zerlegung einer grossen, häufig zentral gesteuerten und damit unflexibel gewordenen Organisation in kleine, eigenverantwortliche Einheiten statt. Es ist klar, dass diese dezentralen Einheiten auf die Ziele des Gesamtunternehmens abgestimmt werden müssen.

> Ein mittlerer Metallbetrieb bildete durch die produktorientierte Zusammenlegung der produktiven Bereiche und die Integration der Feinplanung und Qualitätskontrolle in die Fertigung aus 18 Abteilungen eine neue Organisation mit nur 6 Abteilungen. Die Durchlaufzeit des Produktes reduzierte sich dadurch von zwei Monaten auf zwei Wochen.

Einer Reorganisation in Richtung Dezentralisierung ist eine sorgfältige Datenerhebung über Auftragsabläufe und Produktliegezeiten vorzuschalten. Erst mittels einer solchen Analyse kann man erkennen, an welchen Stellen die grössten Informations-, Bearbeitungs- und Zeitverluste entstehen. Einige Stellen im Produktionsablauf, an denen es immer wieder Probleme gibt, sind den Verantwortlichen natürlich bekannt. Die Erfahrung mit solchen Analysen hat jedoch gezeigt, dass es eine Vielzahl von Problemen in der Ablauforganisation gibt, die eher versteckt wirksam sind. Die Erhebungen können von den Mitarbeitern selbst durchgeführt werden oder von einer dafür eingerichteten, bereichsübergreifenden Projektgruppe.

Bei derartigen Reorganisationen ist unbedingt auf die Beteiligung der Mitarbeiter zu achten. Wo die Mitarbeiter nicht beteiligt werden, ist mit vielfältigen Formen des offenen oder verdeckten Widerstandes zu rechnen (siehe Kap. «Mitarbeiterführung»). Ausserdem verfügen die Mitarbeiter über Kenntnisse und Erfahrungen, deren Berücksichtigung für den Erfolg einer Restrukturierung vielleicht sogar von ausschlaggebender Bedeutung ist.

6.4 Arbeitsorganisation und Qualität

Die Hälfte der von uns untersuchten Unternehmen ist zurzeit dabei, eine Zertifizierung nach ISO 9000+ vorzubereiten. Viele Unternehmer gehen davon aus, dass die Zertifizierung vor allem in der Zukunft die entscheidende Rolle bei der Kundenakquisition spielen wird.

> Klein- und Mittelunternehmen der Branchen Metallbearbeitung und -verarbeitung und Maschinen- und Fahrzeugbau, die eine ISO-Zertifizierung bereits erlangt haben oder sich darauf vorbereiten, sind wirtschaftlich erfolgreicher.

Die Erklärung für diesen branchenspezifischen Erfolgszusammenhang ergibt ein Blick auf den Stand der ISO-Zertifizierung in den erfassten Branchen der Fragebogenerhebung (Tab. 6.3):

ISO-Zertifizierung	Metallbearbeitung und -verarbeitung	Maschinen- und Fahrzeugbau	Elektrotechnik/ Elektronik
nicht notwendig	46%	44%	28%
in Vorbereitung	42%	49%	53%
bereits durchgeführt	12%	7%	19%

Tab. 6.3: Zertifizierung nach ISO 9000+ in den verschiedenen Branchen

Die Notwendigkeit einer ISO-Zertifizierung wird branchenspezifisch unterschiedlich bewertet. Der höchste Anteil von Unternehmern, die eine ISO-Zertifizierung für nicht notwendig halten, findet sich bei den Branchen Stahlmetallbau (71%), Fahrzeugbau (70%), bei den Büromaschinenherstellern (67%) und in der gewerblichen Metallbearbeitung (60%). 63% aller übrigen Unternehmen haben die Zertifizierung bereits durchgeführt oder befinden sich in der Vorbereitung.

Ein Zertifizierungsprozess erfordert sehr häufig Veränderungen der Arbeitsorganisation, um eine kontinuierliche Qualität garantieren zu können. Im Vorfeld der Zertifizierung muss also festgelegt werden, in welchen Bereichen des Unternehmens gegebenenfalls eine Reorganisation notwendig ist. Zertifizierungen sind daher mit einem erheblichen Zeit-, Personal- und damit Kostenaufwand verbunden.

Wer eine Zertifizierung vornehmen will, sollte sich die Frage stellen, ob nicht bald eine Reorganisation des Unternehmens notwendig wird, und diese gegebenenfalls *vor* der Zertifizierung durchführen.

Wegen des enormen Aufwandes kann eine Zertifizierung vor allem für kleinere Unternehmen ein echter «Kraftakt» sein. Hier kann es sinnvoll sein, wenn sich mehrere Kleinunternehmen für die Begleitung der Zertifizierung zusammentun und gemeinsam einen Experten anstellen.

In vielen Betrieben wird im Rahmen des Aufbaus des Qualitätswesens der Fehler gemacht, für die genaue Bestimmung der Abläufe, die für den Erhalt des Zertifikates notwendig sind, eine zu tiefe, d.h. an Einzeloperationen festgemachte Prüfebene zu wählen. Wenn sehr detailliert geprüft wird und sich die Geschäftsleitung entscheidet, die Prüfungen durch eine abteilungsexterne Instanz durchführen zu lassen, kann dies die funktionale Integration verunmöglichen. Häufig führen Abweichungen von einem detaillierten Ablaufschema zu Kontrollfragen zwischen der Qualitätssicherung und den ausführenden Mitarbeitern. Es ist durchaus möglich, die erforderliche Prüfbarkeit auf grössere Arbeitsabschnitte zu beschränken, um so die bestehenden Freiheitsgrade bei der Leistungserstellung zu erhalten oder sogar zu vergrössern.

Beim Erstellen des *Qualitätshandbuches* sind zunächst die allgemeinen firmenpolitischen Grundzüge und Leitsätze im Hinblick auf Qualität festzulegen. Davon abgeleitet werden die Richtlinien für einzelne Bereiche. Die konkreten Arbeits- und Prüfdokumente für individuelle oder Gruppen-Arbeitstätigkeiten werden am besten von den jeweiligen Abteilungs- oder Bereichsleitern mit den Mitarbeitern gemeinsam festgelegt. So kann verhindert werden, dass sich aus dem Qualitätshandbuch eine Reihe von Ordnern mit unübersichtlichen und nicht praktikablen Detailvorschriften entwickelt.

Unternehmen setzen die *Qualitätsgrenzen* manchmal sogar höher an, als es der Kunde eigentlich verlangt. Durch intensive Kommunikation mit den Kunden in bezug auf Qualitätsbelange kann dieser unter Umständen sehr kostspielige Fehler vermieden werden.

Ein weiteres Problem bei der Zertifizierung ist die *Entscheidung, wo geprüft wird*. Die Qualität dort zu prüfen, wo Fehler entstehen, d.h. durch die Mitarbeiter selbst und nicht durch eine externe Kontrollabteilung, ist für die Effizienz bei der Einhaltung der Qualitätsnormen und für die Motivation der Mitarbeiter absolut von Vorteil. Qualitätssicherung ist zwar eine der wesentlichen Führungs- und Controllingaufgaben und muss auch durch einen Führungsverantwortlichen getragen werden, aber es ist entscheidend, dass das Qualitätsdenken bereits in der Produktion verankert und die Qualitätsprüfung auch dort vorgenommen wird. Qualität muss erarbeitet, nicht «erprüft» werden.

Jeder ist für seine Qualität verantwortlich.

In sehr vielen Unternehmen ist die *Selbstprüfung* bereits eingeführt. Dies ist auch der richtige Ansatz, da das unmittelbare Sichtbarwerden von Qualitätsproblemen vor Ort, dort wo die Fehler entstehen, zu einer schnellen Behebung dieser Qualitätsprobleme zum frühestmöglichen Zeitpunkt führt. Es kommt jedoch sehr darauf an, wie diese Selbstprüfung im Alltag dann tatsächlich gehandhabt wird.

> In einem mittleren Decolletagebetrieb wurde vor zwei Jahren die Selbstprüfung für alle Mitarbeiter eingeführt. Die Aufgaben der ausführenden Mitarbeiter bestanden vorher mehrheitlich im Überwachen der Maschinen, teilweise mit manueller Bestückung. Einrichtarbeiten, Auftragserteilung und Qualitätskontrollen wurden vom Meister ausgeführt. Alle Mitarbeiter mussten nach Feierabend innerhalb eines Jahres Prüf- und Messkurse besuchen. Die zusätzliche Qualifizierung und die Zusatzaufgaben wurden nicht entlohnt. Als nach dem ersten halben Jahr mit Selbstprüfung die Qualitätsprobleme zwar abnahmen, aber nicht im erwarteten Umfang, wurde eine Nachkontrolle durch den Meister eingeführt.

Es reicht demzufolge nicht aus, Selbstprüfung einzuführen und die Mitarbeiter die notwendigen Prüfkurse besuchen zu lassen. Wichtige Bedingungen für eine funktionierende Selbstprüfung sind darüber hinaus:

- Einsicht in die Notwendigkeit der Qualitätsanforderungen,
- echte Verantwortung für die eigene Qualität,
- wiederholte, kontinuierliche Qualifizierung,
- Beteiligung an der Erstellung der Prüfpläne,
- Aufgaben, die auch vorbereitende und teilweise feinplanerische Elemente enthalten,
- ein Lohnsystem, das die erhöhte Kompetenz und Verantwortung honoriert,
- eine funktionierende Kommunikation über Verbesserungsvorschläge der Mitarbeiter und prompte Umsetzung der guten Vorschläge.

Wie diese Merkmale zu einem echten Qualitätsdenken bei den Mitarbeitern führen, ist in Abb. 6.2 schematisch dargestellt.

Abb. 6.2: Aufbau des Qualitätsdenkens

Manche Unternehmen konzentrieren sich zu stark auf die Dokumentation der Abläufe und vernachlässigen dabei die Qualifizierung und Motivierung der Mitarbeiter.

Nicht zuletzt kann das Funktionieren des Qualitätswesens durch Merkmale der Arbeitsorganisation unterstützt werden:

- Abteilungsübergreifende Projektgruppen können die Koordination der Entwicklung und die Pflege des Qualitätswesens erleichtern.
- Kleine, dezentrale Einheiten sind weniger störanfällig, können Schwankungen und Störungen selbst regulieren und schneller reagieren.
- Gruppenarbeit und die dabei entstehende Teamverantwortung unterstützen die frühe Fehlerbeseitigung.
- Bei kürzeren Durchlaufzeiten werden Fehler schneller entdeckt.
- Werden Teile nicht auf Vorrat produziert, können Fehlerursachen schneller entdeckt werden.

6.5 Flexibilitätsfördernde Rahmenbedingungen

Rahmenbedingungen wie Arbeitszeiten oder das Lohnsystem können auch bei einer klar festgelegten Strategie und einer adäquaten, diese Strategie unterstützenden Arbeitsorganisation das Zusammenspiel zwischen Abteilungen und Mitarbeitern fördern oder hemmen. Werden diese Rahmenbedingungen von den Mitarbeitern ungünstig bewertet, können sie Unzufriedenheit erzeugen. Durch optimale Rahmenbedingungen alleine entsteht aber noch keine Arbeitsmotivation oder Zufriedenheit bei den Mitarbeitern.

6.5.1 Arbeitszeiten

In den letzten Jahren ist in KMU eine Tendenz zu flexibleren und variableren Arbeitszeiten festzustellen. Die Veränderungen betreffen entweder die Dauer der Arbeitszeit, die Lage der individuellen Arbeitszeit oder gar beides. Die häufigsten Formen flexibler Arbeitszeiten sind:

- Teilzeitarbeit,
- Bandbreitenmodell,
- Gleitzeit,
- Nacht-, Schicht- und Wochenendarbeit,
- Jahresarbeitszeit,
- zeitautonome Gruppen,
- gleitende/vorzeitige Pensionierung.

Aus betrieblicher Sicht sollen mit flexiblen Arbeitszeiten hauptsächlich zwei wirtschaftliche Ziele erreicht werden:

1. die optimale Auslastung teurer Maschinen und Anlagen
2. die Bewältigung zunehmend grösserer Auftragsschwankungen.

Aber auch die Wünsche vieler Beschäftigter stehen als treibende Kräfte hinter der Flexibilisierung. Viele Beschäftigte sind mit einer starren Festlegung ihrer Arbeitszeiten nicht mehr zufrieden und wünschen flexiblere und kürzere Arbeitszeiten, die besser auf persönliche Bedürfnisse abgestimmt sind.

Wegen der unterschiedlichen Motive der Arbeitgeber und der Beschäftigten gibt es keine Patentlösung für die Wahl der flexiblen Arbeitszeiten. Arbeitgeber und Mitarbeiter müssen gemeinsam nach Lösungen suchen, die der Vielfalt der Bedingungen und Wünsche angemessen sind. Weil die flexiblen Arbeitszeiten gerade für KMU erhebliche Chancen enthalten, wird im folgenden kurz auf einige Vor- und Nachteile der einzelnen Formen hingewiesen.

Teilzeitarbeit

Teilzeitarbeit bedeutet eine Verkürzung der individuellen Arbeitsdauer gegenüber der betriebsüblichen Dauer. Diese kann die tägliche, die wöchentliche oder die jährliche Arbeitszeit betreffen. In den letzten zehn Jahren hat die Teilzeitarbeit in der Schweiz zugenommen: Ende 1993 hatten 23,9% aller Beschäftigten ein reduziertes Pensum, 1983 waren es erst 13,8%. Frauen (1993: 45%) arbeiten häufiger Teilzeit als Männer (1993: 9,8%), die allgemeine Tendenz für die Zukunft ist steigend.

In vielen Unternehmen bestehen Vorbehalte gegen Teilzeitarbeit wegen befürchteter zusätzlicher Kosten für Verwaltungsaufwand und Arbeitsplatzausstattung. Wie eine neue Untersuchung von Mc Kinsey Deutschland belegt, beruhen diese Argumente häufig auf einer unvollständigen Kosten-Nutzen-Rechnung. Das ungenutzte Teilzeitpotential wird auf 24% der Vollzeitarbeitsplätze geschätzt. An diesen Arbeitsplätzen würde Teilzeitarbeit nach Mc Kinsey netto zu Einsparungen von durchschnittlich 20% der Personalkosten führen, vor allem durch geringere Absenzen, eine höhere Stundenproduktivität, bessere Arbeitsplatzausnutzung sowie eine bessere

Kapitalnutzung infolge längerer Betriebs- und Öffnungszeiten[10]. Diese Ergebnisse lassen sich ohne weiteres auf schweizerische Verhältnisse übertragen.

Besonders gross ist das Sparpotential für Teilzeitarbeit unter folgenden Voraussetzungen:

- gut definierbare Aufgaben,
- keine dringenden Aufträge,
- keine oder grosse Volumenschwankungen,
- geringe Kommunikationserfordernisse,
- vorhersehbare und planbare Einsätze.

Bandbreitenmodell

Seit 1975 wird in der Maschinenfabrik Landert in Bülach ein Arbeitszeitmodell praktiziert, das unter dem Namen «Bandbreitenmodell» viele Nachahmer gefunden hat. Das Bandbreitenmodell enthält verschiedene Wahlmöglichkeiten des Mitarbeiters bei den folgenden zwei Elementen:

Element 1: **Möglichkeit zu Arbeitszeitverkürzung oder -verlängerung**

Alle Beschäftigten können unter mehreren vorgegebenen Formen von verkürzter oder verlängerter Arbeitszeit mit entsprechenden Konsequenzen für den Lohn auswählen.

Wie das Fallbeispiel Swissair (vgl. Kasten) zeigt, stellen Bandbreitenmodelle einen gelungenen Kompromiss dar zwischen der betrieblichen Notwendigkeit der Planung der Arbeitszeit und den vielfältigen Mitarbeiterwünschen nach individuellen Lösungen.

Element 2: **Tauschmöglichkeit zwischen Wochenarbeitszeit und Feriendauer**

Alle Beschäftigten können wählen, ob sie ein paar Stunden pro Woche mehr arbeiten möchten und dafür entsprechend mehr Ferienwochen pro Jahr beziehen.

> Nachdem 1990 bei der Swissair die Wochenarbeitszeit von 42 auf 41 Stunden verkürzt worden war, konnten sich die 8000 Mitarbeiter des Bodenpersonals jeweils individuell für ein Jahr für eine wöchentliche Arbeitszeit zwischen 38 und 44 Stunden entscheiden. Maximal zwei Stunden pro Woche konnten gegen zwei zusätzliche Ferienwochen getauscht werden; zudem war eine salärwirksame Verkürzung oder Verlängerung der Arbeitszeit um maximal drei Stunden pro Woche möglich.
>
> 1993 entschieden sich 79% der Mitarbeiter für ein 100%-Salär; 42,5% für die 41-Std.-Woche bei üblicher Ferienlänge, 32% für eine 42-Std.-Woche bei einer Ferienwoche mehr und 4,5% für eine 43-Std.-Woche bei zwei zusätzlichen Ferienwochen. 13,5% entschieden sich für eine meist einstündige salärwirksame Arbeitszeitverkürzung, 7,5% wählten eine meist einstündige, ebenfalls salärwirksame Arbeitszeitverlängerung.

---

[10] Hagemann, H. (1994). Teilen und gewinnen. Das Potential der flexiblen Arbeitszeitverkürzung. Mc Kinsey.

Gleitzeit

Bei Gleitzeit können die Beschäftigten ihre Anwesenheit ausserhalb der Blockzeiten (d.h. nicht flexible Kernzeiten, in denen die Anwesenheit vorgeschrieben ist) nach eigenem Gutdünken gestalten. Die Gleitzeit wurde in der Schweiz bereits in den 60er Jahren in vielen Produktionsbetrieben eingeführt. In unserer Fallstudienuntersuchung berichtete immerhin fast ein Drittel der KMU über eine eigene Gleitzeitregelung. In der Regel findet man Blockzeiten zwischen 8 Uhr und 11.30 Uhr am Vormittag und 13 Uhr und 16.30 Uhr am Nachmittag vor.

Bei Gleitzeit können die Beschäftigten kurzfristig und in festgelegten Grenzen ihre Arbeitszeit und damit auch ihre Freizeit beeinflussen und besser planen. Oft genannte Vorteile für die Beschäftigten sind die Verkürzung der Wegzeiten, die Entschärfung des Pünktlichkeitszwanges sowie die Möglichkeit, die Arbeitszeit besser dem eigenen Tagesrhythmus anzupassen. Allerdings gibt es bei einigen Unternehmern Vorbehalte gegen Gleitzeit in der Produktion. Abgesehen davon, dass zahlreiche Betriebe dies erfolgreich praktizieren, können unterschiedliche Arbeitszeitregelungen die Zusammenarbeit zwischen indirekt und direkt produktiven Bereichen unter Umständen empfindlich stören. Die in Abschnitt 6.3 beschriebene funktionale Integration indirekt produktiver Tätigkeiten in die direkt produktiven Bereiche ist deshalb eine gute Voraussetzung für die Einführung von Gleitzeit in der Produktion.

Nach der Einführung von Gleitzeit nehmen im übrigen Absenzen und Überstunden meist ab, und es ergibt sich allgemein eine Verbesserung des Betriebsklimas.

Nacht-, Schicht- und Wochenendarbeit

Abgesehen von Unternehmen mit maximal 20 Personen ist Nacht-, Schicht- und Wochenendarbeit auch in KMU recht verbreitet (vgl. Abb. 6.3). Sie ermöglicht eine Entkopplung von Arbeits- und Betriebszeiten. Damit können Kapazitäten und Betriebszeiten ohne technische oder bauliche Veränderungen erweitert werden.

Bei den betroffenen Mitarbeitern kann Nacht-, Schicht- und Wochenendarbeit allerdings zu Schlaf- und Appetitstörungen sowie zu Beeinträchtigungen des Freizeit-

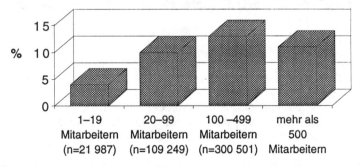

Abb. 6.3: Anteil Personen, welche Nacht-, Schicht- oder Wochenendarbeit leisten, nach Unternehmensgrösse [11]

---

[11] in 6964 Unternehmungen mit 1 059 049 Mitarbeitern (Conrad & Holenweger, 1994).

und Familienlebens führen. Diese Nachteile können teilweise vermieden werden, wenn an Stelle hoher Schichtzuschläge die Arbeitszeit der Beschäftigten verkürzt wird.

Jahresarbeitszeit

Beim Modell der Jahresarbeitszeit legen Arbeitgeber und Arbeitnehmer zu Beginn des Jahres die Dauer der jährlichen Gesamtarbeitszeit fest. Für die effektive Arbeitszeit pro Woche oder Monat wird lediglich eine obere und untere Limite vereinbart. Innerhalb dieser Grenzen können die Arbeitnehmer ihre Zeit selbst wählen und selbständig einteilen. Der Lohn wird unabhängig von den Schwankungen gleichmässig über das ganze Jahr ausbezahlt.

Zeitautonome Gruppen

Zeitautonome Gruppen sind eine Arbeitszeitform, bei der die Idee der Gleitzeit auf die Gruppe ausgedehnt wird, ohne dass dabei im voraus für ein Jahr Verträge gemacht werden. In der Schweiz finden sich zeitautonome Gruppen z.B. bei Mettler Toledo und bei Schindler.

> 230 Mitarbeiter entwickeln und produzieren bei MT Deutschland im Werk Albstadt elektronische Waagen und Wägesysteme. Weil ausschliesslich auf Kundenauftrag produziert wird und die Durchlaufzeiten pro Auftrag maximal fünf Tage betragen, ergeben sich starke Kapazitätsschwankungen. Diese Schwankungen werden dadurch bewältigt, dass die Beschäftigten praktisch nur dann arbeiten, wenn es etwas zu tun gibt. Die obligatorische Mindestanwesenheit pro Tag beträgt 4 Stunden. Die wöchentliche Arbeitszeit von 37 Stunden muss lediglich im Durchschnitt von 6 Monaten erreicht werden. Die täglichen Arbeitszeiten können zwischen vier und zehn Stunden schwanken, die monatlichen Arbeitszeiten zwischen 111 und 185 Stunden. Eine wichtige Voraussetzung für das Funktionieren dieses Modells besteht darin, dass alle Mitarbeiter eine hohe Polyvalenz besitzen.

Abschliessend ist zu bemerken, dass die Möglichkeiten zur Flexibilisierung der Arbeitszeit über die Teil- und Gleitzeit hinaus, bis auf einige wenige Betriebe, kaum genutzt werden.

Gleitende und vorzeitige Pensionierung

Bei der gleitenden Pensionierung wird die Arbeitszeit für ältere Mitarbeiter schrittweise verkürzt. Die Arbeitszeitverkürzung beginnt mit dem Eintritt bestimmter Voraussetzungen (z.B. Lebensalter) und endet mit der Pensionierung. Die verkürzte Arbeitszeit soll eine bessere Vorbereitung auf den Ruhestand ermöglichen und den sogenannten Pensionierungsschock vermeiden. Die gleitende Pensionierung berücksichtigt eine veränderte Belastbarkeit älterer Mitarbeiter, insbesondere bei Schichtarbeit. Damit wird das Leistungspotential älterer Mitarbeiter, die mit optimal reduzierter Anwesenheit ihre Erfahrungen dem Betrieb länger zur Verfügung stellen können, besser genutzt.

Bei der vorzeitigen Pensionierung wird der Zeitpunkt der Pensionierung für ältere Mitarbeiter vorverschoben. Verschiedene Schweizer Unternehmen haben in der letzten Zeit ihren älteren Mitarbeitern eine solche vorzeitige Pensionierung unter sehr guten finanziellen Bedingungen ermöglicht. Damit konnten Arbeitsplätze für jüngere Mitarbeiter gesichert werden.

6.5.2 Entlohnung

Auch das Lohnsystem kann die Erreichung der angestrebten Ziele bei einer Reorganisation beeinflussen. Die Entlohnung muss zur Arbeitsorganisation und zu den strategischen Zielen passen. Wird Gruppenarbeit praktiziert, darf das Lohnsystem nicht nur individuelle Leistung unterstützen. Ist Innovation ein strategisches Ziel, müssen innovative Beiträge gezielt belohnt werden. Damit die Entlohnung die Motivation und das Engagement der Mitarbeiter für den Betrieb unterstützen kann, müssen folgende Bedingungen erfüllt sein:

- Der Lohn muss von den Mitarbeitern als einigermassen gerecht empfunden werden.
- Es muss eine gewisse Lohntransparenz bestehen.
- Die Belohnung muss die Arbeitsanforderungen mit einbeziehen.
- Das Lohnsystem muss die flexible Einsetzbarkeit der Mitarbeiter berücksichtigen.

Im folgenden werden die wichtigsten Prinzipien der Lohngestaltung, die bei der Bewertung eines bestehenden oder der Entwicklung eines neuen Lohnsystems berücksichtigt werden sollten, vorgestellt.

Lohntransparenz

Das Gefühl, gerecht entlohnt zu werden, resultiert in erster Linie aus dem Vergleich des eigenen Lohnes mit dem Lohn bestimmter anderer Personen oder Gruppen. Wo über den Lohn nicht gesprochen wird oder nicht gesprochen werden darf, ist ein solcher Vergleich schwierig. In der Schweiz besteht bezüglich Lohn eine grosse Verschwiegenheit. So gaben in einer Umfrage von 1987 rund drei Viertel der 986 Befragten an, dass sie mit niemandem oder nur mit Familienmitgliedern über ihren Lohn sprechen würden.

Welche Folgen hat diese Verschwiegenheit beim Lohn für das Gerechtigkeitsempfinden innerhalb des Unternehmens? Wenn der Lohn geheim ist, stellen die Mitarbeiter Vermutungen an und untermauern diese durch irgendwelche zufälligen Daten. Amerikanische Untersuchungen zeigen, dass dann in der Regel die Löhne von Personen auf derselben Stufe innerhalb des eigenen Betriebs überschätzt werden. Weil die Arbeitskollegen die wichtigste Vergleichsgruppe darstellen, kann dies zu unnötiger Unzufriedenheit mit dem eigenen Lohn führen.

Aus dieser Sichtweise kann eine höhere Lohntransparenz für den Betrieb also sinnvoll sein. Wenn allerdings die Lohnunterschiede zu gross sind, kann eine solche Transparenz erst nach und nach geschaffen werden.

Lernorientierte Lohnsysteme

Wenn ein Lohnsystem nicht nur rein quantitative Leistungen belohnen, sondern vor allem die Qualifikation und Flexibilität der Mitarbeiter fördern soll, muss dieses Lohnsystem neben dem, was jemand tut, auch belohnen, was jemand kann. Dabei rückt der Grad der Einsetzbarkeit der Beschäftigten als Lohnkriterium in den Mittelpunkt. Polyvalente Mitarbeiter können mit den herkömmlichen Methoden der analytischen Arbeitsbewertung kaum zutreffend eingestuft werden, vor allem wenn es sich um Arbeitstätigkeiten mit sehr unterschiedlichen Anforderungsprofilen handelt. Das Eingruppierungsprinzip für einen Mitarbeiter heisst demnach:

Bezahlung für abrufbare Qualifikation.

Mit der zunehmenden Verbreitung von Gruppenarbeit in den Unternehmen wird Mehrfachqualifizierung für mehrere Arbeitstätigkeiten immer häufiger. Unter solchen Arbeitsbedingungen besteht ein Interesse daran, dass jeder Mitarbeiter ein breites Spektrum von Tätigkeiten ausüben kann. Um dieses Ziel für den einzelnen attraktiv zu machen, braucht es ein Bewertungsverfahren, das nicht mehr auf die einzelne Arbeitstätigkeit abstellt, sondern den ganzen Arbeitsbereich zugrunde legt.

Im Rahmen von sogenannten Polyvalenzlohnmodellen wird genau das gemacht. Entlohnt wird entsprechend der Anzahl verschiedener Arbeitstätigkeiten, für die eine Person im Unternehmen eingesetzt werden kann. Der Qualifizierungsfortschritt wird auf einer sogenannten Könnenstreppe festgehalten. Je mehr Tätigkeiten der einzelne in seiner Gruppe beherrscht, desto höher fällt sein Grundlohn aus. Dabei werden alle direkt abrufbaren nützlichen Zusatzqualifikationen des Mitarbeiters entlohnt, unabhängig davon, ob er die Qualifikation häufig einsetzt oder nicht. Wesentlich ist, dass er die Qualifikation im Bedarfsfall sofort einsetzen kann und damit zu einer wesentlich höheren Flexibilität seiner Gruppe beiträgt. Bei hohen Auftragsschwankungen kann diese zusätzliche Flexibilität von grossem Nutzen sein.

Literatur

Conrad, H. & Holenweger, T. (1994). *Nacht-, Wochenend- und Schichtarbeit in der Schweiz*, Bern: Bundesamt für Industrie, Gewerbe und Arbeit.

Eissing, G. (1993) (Hrsg.). *Arbeitsorganisation in Klein- und Mittelbetrieben*, Köln: Wirtschaftsverlag Bachem.

Ulich, E. (1994). *Arbeitspsychologie*, 3. Auflage, Zürich: vdf, Stuttgart: Schäffer-Poeschel.

Gesamtverband der metallindustriellen Arbeitgeberverbände e.V. (1992) (Hrsg.). *Mensch und Unternehmen*, Köln: edition agrippa.

Kapitel 7

Mitarbeiterführung

Ueli Schärer

«Aber meistens ist er doch ganz in Ordnung.»

7. Mitarbeiterführung

7.1 Führung, was ist das?

Führung ist nicht Selbstzweck, sondern soll zur Leistungserstellung beitragen. Der Vorgesetzte ist dafür verantwortlich, dass die betrieblichen Ziele erreicht werden und dass dies unter Berücksichtigung der Bedürfnisse und Ansprüche der Mitarbeiter geschieht.

Entsprechend können zwei wesentliche, voneinander unabhängige Aspekte der Mitarbeiterführung unterschieden werden:

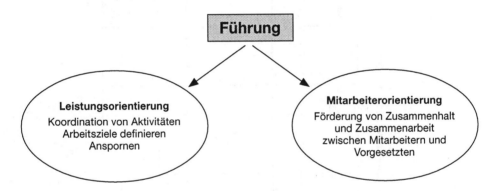

Abb. 7.1: Aspekte der Führung

Leistungsorientierung heisst, die Mitarbeiter anzuspornen, sich für die Ziele des Unternehmens einzusetzen. Dies bedeutet klare Aufgaben- und Zielvereinbarungen, sinnvolle Anreize und eine sinnvolle Kontrolle über die Zielerreichung (sog. Lokomotionsfunktion).

Mitarbeiterorientierung heisst, sich für die ganze Person des Mitarbeiters zu interessieren und den Zusammenhalt und die Zusammenarbeit unter Mitarbeitern und zwischen Mitarbeitern und Vorgesetzten zu fördern (sog. Kohäsion). Jeder Mitarbeiter wird respektiert und gemäss seinen Interessen und Möglichkeiten gefördert. Nur wo diese Funktion vom Vorgesetzten wahrgenommen wird, kann sich Selbständigkeit, Kreativität und Innovation entwickeln.

Ein bekannt gewordenes Führungsmodell, das auf diesen beiden Aspekten aufbaut, wurde von Blake und Mouton (1968) entwickelt. Blake und Mouton gehen davon aus, dass die zwei beschriebenen Dimensionen voneinander *unabhängig* sind:

a:

Interesse für Personen/Mitarbeiter

b:

Interesse für Produktion/Aufgaben/Ziele

Das heisst, sie können *beide* von einem Vorgesetzten gleichzeitig mehr oder weniger stark verfolgt werden. Idealtypisch werden fünf Führungsstile unterschieden (vgl. Abb. 7.2).

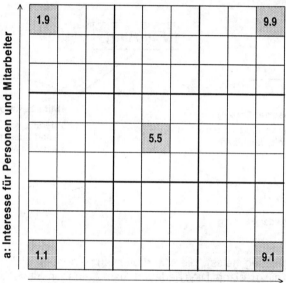

Abb. 7.2: Führungsstile nach Blake und Mouton

Führungsstil 1.1: Der Vorgesetzte fühlt sich nicht verpflichtet, bestimmte Führungsziele zu erreichen, und nimmt kaum Einfluss auf das Geschehen in seinem Verantwortungsbereich. Er beschränkt sich auf das Einhalten von Vorschriften.

Führungsstil 1.9: Der Vorgesetzte möchte die zwischenmenschlichen Beziehungen in seinem Verantwortungsbereich möglichst angenehm gestalten, um den persönlichen Interessen der Mitarbeiter entgegenzukommen. Die Leistungsorientierung wird weitgehend vernachlässigt.

Führungsstil 9.1: Das Führungsverhalten des Vorgesetzten ist einseitig an Leistungsaspekten orientiert. Die Förderung der zwischenmenschlichen Beziehungen und der individuellen Ziele der Mitarbeiter tritt praktisch gänzlich zurück zugunsten von unmittelbarem Leistungsdenken.

Führungsstil 5.5: Der Vorgesetzte strebt in seinem Verhalten einen Kompromiss zwischen Mitarbeiter- und Leistungsorientierung an. In beiden Beziehungen werden jedoch keine besonderen Ansprüche gestellt, so dass von einem blossen Verwalten des Verantwortungsbereiches gesprochen werden kann.

Führungsstil 9.9: Der Vorgesetzte versucht, anspruchsvolle Sachziele zu verwirklichen, indem er die Mitarbeiter in persönlicher und aufgabenbezogener Hinsicht motiviert. Dazu gewährt er ausreichende Handlungsspielräume und fördert Kreativität, wobei stets eine klare Ausrichtung auf die Unternehmensziele besteht.

Idealerweise sollte ein Vorgesetzter beide Funktionen wahrnehmen, das heisst die ihm unterstellten Mitarbeiter sowohl im Hinblick auf die Zielerreichung orientieren als auch um ein gutes Klima in der Arbeitsgruppe besorgt sein.

Unsere Untersuchung zeigt übereinstimmend mit anderen Forschungsergebnissen, dass eine geringe Mitarbeiterorientierung zu weniger Arbeitszufriedenheit, einem schlechteren Betriebsklima und zu höheren Absenzenraten und Mitarbeiterfluktuationen beiträgt (s. dazu Kap. «Arbeitsorganisation»). Dies sind betriebswirtschaftlich bedeutsame Faktoren, die in der üblichen Rechnungsführung allerdings völlig vernachlässigt werden.

Weiter zeigt sich, dass Unternehmer von KMU die mitarbeiterbezogenen Führungsaufgaben als wesentlich schwieriger beurteilen als leistungsbezogene Führungsaufgaben (Tab. 7.1).

Mitarbeiter loben	37%
Konflikte unter Mitarbeitern regeln	30%
Mitarbeiter kritisieren	28%
Ein gutes Betriebsklima schaffen	25%
Fähigkeiten von Mitarbeitern richtig einschätzen	22%
Mitarbeiter zu guten Leistungen und Initiative anhalten	22%
Aufgaben verteilen und koordinieren	18%
Verantwortung delegieren	14%
Mitarbeiter fachlich unterstützen	10%

Tab. 7.1: Schwierige Führungsaufgaben aus der Sicht von Unternehmensleitern

Nur wer zugleich leistungsorientiert und mitarbeiterorientiert führt, schafft in seinem Betrieb die Voraussetzung für Motivation und Leistung.

7.2 Der Wertewandel: Auswirkungen auf die Mitarbeiterführung

In vielen KMU begegnete uns zumindest implizit als Faustregel der Mitarbeiterführung noch die bekannte **3-K-Regel.**

Kommandieren:	Klare Anweisungen mit geringem Freiheitsgrad
Kontrollieren:	Kontrolle als Hauptfunktion von Vorgesetzten
Korrigieren:	Anstoss durch den Vorgesetzten

Dabei handelt es sich um eine ausschliesslich leistungsorientierte Führungshaltung bei gleichzeitig geringer Mitarbeiterorientierung: ein solches Führungsverhalten bezeichnen wir als imperative Führung. Dieser Führungsstil basiert auf gesellschaftlichen Werten, die in der Jugend vieler heutiger Unternehmensleiter noch verbreitet waren: Es sind dies Wertvorstellungen wie z.B. Gehorsam, Fleiss und Unterordnung unter eine Autorität. Verbesserte Qualifikationen und schulische Ausbildung haben heute jedoch zu wesentlich höheren Erwartungen an die Arbeit geführt. Die zentralen Werte unserer Zeit tendieren ausserdem generell mehr auf Sinnsuche und teilweise Freizeitorientierung.

Unternehmer sehen sich zunehmend mit der Aufgabe konfrontiert, sogar Kaderleute für einen vollen Einsatz im Betrieb motivieren zu müssen. Man kann über diese Entwicklung glücklich sein oder nicht; ein Führungsverhalten, das sich ausschliesslich an den Grundsätzen der «alten Schule» orientiert, wird heute problematisch. Am ehesten passt es noch in ein Umfeld von einfachsten ausführenden Arbeitstätigkeiten, wo die Qualifikation der Mitarbeiter eine untergeordnete Rolle spielt und die Trennung von Kopfarbeit und Handarbeit besonders ausgeprägt vorliegt. Allerdings wird es zunehmend schwieriger werden, für solche Tätigkeiten Personal zu finden (vgl. Kap. «Arbeitsorganisation»).

Welches Menschenbild steht eigentlich hinter dem 3-K-Führungsverständnis? Welches sind seine Folgen?

Schon in den 70er Jahren machte McGregor auf äusserst wichtige Zusammenhänge zwischen bestimmten Menschenbildern und beobachtbarem Führungsverhalten aufmerksam. Er beschrieb im wesentlichen folgende Zusammenhänge:

Der Wertewandel: Auswirkungen auf die Mitarbeiterführung

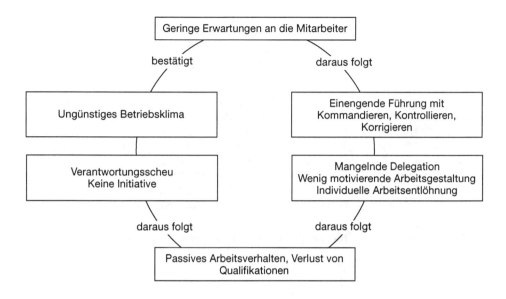

Abb. 7.3: Der Teufelskreis der negativen Erwartung (in Anlehnung an McGregor 1970)

Wenn man nun dieses Modell auf den eben beschriebenen imperativen Führungsstil anwendet, zeigt sich folgendes Bild:

Das 3-K-Führungsverhalten geht in seinem Grundsatz von *geringen Erwartungen* an die Kompetenzen, die Leistungsbereitschaft und das Interesse von Mitarbeitern aus, sich selbständig für den Betrieb einzusetzen: Untergebene werden als wenig motiviert, unselbständig und potentiell faul betrachtet.

Das *Führungsverhalten* richtet sich nach diesem Menschenbild, d.h., es werden genaue Anweisungen und Kontrollen nötig, damit ein solcher Mitarbeiter die erforderliche Leistung bringt und keinen Schaden anrichtet.

Für die *Arbeitsorganisation* heisst das, dass die Freiräume für die Mitarbeiter klein sind. Zentrale Steuerung, weitgehende Beschränkung auf eng umgrenzte ausführende Tätigkeiten mit genauen Stellenbeschreibungen und wenig Delegation von Verantwortung prägen die Arbeit. Anreize werden allenfalls mit einem individuellen Leistungslohn zu schaffen gesucht.

Für die *Mitarbeiter* bestehen in einem solchen Umfeld faktisch nur sehr geringe Möglichkeiten, ihre Fähigkeiten einzusetzen oder zu entwickeln: Oft gehen anfänglich noch vorhandene Qualifikationen mangels Anwendungsmöglichkeiten sogar verloren, und es kommt längerfristig zu einem Verlust von vorhandenen Qualifikationen.

Um den Konflikt zwischen eigener Erwartung und realen Möglichkeiten zu minimieren, bleibt für die Mitarbeiter nur der Ausweg, die Erwartungen (nach unten) zu korrigieren. Das *Arbeitsverhalten* wird notgedrungenerweise passiver. Die *Einstellung gegenüber der Arbeit* wird negativer, und die Mitarbeiter trauen sich mit der Zeit auch weniger zu.

Schliesslich wird das *Betriebsklima* durch fehlende Möglichkeiten, sich gegenseitig zu unterstützen und zu kooperieren, beeinträchtigt: Besonders oft ist dies zu beobachten, wenn ein Akkordlohnsystem kooperativere Mitarbeiter mit einer Lohneinbusse bestraft, weil Unterstützung von Kollegen mit einem Zeitverlust verbunden ist.

In diesem negativen Kreislauf bestätigt sich schliesslich das Menschenbild des Vorgesetzten, er wird in der Realität bei seinen «Untergebenen» genau jene Merkmale und Verhaltensweisen finden, die er schon vermutete, und sich dadurch weiterhin veranlasst und gezwungen sehen, einen imperativen Führungsstil zu verfolgen. Der Preis eines solchen Führungsverständnisses ist der weitgehende Verzicht auf Kompetenzen, Selbständigkeit und Qualifikationen von Mitarbeitern. Dieser Preis ist bedeutungsvoll, weil Unternehmen heute in aller Regel flexibel und innovativ sein müssen und auf selbständige und motivierte Mitarbeiter angewiesen sind.

Demotivierte Mitarbeiter sind das Resultat eines ungünstigen Führungsverhaltens.

Was ist zu tun?

Wertewandel und wirtschaftliche Überlegungen erfordern neue Führungsgrundsätze. Statt eines imperativen ist heute ein partizipativer Führungsstil gefragt.

Führen heisst viel mehr, als bloss Mitarbeiter anzuweisen und zu kontrollieren. Betriebliche Ziele müssen heute partnerschaftlich erreicht werden, und Mitarbeiter sind an Entscheiden zu beteiligen, welche sie mittragen müssen.

Auf die Frage, wie häufig grundsätzliche Entscheidungen auch gegen den Widerstand der Belegschaft getroffen werden müssen, antworteten in unserer repräsentativen schriftlichen Befragung nur 3,5% der Unternehmensleiter von KMU «häufig bis immer», während 67% der Antworten in den Bereichen «selten bis nie» und 30% im Bereich «manchmal» liegen. Diese Verteilung der Antworten ist über alle untersuchten Betriebsgrössen gleich.

Was heisst dies für die Führungsgrundsätze?

Unsere Untersuchung zeigt, dass erfolgreichere Unternehmer heute nach Grundsätzen führen, die wir in Analogie zur 3-K-Regel als **3-I-Regel** umschreiben können:

Informieren:	Mitarbeitern Unternehmensziele, Besonderheiten und Aufträge explizit bekanntmachen
Sich interessieren:	Fachkenntnisse und Bedürfnisse der Mitarbeiter ernst nehmen und gezielt nutzen
Initiative fördern:	Mitarbeiter beteiligen

Hier handelt es sich um eine Führungshaltung, welche neben der Leistungsorientierung gleichzeitig eine hohe Mitarbeiterorientierung ausweist. Einen solchen Führungsstil bezeichnen wir als partizipative Führung.

Informieren: In erstaunlich vielen Betrieben wird immer wieder vergessen, die Mitarbeiter über Fakten, Zusammenhänge und Pläne zu informieren. Dies betrifft so wichtige Inhalte wie Leitbilder oder Abläufe, an denen die Mitarbeiter eigentlich direkt teilhaben.

> In einem Betrieb mit 50 Mitarbeitern findet jeden Tag zweimal eine viertelstündige Kaffeepause mit allen Mitarbeitern im Pausenraum statt.
>
> Der Unternehmensleiter informiert bei dieser Gelegenheit über aktuelle Projekte und stellt Gäste des Unternehmens vor. Er betrachtet diese Pausenzeit nicht als «verloren», sondern im Gegenteil als Investition in ein gutes Betriebsklima, die sich durch den Informations- und Identifikationsgewinn mehrfach auszahlt.

Folgen mangelhafter Information sind Reibungsverluste und Leistungsbeeinträchtigungen bis hin zu Fehlern durch mangelnde Identifikation mit Zielen und Qualitätsnormen sowie Untergrabung des Verantwortungsgefühls der Mitarbeiter.

> In einem Betrieb mit über 100 Mitarbeitern wurde der Aufenthaltsraum der Mitarbeiter in einen ansprechenden Showroom für die umfangreiche Produktepalette der Firma umfunktioniert. Den Mitarbeitern der ausführenden Ebene war der Showroom ein Jahr nach Fertigstellung noch nie gezeigt worden. Es hat niemand daran gedacht, dass es die Mitarbeiter interessieren könnte, was aus ihrem früheren Pausenraum geworden ist.

Solche Situationen können zu chronischer, latenter Unzufriedenheit führen, weil Nichtinformiertsein zwangsläufig das Selbstwertgefühl und die Motivation beeinträchtigt. Symbolisch bedeutet «nicht informiert sein» oft dasselbe wie «nicht wichtig genommen werden». Dies ist besonders schlimm, wenn die Mitarbeiter davon ausgehen, dass die Informationszurückhaltung bewusst erfolgt.

Interessieren heisst einerseits, das Erfahrungswissen und die oft genaueren Detailkenntnisse von Mitarbeitern in ihrem Bereich für den Betrieb zu nutzen, indem bei Neuanschaffung von Anlagen oder Veränderungen von Abläufen direkt und indirekt Betroffene systematisch einbezogen werden.

Andererseits müssen Unternehmer die Situation und die Ziele ihrer Mitarbeiter kennen, damit sie angemessen berücksichtigt und auch für den Betrieb nutzbar gemacht werden können. Wir konnten feststellen, dass Unternehmer in Unkenntnis der eigentlichen Bedürfnisse ihrer Mitarbeiter häufig sogar in kleineren Betrieben Arbeitsstrukturen schaffen, welche an den Mitarbeitern vorbeigehen und damit wirkungslos bleiben oder sogar kontraproduktiv sind.

> In der Montageabteilung eines Unternehmens mit 70 Mitarbeitern wurde ein Leistungslohnsystem eingeführt. Wider Erwarten führte dieses Anreizsystem nicht zu der erhofften Leistungssteigerung. Eine nachträgliche Analyse machte deutlich, dass durch den Leistungsanteil im Lohn kollegiale Unterstützung, welche vorher relativ problemlos funktioniert hatte, durch egoistisches Verhalten beeinträchtigt wurde. Das Betriebsklima verschlechterte sich merklich. Verschärft wurde die Situation dadurch, dass die eigene Leistung wegen Fehlteilen und Wartezeiten innerhalb der Abteilung von einzelnen Mitarbeitern insgesamt nur teilweise kontrolliert werden konnte.

Interesse für die Mitarbeiterbedürfnisse ist schliesslich die Voraussetzung dafür, dass betriebliche Anforderungen an die Qualifikationen der Mitarbeiter und persönliche Weiterbildungswünsche der Mitarbeiter aufeinander abgestimmt werden können.

Initiative fördern: Hier geht es darum, die Sache des Unternehmens wirklich zur Sache der Mitarbeiter zu machen und unternehmerisches Denken auf allen Ebenen des Betriebes nicht nur zu fordern, sondern auch zu fördern.

Die wichtigste Möglichkeit, bei Mitarbeitern Initiative und Motivation zu fördern, besteht darin, ihnen interessante Arbeitstätigkeiten anzubieten (vgl. Kap. «Arbeitsorganisation»). Viele Unternehmer scheinen das zu wissen: Rund 70% der befragten Unternehmer vermuten, dass die Qualität der Arbeit für die Motivation ihrer Mitarbeiter entscheidend ist, nur rund 30% betonen demgegenüber Faktoren wie Lohnhöhe und Anreize als entscheidend für die Motivation ihrer Mitarbeiter.

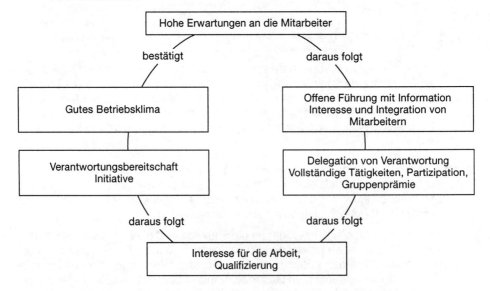

Abb. 7.4: Die verstärkende Wirkung einer positiven Erwartung (in Anlehnung an McGregor 1970)

Eine angemessene Beteiligung der Mitarbeiter an Entscheidungen, an Zielvereinbarungen und eventuell am Erfolg der Firma bietet weitere Möglichkeiten für eine wirkliche Integration der Mitarbeiter in den Betrieb.

Welches Menschenbild steht hinter dem 3-I-Führungsverständnis? Welches sind seine Folgen?

Das 3-I-Führungsmodell geht in seinem Grundsatz von *hohen Erwartungen* an die Kompetenzen und die Leistungsbereitschaft von Mitarbeitern aus. Mitarbeiter werden prinzipiell als motiviert und interessiert betrachtet, ihre Aufgaben selbständig und verantwortungsbewusst wahrzunehmen.

Das *Führungsverhalten* richtet sich nach diesem Menschenbild, d.h., es wird von einem Mitarbeiter einerseits mehr an Selbständigkeit und Eigenverantwortung verlangt, andererseits werden ihm die nötige Information und genügend Interesse vermittelt, um ihn in die betrieblichen Belange wirklich einzubinden.

Für die *Arbeitsorganisation* heisst das, dass die Freiräume für die Mitarbeiter grösser sind. Delegation von Verantwortung und vollständigere Arbeitsaufgaben fördern die innere Motivation (vgl. Kap. «Arbeitsorganisation»).

In kleineren Betrieben bis 49 Mitarbeiter werden die Arbeitstätigkeiten von den Mitarbeitern diesbezüglich günstiger bewertet.

	6–49 MA	50–499 MA
kaum vollständige Aufgaben	8%	27%
teilweise vollständige Aufgaben	22%	31%
meistens vollständige Aufgaben	70%	42%

Tab. 7.2: Einschätzung der Mitarbeiter bezüglich der Vollständigkeit ihrer Aufgaben

Am Rande sei vermerkt, dass die befragten Abteilungsleiter die Vollständigkeit der Arbeitsaufgaben ihrer Mitarbeiter tendenziell *überschätzen*: In Kleinunternehmen gehen sie davon aus, dass rund 83% der Mitarbeiter meistens mit vollständigen Arbeitsaufgaben betraut sind, in mittleren Unternehmen nehmen sie an, dass 59% der Mitarbeiter meistens über vollständige Arbeitsaufgaben verfügen.

Für die Mitarbeiter bestehen in einem Umfeld, das sich durch Freiräume und vollständige Arbeitsaufgaben auszeichnet, grössere Möglichkeiten und Anforderungen, ihre Fähigkeiten einzusetzen: ihr Arbeitsverhalten wird von einer Aufgabenorientierung[12] getragen, d.h., sie sind mehr motiviert, ihre Sache von sich aus gut zu

---

[12] Aufgabenorientierung bezeichnet einen Zustand des Interesses und des Engagements, der durch bestimmte Merkmale einer Arbeitsaufgabe hervorgerufen wird. Dafür zentrale Aufgabenmerkmale sind: Ganzheitlichkeit, Anforderungsvielfalt, Möglichkeiten zur Kommunikation mit anderen, Selbständigkeit, Lern- und Entwicklungsmöglichkeiten (s. dazu: Ulich, 1995).

machen. Die Einstellung gegenüber der Arbeit wird positiver bewertet, die Mitarbeiter werden durch die Arbeit selbst herausgefordert und haben die Möglichkeit und die Motivation, sich weiter zu qualifizieren. Ein Polyvalenzlohnsystem, das nicht Quantität, sondern Können belohnt, kann diese Tendenz sinnvoll unterstützen (s. dazu etwa Ulich, 1994).

Betriebsklima und Zusammenhalt der Mitarbeiter werden durch die Möglichkeit, sich gegenseitig zu unterstützen und zu kooperieren, verbessert.

Als quantitativer Leistungsanreiz sind allenfalls Gruppenprämien denkbar, welche die kollegiale Unterstützung in der Gruppe nicht gefährden. Individuelle Prämien sind nur als kompetenzorientierte Entlöhnungsanteile sinnvoll, welche das Interesse unterstützen, sich weiter zu qualifizieren und so auch den ständig höher werdenden Anforderungen an die Flexibilität zu genügen (siehe dazu Kap. «Arbeitsorganisation»).

Auch dieser Kreislauf bestätigt schliesslich mit hoher Wahrscheinlichkeit das (positive) Menschenbild des Vorgesetzten. Er wird in der Realität bei vielen seiner Mitarbeiter mehr Eigeninitiative und Verantwortungsbereitschaft finden. Dies verschafft ihm im Bereich der Humanressourcen genau jene Vorteile, die im heutigen Wettbewerb zunehmend wichtiger werden und von denen viele Kleinunternehmen zu profitieren scheinen. Dass die Unternehmer erkannt haben, wie wichtig die Zufriedenheit ihrer Mitarbeiter für die Arbeitsmotivation ist, zeigt die Tatsache, dass in unserer repräsentativen Untersuchung über 90% der Unternehmer diesen Faktor für «eher wichtig» bis «sehr wichtig» für ihr Unternehmen einschätzen. Für kleine Betriebe ist dieser Faktor besonders wichtig, wie die folgende Tabelle zeigt:

	6–19 MA	20–49 MA	50–99 MA	100–499 MA
Mitarbeiterzufriedenheit sehr wichtig	46%	38%	31%	34%
Mitarbeiterzufriedenheit eher wichtig	46%	54%	60%	56%

Tab. 7.3: Bedeutung der Mitarbeiterzufriedenheit für das Unternehmen

Während die hier aufgezeigten Zusammenhänge zwischen Aufgabenmerkmalen und Arbeitsmotivation kaum je bezweifelt werden, wenden Unternehmer manchmal ein, dass sie für eine Veränderung in Richtung von mehr Freiräumen und Selbstverantwortung zu wenig qualifizierte und selbständige Mitarbeiter hätten.

Für eine plötzliche Umstellung vom einen zum anderen Prinzip mag das durchaus zutreffen. Dennoch belegen zahlreiche Untersuchungen, dass Entwicklungsschritte in Richtung Autonomie und höhere Erwartungen sogar bei angelernten Mitarbeitern durchaus möglich sind, wenn Veränderungen gezielt und mit den nötigen Investitionen in die Qualifizierung angegangen werden. Solche Investitionen lohnen sich in der Regel durchaus, denn dem Aufwand für Weiterbildungsmassnahmen stehen im Betrieb Einsparungen bei Stillstandskosten (besserer Unterhalt und raschere Störungsbeseitigung aufgrund von Kompetenzen), geringere Personalkosten (durch vielfältigere Einsetzbarkeit) und eine generell höhere Flexibilität gegenüber.

Es lohnt sich auf jeden Fall, sich bewusst zu werden, welches Bild man von seinen Mitarbeitern hat, und sich darüber Gedanken zu machen, inwiefern dieses Menschenbild mit den eigenen Zielvorstellungen wie Delegation von Aufgaben und Verantwortung übereinstimmt bzw. nicht übereinstimmt.

... und welchen Führungsstil pflegen Sie?

Wenn Sie eine Selbsteinschätzung Ihres Führungsverhaltens vornehmen wollen, kann Ihnen die Checkliste im Anhang K eine erste Anregung geben. Bei Kälin und Müri (1991) findet sich ein etwas umfangreicheres Selbsteinschätzungsinstrument, das eine grobe Einordnung des eigenen Führungsverhaltens erlaubt (S.16 f.).

Ausserdem kann Ihr Führungsverhalten natürlich auch von Ihren Mitarbeitern beurteilt werden. Diesem Anliegen wird der sogenannte Fragebogen zur Vorgesetzten-Verhaltens-Beschreibung (FVVB) gerecht. Die Auswertung liefert eine detaillierte Beschreibung der wichtigsten Führungsdimensionen. Die Anwendung und Auswertung des FVVB setzt allerdings Erfahrung mit diesem Instrument und die Kenntnis von Vergleichsdaten voraus, so dass von einer selbständigen Anwendung abgeraten werden muss. Der FVVB wird oft als Teil einer umfassenden Führungsberatung und -entwicklung eingesetzt, wenn Vorgesetzte daran interessiert sind zu erfahren, wie ihre Mitarbeiter sie beurteilen, um das eigene Führungsverhalten überdenken zu können. Nach der Analyse erfolgt eine sorgfältige Planung von sinnvollen Entwicklungsmassnahmen, deren Folgen in einem späteren Zeitpunkt evaluiert werden.

7.3 Führungsverhalten

Bisher war vor allem von grundsätzlichen Führungskonzepten die Rede: Was heisst das nun für die Mitarbeiterführung im betrieblichen Alltag?

Die folgenden Führungsverhaltensweisen sind uns im Verlauf unserer Untersuchung aufgefallen und stellen Konkretisierungen für einen partizipativen Führungsstil dar. Diese Verhaltensweisen entsprechen der allgemeinen Veränderung der Wertvorstellungen. Sie sind aus wirtschaftlichen Gründen dann wichtig, wenn ein Betrieb nicht nur Standardprodukte mit hohen Stückzahlen fertigt, sondern *flexibel und kundenorientiert* operieren muss, um sich im Markt behaupten zu können. Dann nämlich braucht es qualifizierte und motivierte Mitarbeiter, die in der Lage sind, weitgehend auch selbständig zu handeln. Diese Voraussetzung gilt heute für die meisten KMU.

Information sicherstellen

Mitarbeiter müssen über die *Produkte der Firma*, über die *Tätigkeit in den verschiedenen Abteilungen* und über *ihren eigenen Beitrag* Bescheid wissen, um sich mit dem Unternehmen identifizieren zu können.

Wenn mehrere Abteilungen in die Produktion eines bestimmten Werkstücks involviert sind, muss der Durchlauf von Prozessinformationen unbedingt direkt gewährleistet sein.

Identifikation mit dem Unternehmen fördern

Leitbilder, langfristige Unternehmensziele und Strategien müssen aktiv an die Mitarbeiter herangetragen und auf allen Unternehmensebenen tatsächlich umgesetzt werden. Operative Ziele für verschiedene Bereiche müssen für Mitarbeiter aus den Unternehmenszielen klar ableitbar sein. Leitbilder für die Firmenbroschüre oder die Geschäftsleitung allein sind von geringem Nutzen:

> Ca. 45% aller von uns untersuchten KMU haben ein Leitbild. In sehr kleinen Unternehmen von 6 bis 20 Mitarbeitern sind es rund 25% der Betriebe, bei Mittelbetrieben mit mehr als 100 Mitarbeitern haben über 80% ein Leitbild.
>
> Unabhängig von der Betriebsgrösse ist das Leitbild auf Meisterebene etwa in 60% der Betriebe bekannt, während auf Mitarbeiterebene gerade noch 20% der befragten Mitarbeiter wissen, ob in ihrem Betrieb ein Leitbild existiert oder nicht!

Informationen über allgemeine Betriebsbelange sind eine zentrale Vorbedingung für eine wirkliche Identifikation von Mitarbeitern mit ihrem Unternehmen.

> Beispiel: Bei unseren Betriebsuntersuchungen hatten die Mitarbeiter oft keine Ahnung, wer die fremden Untersucher sind und welche Aufgaben und Ziele sie verfolgen.
>
> In einigen Betrieben wurden die Mitarbeiter dagegen vorinformiert bzw. hatten wir die Gelegenheit und Pflicht, uns den Mitarbeitern während einer Kurzpause vorzustellen und ihre Fragen zu beantworten.

Bei wichtigen *Veränderungen im Betrieb* (z.B. bei Produkten, Bauvorhaben, Anlagen, Restrukturierungen) ist eine möglichst frühzeitige und umfassende Information eine absolut grundlegende Bedingung für das Vermeiden von hohen Reibungsverlusten bei einer späteren Umsetzung. Auch diese Tatsache wird oft zu wenig beachtet (vgl. Abschnitt 7.4).

Rückmeldung

Rückmeldung über leistungsbezogene Daten

Für die eigene Arbeitstätigkeit muss es für Mitarbeiter eine Rückmeldung geben, d.h., Mitarbeiter sollten die Möglichkeit haben, ihre Ergebnisse mit den vereinbarten Zielen zu vergleichen. Wo immer möglich ist die Resultateverantwortung (Qualität, Termineinhaltung) an die Mitarbeiter zu delegieren. Wichtige Leistungsdaten wie Qualität, Stückkosten und Fehltage sind auf Gruppen- bzw. Abteilungsebene in ansprechender und klarer Form an die Mitarbeiter zurückzumelden.

Fehlende Rückmeldung gefährdet jede Motivation!

Mitarbeiter beteiligen

Das betriebliche *Vorschlagswesen* muss attraktiver sein, als es heute vielenorts ist, d.h.: beschleunigte Prüfung von Verbesserungsvorschlägen bezüglich Arbeitsmitteln, Verfahren oder Abläufen, z.B. innerhalb eines Monats, Umsetzung innerhalb eines festgelegten Zeitraums und angemessene Beteiligung am Erfolg der Innovation.

Bestehende Kommunikationsbarrieren von unten nach oben abbauen

Keine ausschliessliche Kommunikation auf dem Dienst- oder Instanzenweg: Informeller Informationsaustausch über verschiedene Hierarchiestufen und zur Geschäftsleitung muss erlaubt sein und ist zu fördern. Die Initiative dafür soll nicht ausschliesslich den Mitarbeitern überlassen werden. Statt dessen: z.B. «management by walking around», d.h., der Unternehmensleiter sollte regelmässig durch den Betrieb gehen, um mit Mitarbeitern in direktem Kontakt zu stehen.

Führen kann man auch mit Fragen.

In kleineren Unternehmen bietet die teilweise operative Mitarbeit des Unternehmensleiters eine günstige Basis für einen direkten Kontakt zwischen Geschäftsleitung und Mitarbeitern. Wo dies fachlich sinnvoll erscheint, ist die *direkte Zusammenarbeit* von Mitarbeitern unterschiedlicher Abteilungen und verschiedener Hierarchieebenen *in Projektgruppen* zu fördern, um Probleme gemeinsam zu lösen. Die Übereinstimmung von Kunden-, Unternehmens- und Mitarbeiterinteressen kann auf diese Weise wirksam gelebt statt nur propagiert werden!

Mitarbeiter sind *an betrieblichen Entscheidungen*, die für sie wichtig sind und wo sie Spezialisten sind, auch wirklich zu *beteiligen*: z.B. Layout (Gestaltung von Anlagen bei Veränderungen), Kauf von Produktionsanlagen, Mitsprache bei Neueinstellungen usw.

Entscheidungen, die im Arbeitsbereich der Mitarbeiter liegen, sind an diese zu *delegieren*. Mögliche Gebiete für Delegation sind Einrichtung der Arbeitsplätze, interne Aufgabenverteilung, Pausenregelung, Ferienregelung usw.

Delegation

Delegation heisst: Eine Aufgabe wird auf der Grundlage einer gemeinsamen Zielvereinbarung mit den entsprechenden Kompetenzen und der Verantwortung an einen qualifizierten Mitarbeiter bzw. an eine Arbeitsgruppe übertragen. Zur Delegation gehört auch eine gemeinsame Evaluation der Zielerreichung. Mängel in diese Richtung sind gerade in Kleinunternehmen mit einem starken Patron ein häufig genanntes Problem. Wo Delegation möglich ist, gewinnt der Vorgesetzte wertvollen Raum für andere Aufgaben wie strategische Planung oder Kundenkontakte. Bei den Mitarbeitern wird Selbständigkeit, Kreativität und Selbstbewusstsein gefördert.

Delegation setzt aber voraus:

- Vertrauen in die Mitarbeiter, die bereit und fähig sein müssen, kompetent und selbstverantwortlich zu handeln,
- Aufgaben mit genügend Handlungsspielräumen, die nicht zu stark durch eine ungünstige Technikgestaltung oder enge Vorschriften eingeengt sind,
- Delegation von substantiellen Belangen und nicht bloss von «Kleinkram».

Arbeitsaufgaben gestalten

Die wichtigste Möglichkeit, Mitarbeiter zu motivieren, liegt im Angebot interessanter und herausfordernder Arbeitstätigkeiten.

Das heisst: vielfältige und ganzheitliche Arbeit statt Zerstückelung von Arbeit zu sinnloser Routinetätigkeit.

Wer die Motivation behindert, muss sich nicht über unselbständige Mitarbeiter beklagen.

Handlungs- und Gestaltungsspielräume sind auch bei Arbeitsplätzen auf ausführender Ebene zu schaffen, indem Aufgaben durch Integration von indirekt produktiven Tätigkeiten vervollständigt werden. Das heisst z.B., dass Aufgaben wie Beschaffung von Arbeitsmitteln und Werkzeugen, Materialwirtschaft, Einrichten, Programmierung, Wartung und Instandhaltung, Qualitätsprüfung und Nacharbeit bzw. Feindisposition, Planung der Auftragsreihenfolge und Terminmanagement wo immer möglich zu einer Arbeitsaufgabe gehören sollten. Wenn dies nicht in Einzeltätigkeiten realisierbar ist, ist die Arbeit mit Vorteil als Gruppenarbeit mit der Möglichkeit zur Selbstregulation zu gestalten. Ein Beispiel dafür sind Fertigungsinseln oder teilautonome Arbeitsgruppen, wo ein Team für die Komplettfertigung einer Baugruppe oder sogar eines ganzen Produktes selbst verantwortlich ist (siehe dazu Kap. «Arbeitsorganisation»).

Ziele vereinbaren

Es ist die Aufgabe jeder Führungskraft, realistische und sinnvolle Ziele klar zu vereinbaren und den nötigen Ansporn zu geben. Wenn Leistungsbeeinträchtigungen vorliegen, fehlen oft klare und erreichbare Ziele und Perspektiven. Ziele müssen möglichst genau vorstellbar sein (wer, was, wann, wie) und durch eigene Aktivität erreicht werden können.

Wenn *Ziele gemeinsam mit dem Mitarbeiter* vereinbart werden, hat dies den entscheidenden Vorteil, dass sie besser akzeptiert werden: Man identifiziert sich mehr mit ihnen und setzt sich bei auftretenden Schwierigkeiten entsprechend mehr ein, statt sich darauf zurückzuziehen, «dass ich das ohnehin von Anfang an für unrealistisch gehalten habe».

Zielorientierung kann auch *durch die Arbeitstätigkeit* selbst entstehen: Wenn aus der eigenen Tätigkeit ein ganzes Produkt oder ein funktionsfähiges Teilprodukt entsteht, das selbständig geprüft werden kann, erhält eine Aufgabe grundsätzlich stärkeren Zielcharakter, als wenn ein Mitarbeiter an einem Zwischenprodukt, dessen Zweckbestimmung für ihn aus dem eigenen Arbeitszusammenhang nicht ersichtlich ist, bloss einzelne Bearbeitungsvorgänge vollzieht.

Betriebsklima

Wenn eine Tätigkeit keine oder nur wenig Entwicklungschancen bietet, kommt dem *persönlichen Kontakt* zwischen den Mitarbeitern und dem Vorgesetzten eine besondere Bedeutung für die Arbeitszufriedenheit zu. Die persönliche Aufgabe des Vorgesetzten wird in solchen Arbeitssystemen aber zugleich schwieriger: Wenn beim Mitarbeiter gleichzeitig eine hohe Bindung an eine Maschine oder eine Taktvorgabe besteht, so werden die Führungsmöglichkeiten eines Vorgesetzten technologiebedingt minimal. Eine wichtige Grundlage von Teamgeist und Kooperationsmöglichkeiten ist die *grundsätzliche Gleichbehandlung*. Einseitige Bevorzugungen werden immer bemerkt: sie führen bald zu Gerüchten und sind Sand im Getriebe jedes Unternehmens.

Auch die *Lohngestaltung* kann das Betriebsklima beeinflussen: Prinzipiell ist darauf zu achten, dass das Lohnniveau innerhalb des Betriebes für vergleichbare Tätigkeiten vergleichbar ist. Die relative Lohngerechtigkeit im Vergleich zu Kollegen ist für die Zufriedenheit oft wichtiger als die absolute Lohnhöhe (zu einzelnen Entlohnungsmodellen s. Kap. «Arbeitsorganisation»).

Bei der *Arbeitszeitgestaltung* wird u.E. in vielen KMU noch zu wenig über die symbolische Bedeutung von unflexiblen Arbeitszeitregelungen nachgedacht. Der Unternehmensleiter eines Mittelbetriebes der Maschinenbaubranche, der hier neue Wege gegangen ist, fasst das folgendermassen zusammen:

«Je mehr ich darüber nachdenke, um so anmassender erscheint es mir, wenn irgendwelche [...] Organisationen [...] einem mündigen, erwachsenen Menschen vorschreiben wollen, wie lange er arbeiten soll und wie viele Ferien er beziehen darf. Seit Jahren wird das deshalb in unserer Firma mit jedem Mitarbeiter individuell vereinbart.»

Im Kapitel «Arbeitsorganisation» werden verschiedene Möglichkeiten der Flexibilisierung der Arbeitszeit vorgestellt.

Qualifizierung

Qualifizierung ist nicht als zu kontrollierender und zu minimierender Kostenfaktor, sondern als strategische Investition zu betrachten.

Humanressourcen zählen gemäss unserer Befragung von Unternehmensleitern zu den wichtigsten Erfolgsfaktoren von KMU. Mittel- und längerfristig können nur gut qualifizierte Mitarbeiter die heutigen Anforderungen an ein selbständiges und selbstverantwortliches Handeln erfüllen. Qualifizierungsziele sind gemeinsam mit möglichst jedem Mitarbeiter zu planen und müssen einen *persönlichen Entwicklungs- und Ausbildungsplan* umfassen, der Ist- und Soll-Werte für Kompetenzen und konkrete Ausbildungsschritte für die nächsten zwei Jahre enthält. Bei den Qualifikationsgesprächen ist der Entwicklungsplan zu berücksichtigen.

Tätigkeitsbezogene Weiterbildung «on the job» ist gegenüber externer Weiterbildung oft vorzuziehen, weil sie den täglichen Erfahrungshintergrund besser berücksichtigt und gerade für KMU in der Regel einen höheren Betriebsnutzen mit sich bringt. Ausserdem ist sie zumeist wesentlich kostengünstiger.

Besonders effizient ist die *gegenseitige Qualifizierung von Mitarbeitern* innerhalb einer Arbeitsgruppe, welche die Polyvalenz, d.h. die Einsetzbarkeit eines Mitarbeiters an verschiedenen Arbeitsplätzen, erhöht.

Externe Weiterbildung kann notwendig sein, wenn im Unternehmen erforderliche Weiterbildungsressourcen nicht zur Verfügung stehen oder wenn Effekte der Betriebsblindheit bewusst vermieden werden sollen (vgl. dazu Kap. «Qualifikation und Weiterbildung»).

7.4 Gestaltung von Veränderungen in KMU

Die Durchführung von z.T. grundlegenden Veränderungsprozessen in Betrieben wird um so häufiger zu einer konkreten Führungsaufgabe, je dynamischer die Unternehmensumwelt wird und je schwieriger und unsicherer Voraussagen infolge von turbulenten und globalen Märkten werden. Als Zulieferbetriebe sind viele KMU von dieser Marktdynamik besonders stark betroffen.

Rund ein Drittel der befragten Unternehmer gab an, zumindest «manchmal» grundsätzliche Entscheidungen auch gegen den Widerstand der Belegschaft treffen zu müssen. Zwar kann es durchaus Fälle geben, in denen so etwas notwendig ist. Aber gerade in diesen Fällen bedürfen die Entscheidungen einer besonders sorgfältigen Prüfung. Denn dabei kann es leicht zu massiven Reibungsverlusten kommen, welche sich in Form von Misstrauen, Intrigen, einem beeinträchtigten Betriebsklima, Leistungsminderung, mangelnder Sorgfalt, Fehlern oder auch Fehlzeiten und erhöhter Fluktuation bemerkbar machen können. Deshalb ist die Frage wichtig, wie Veränderungen realisiert werden können, ohne dass solche offenen oder verborgenen Formen von Widerstand hervorgerufen werden, oder wie diese wenigstens auf ein erträgliches Mass begrenzt werden können.

Widerstand verstehen

Die Dynamik von Widerstandsphänomenen muss zuerst verstanden werden, bevor sie sinnvoll vermieden werden kann. Widerstand wird häufiger durch die soziale und persönliche Bedeutung einer Veränderung hervorgerufen als durch technische oder organisatorische Massnahmen selbst. Widerstand bezieht sich dabei meistens auf den drohenden Verlust von Anerkennung oder Sicherheit. Inhaltlich geht es dabei oft um Angst: Angst davor, neue Herausforderungen mit den bisherigen Erfahrungen nicht mehr bewältigen zu können (z.B. bei einem älteren, hervorragenden technischen Zeichner, der sich weigert, auf CAD umzustellen), Angst vor dem Verlust von Selbständigkeit und Macht oder vor dem Verlust von etablierten sozialen Beziehungen (z.B. wenn eine bestehende Arbeitsgruppe aufgelöst werden soll).

Im Normalfall empfinden Mitarbeiter in ihrer Arbeit eine gewisse Befriedigung von persönlichen und sozialen Bedürfnissen, auf die sie sich im Laufe ihrer Tätigkeit eingestellt haben. Die Bedingungen mögen nicht in jeder Hinsicht optimal sein, sie haben aber den entscheidenden Vorteil, dass sie bekannt und kontrollierbar sind: Genau diese Sicherheit scheint durch Veränderungen zunächst gefährdet.

Jede Veränderung hat den Nachteil, dass ihre persönlichen Konsequenzen zunächst nicht genau bekannt sind und nicht kontrolliert werden können.

Das Potential für Widerstand wird um so grösser sein, je ernsthafter diese Sicherheit gefährdet scheint und je kürzer die Vorbereitungszeit ausfällt, um sich mit der veränderten Situation auseinanderzusetzen.

Widerstand wird verstärkt durch ein ungeschicktes Vorgehen bei der Ankündigung und Durchsetzung von Veränderungen, was potentielle Ängste vor einem Verlust von Sicherheit und Einfluss bestätigt statt relativiert. Dies ist leider eher die Regel als die Ausnahme.

Widerstand begrenzen

Widerstand gegen Veränderungen kann vermieden oder wenigstens begrenzt werden, wenn die folgenden drei Grundprinzipien erfüllt sind: Mitarbeiter richtig informieren, Mitarbeiter zu Beteiligten machen, rechtzeitig notwendige Qualifikationen ermöglichen.

❏ *Frühzeitige und vollständige Information*

Zusammenhänge müssen den Mitarbeitern in allgemeinverständlicher Sprache frühzeitig erklärt werden, bevor eine Verunsicherung aufgrund von Gerüchten entsteht.

Transparenz schaffen: Gründe für die Veränderung, Bedeutung für die Arbeitsorganisation und mögliche positive und negative Auswirkungen offen erläutern.

Bisheriges Vorgehen nicht entwerten: Es geht darum, eine Sache zu verbessern, und nicht darum, bisherige Lösungen und damit die Mitarbeiter, welche sich dafür eingesetzt haben, negativ zu bewerten!

❏ *Mitarbeiter an der Veränderung beteiligen*

Betroffene zu Beteiligten machen!

Mitarbeiter sind nach Möglichkeit schon bei der Evaluation des alten Zustandes zu beteiligen (gemeinsame Definition des Grundproblems). Durch diesen Einbezug kann der Veränderungsprozess zur eigenen Sache der Mitarbeiter gemacht und das Aufkommen von Angst vor Kontrollverlust begrenzt werden.

Wenn Mitarbeiter an Entscheidungsprozessen mitbeteiligt werden, mag der zeitliche Aufwand bis zur Entscheidung grösser sein. Dafür sind solchermassen gefundene Entscheide viel breiter abgestützt und werden besser mitgetragen. Es gibt sonst in jedem Betrieb vielfältigste Möglichkeiten, Entscheidungen indirekt zu sabotieren.

Pseudobeteiligungen, die den Mitarbeitern nur das Gefühl der Beteiligung geben sollen, sie aber in Wirklichkeit vor vollendete Tatsachen stellen, führen zu Misstrauen und wirken sich sehr kontraproduktiv aus, sobald dies von den Mitarbeitern bemerkt wird.

❏ *Nötige Qualifikationen vorgängig schaffen*

Voraussetzung für aktive und kompetente Mitwirkung der Mitarbeiter sind Sicherheit und die Zuversicht, das Neue gut bewältigen zu können.

Diese Sicherheit muss durch das Erlernen von erforderlichen Qualifikationen *vor* dem Wirksamwerden der Veränderung z.B. anhand von Übungsarbeitsplätzen ohne unmittelbaren Produktionsdruck geschaffen werden.

Literatur

Blake, R.R. & Mouton, J.S. (1968). *Verhaltenspsychologie im Betrieb*, Düsseldorf: Verlag Econ.

Duell, W. & Frei, F. (Hrsg.) (1986). *Arbeit gestalten – Mitarbeiter beteiligen; Eine Heuristik qualifizierender Arbeitsgestaltung*, Frankfurt a. M.: Campus Verlag.

Fittkau-Garthe, H. & Fittkau, B. (1971). *Fragebogen zur Vorgesetzten-Verhaltens-Beschreibung (FVVB)*, Göttingen: Hogrefe.

Kälin, K. & Müri, P. (1991). *Sich und andere führen*, Thun: Ott-Verlag.

Landert, H. (1990). Arbeitszeit – was war das eigentlich? In: Ackermann, K.-F. & Hofmann, M. (Hrsg.): *Innovatives Arbeitszeit- und Betriebszeitmanagement*, Frankfurt a. M.: Campus Verlag.

McGregor, D. (1970). *Der Mensch im Unternehmen*, Düsseldorf: Verlag Econ.

Neuberger, O. (1990). *Führen und geführt werden*, Stuttgart: Verlag Enke.

Ulich, E. (1994). *Arbeitspsychologie*, 3. Auflage, Zürich: vdf, Stuttgart: Schäffer-Poeschel.

von Rosenstiel, L. (1992). *Mitarbeiterführung in Wirtschaft und Verwaltung*, München: Bayerisches Staatsministerium für Arbeit, Familie und Sozialordnung.

Kapitel 8

Qualifikation und Weiterbildung

Simona Gilardi

«Ich glaube, wir sollten etwas für seine Weiterbildung tun.»

8. Qualifikation und Weiterbildung

8.1 Zur Bedeutung von Qualifikation und Weiterbildung

Wettbewerbsfähige Unternehmen brauchen Mitarbeiter, die kreativ, engagiert und qualifiziert sind, selbständig handeln, schnell hinzulernen und moderne Technik effizient einzusetzen wissen.

> Engagierte und qualifizierte Mitarbeiter haben eine entscheidende Bedeutung für den längerfristigen Erfolg eines Unternehmens im Markt.

In der beruflichen Erstausbildung erworbene Kenntnisse reichen hierzu auf Dauer nicht aus, denn sie werden zum Teil durch die technische Entwicklung und den Bedarf an aktuellem Wissen überholt. Die Vernachlässigung der Aus- und Weiterbildung des Personals kann kurzfristig ohne direkte Auswirkungen bleiben. Langfristig wird sie sich jedoch nachteilig auf die Entwicklung des Unternehmens auswirken. Dies zeigt sich zum Beispiel beim Einsatz neuer Produktionstechnologien. Die Chancen des Einsatzes neuer Technologien können auch in KMU nur dann sinnvoll genutzt werden, wenn der betrieblichen Qualifizierung und Weiterbildung ein entsprechender Stellenwert zugewiesen wird.

Aber nicht nur im Hinblick auf die Nutzung neuer Technologien ist die Weiterbildung von Mitarbeitern eine zentrale Führungsaufgabe: Die Weiterbildung dient auch der Erhaltung der Flexibilität der Mitarbeiter und damit der Effizienz des gesamten Unternehmens. Wenn keine Investitionen in die Aus- bzw. Weiterbildung getätigt werden, kann die Innovationskraft des Unternehmens grundsätzlich gefährdet sein. Unsere Untersuchung zeigte, dass der häufigste Grund für gescheiterte Innovationsvorhaben im Personal liegt. Mit 38% der Nennungen ist dieser Faktor gegenüber anderen Behinderungen aufgrund von Finanzierungsproblemen (22%), Organisationsproblemen (20%) und staatlichen Regelungen (16%) ganz entscheidend.

> Die Ergebnisse unserer Befragung zeigen: Unternehmen, die im Rahmen ihrer Innovationsaktivitäten im ganzen Betrieb auf gut qualifiziertes Personal zurückgreifen können, sind erfolgreicher.

Die Personalentwicklung ist deshalb als eine Kernaufgabe von Führungskräften und von im Personalwesen Tätigen zu betrachten.

Eine angemessene Personalförderung kann insbesondere in schwierigen Zeiten der Personalrekrutierung entscheidende Vorteile bringen:

> Eine Firma mit 19 Mitarbeitern aus dem produzierenden Gewerbe, die neueste computerunterstützte CAD- und CAM-Systeme eingesetzt und ihre Mitarbeiter sorgfältig dafür ausgebildet hat, musste sich sogar in der Hochkonjunktur nie über einen Mangel an qualifizierten und motivierten Mitarbeitern beklagen.

Die Mehrheit der befragten Unternehmen benennt die Qualifikation und Vielseitigkeit von Mitarbeitern und Führungskräften sowie ihre Förderung denn auch als einen der wichtigsten Erfolgsfaktoren einer Firma.

Dennoch bieten kleinere Unternehmen weniger Weiterbildungsmöglichkeiten als grössere an und erschweren damit die Höherqualifizierung motivierter Mitarbeiter. Gemäss unserer Befragung ermöglichen tatsächlich nur rund 20% der Betriebe nach eigenen Angaben ihren Mitarbeitern regelmässig *interne Weiterbildung*. Bei der Weiterbildung, auf welche sich die Unternehmensleiter hier beziehen, handelt es sich zum grössten Teil um *Instruktion von angelerntem Personal* für bestimmte Aufgaben im Sinne eines On-the-job-Trainings. Interne Weiterbildung im Sinn von eigentlichen Weiterbildungskursen kommt in Betrieben mit weniger als 50 Mitarbeitern nur ausnahmsweise vor.

Folgende Tabelle belegt, dass das Angebot für On-the-job-Training und formale innerbetriebliche Weiterbildung deutlich abhängig von der Betriebsgrösse ist:

	6–49 MA	50–499 MA
regelmässiges Angebot von On-the-job-Training	7%	4%
regelmässiges Angebot von innerbetrieblicher Weiterbildung	33%	38%

Tab. 8.1: Interne Weiterbildung für Mitarbeiter (MA) in Klein- und Mittelbetrieben

Das mangelnde interne Weiterbildungsangebot wird jedoch nicht durch vermehrtes Nutzen externer Weiterbildungsangebote kompensiert. *Externe Weiterbildung* bleibt in der Regel fast ausschliesslich den Mitgliedern des Kaders vorbehalten, wie die folgende Tabelle zeigt:

	6–49 MA	50–499 MA
mehr als 20% des Kaders in einer externen Weiterbildung (1992)	22%	35%
mehr als 20% der MA in einer externen Weiterbildung (1992)	7%	6%

Tab. 8.2: Externe Weiterbildung für Führungskräfte und Mitarbeiter (MA) in Klein- und Mittelbetrieben

Viele Unternehmer von KMU haben offenbar Sorge, dass qualifizierte Mitarbeiter nach einer fundierten Ausbildung die Firma verlassen könnten, um in einem grösseren Unternehmen mit besseren Aufstiegsmöglichkeiten Karriere zu machen. Obwohl diese Gefahr natürlich bestehen kann, haben unsere Befragung und verschiedene andere Untersuchungen gezeigt, dass eine Karriere für die meisten Mitarbeiter eines Betriebs weniger wichtig ist als die Möglichkeit, eine interessante und herausfordernde Aufgabe mit einem eigenen Kompetenzbereich wahrzunehmen.

Das zeigt beispielsweise auch die GRIPS-Studie. Fragt man, welche von zwölf angegebenen Aspekten (u.a. Bezahlung, gute Aufstiegsmöglichkeiten, gute Umgebungsbedingungen, Lernmöglichkeiten, Arbeitszeit, Abwechslung, interessante Tätigkeit, Arbeitsplatzsicherheit) den Arbeitnehmern und Arbeitnehmerinnen am wichtigsten sind, so steht die interessante Tätigkeit an vorderster Stelle, während gute Aufstiegsmöglichkeiten meistens als letzte genannt werden.

Gerade im Hinblick auf interessante Tätigkeiten haben KMU entscheidende Vorteile zu bieten, sofern sie nicht in ihren Strukturen einfach Grossunternehmen imitieren.

Die folgenden Abschnitte sollen Anregungen geben über

- ■ wichtige Grundsätze einer modernen Weiterbildungsstrategie,
- ■ einige konkrete Massnahmen der Aus- und Weiterbildung in KMU.

8.2 Die Qualifikationen der Mitarbeiter erhalten und fördern: Prinzipien einer modernen Weiterbildungsstrategie

Das Verhalten und die Leistung eines Mitarbeiters sind zum einen abhängig von personenbezogenen Faktoren – wie der individuellen Motivation und der persönlichen Kompetenz –, aber auch von situativen Faktoren, die von aussen auf den einzelnen Mitarbeiter einwirken. Diese können z.B. Normen und Regelungen innerhalb des Unternehmens sowie hemmende oder begünstigende äussere Umstände sein.

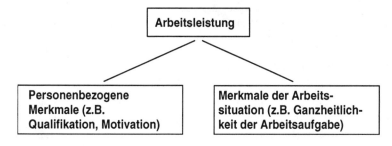

Abb. 8.1: Einflussgrössen der Arbeitsleistung

Eine wesentliche Aufgabe der Unternehmensführung besteht darin, die personalen Voraussetzungen des erwünschten Verhaltens, insbesondere des Leistungsverhaltens, zu gewährleisten. Das notwendige Können – bezogen auf die Anforderungen – muss gesichert werden. Dieses Können umfasst sowohl langfristig zu erarbeitendes Wissen, überdauernde Fähigkeiten (z.B. formal-logisches Denken) wie auch kurzfristig erwerbbare Fertigkeiten (z.B. den Umgang mit besonderen oder neuen Computerprogrammen). Aus diesen Bausteinen ergibt sich die *Leistungsfähigkeit* des Mitarbeiters.

Wie im Kapitel 6 «Arbeitsorganisation» erläutert, werden jedoch auch die personalen Faktoren wie z.B. Motivation und Qualifikation langfristig durch die Arbeitssituation, bzw. die konkrete Arbeitsorganisation, beeinflusst.

Unter *Qualifikationen* verstehen wir also im folgenden die Gesamtheit der Fähigkeiten, Fertigkeiten und Kenntnisse einer Person, mit deren Hilfe sie ihre Arbeitsaufgaben oder die mit ihr zusammenhängenden Anforderungen bewältigt.

Dabei werden in der Regel bestimmte Arten von Qualifikationen unterschieden:

- funktionale Qualifikationen: Kenntnisse über Produkte, Arbeitsverfahren und -methoden, Betriebs- und Arbeitsmittel, Dienstleistung,

- indirekt funktionale Qualifikationen: soziale Kompetenz, Befähigung zur Konfliktbewältigung und Selbstorganisation. Diese Merkmale haben eine zunehmende Bedeutung in modernen Betrieben. Sie werden auch als *Schlüsselqualifikationen* bezeichnet.

Qualifizierung meint den Prozess des Erwerbs von solchen Qualifikationen, einschliesslich evtl. daraus folgender Modifikationen von individuellen Zielen.

Oft hängt der Qualifizierungsbedarf direkt mit einer Veränderung der Arbeitsinhalte zusammen. Zur Mitarbeiterqualifizierung ist die Ermittlung der Anforderungen an Qualifikationen notwendig. Unsere Untersuchung zeigt in Übereinstimmung mit anderen Studien, dass Aus- und Weiterbildung oft sehr eng definiert wird. Betriebliche Aus- und Weiterbildung ist meist beschränkt auf funktionale Qualifikationen, wobei allerdings zumindest die Führungsausbildung an Wichtigkeit gewonnen hat. Im Rahmen von Qualifizierungsmassnahmen sollte aber – neben der Aneignung von technischem Fachwissen – auch der Entwicklung sozialer Kompetenzen ein angemessener Stellenwert eingeräumt werden.

> Der Aufbau und die Förderung von Schlüsselqualifikationen, die in schnell wechselnden Unternehmensumwelten, bei einem hohen Anteil kundenspezifischer Produkte und für komplexe innerbetriebliche Zusammmenhänge immer wichtiger werden, finden generell zu wenig Beachtung.

Weiterbildung im Sinne von allgemeiner Persönlichkeitsförderung kann auch ganz anders betrieben werden, wie ein Fallbeispiel zeigt:

> Ein Leiter eines Kleinunternehmens der Maschinenbaubranche versucht mit folgenden Massnahmen die Flexibilität und Kreativität seiner Mitarbeiter zu fördern: Einrichtung einer Fachbibliothek, regelmässiger Messebesuch seiner Mitarbeiter, Veranstaltung von Ausstellungen und Theaterstücken, Durchführung von Produktpräsentationen.

Für den Umgang mit Förderung, Aus- und Weiterbildung der Mitarbeiter sind – in Anlehnung an den Arbeitgeberverband Gesamtmetall (1992) – folgende allgemeine Grundregeln zu beachten:

- **Tätigkeitsorientiert weiterbilden**

    Die häufigste und erfolgreichste Form der Wissensaneignung ist das Lernen in der Arbeit und durch die Arbeit, weil Lerninhalte hier an die konkrete Arbeitssituation anknüpfen.

- **Lernfähigkeit erhalten und fördern**

    Die Lernfähigkeit und -bereitschaft eines Mitarbeiters hängt nicht nur von ihm ab, sondern auch davon, mit welchen Arbeiten er beschäftigt wird. Arbeit sollte deshalb auch unter dem Gesichtspunkt strukturiert werden, die Lernfähigkeit zu erhalten und zu fördern (vgl. dazu Kap. «Arbeitsorganisation»).

- **Nicht nur Fachkompetenz erhöhen, sondern auch Sozialkompetenz vermitteln**

    Der Bedarf an Mitarbeitern mit guten Schlüsselqualifikationen wird auf allen Ebenen der Unternehmen, auch auf den ausführenden, immer grösser. Sozialkompetenz ist naturgemäss auch bei allen Formen der Gruppenarbeit gefordert.

- **Weiterbildung auf allen Ebenen des Unternehmens durchführen**

    Weiterbildung sollte nicht auf Führungskräfte und Spezialisten beschränkt sein, denn qualifizierte Mitarbeiter werden auf allen Ebenen des Unternehmens gebraucht.

- **Betrieblichen Qualifikationsbedarf vorausschauend ermitteln**

    Anhand der Kenntnis des Qualifikationsbedarfs kann betriebliche Weiterbildung zielgerichtet geplant und wirtschaftlich betrieben werden.

- **Integriert planen**

    Eine integrierte Planung von Technikeinsatz, Arbeitsorganisation und Qualifizierung erhöht die Wahrscheinlichkeit eines reibungslosen Umgangs mit neuen Techniken und veränderten Arbeitsstrukturen.

- **Zusammenarbeiten in Teams**

    Team- oder Gruppenarbeit (siehe Kap. «Arbeitsorganisation») ist eine Arbeitsform, in der einige der hier vorgestellten Grundregeln wie Erhöhung der Sozialkompetenz und tätigkeitsorientierte Weiterbildung bereits integriert sind. Ein wesentlicher Vorteil von Gruppenarbeitsstrukturen besteht darin, dass die Qualifikationsmöglichkeiten für Mitarbeiter besser sind; sie können mehr voneinander lernen als bei Einzelarbeitsplätzen – ein Umstand, der für KMU besonders vorteilhaft ist, weil diese Weiterbildung «on the job» spezifisch auf die Unternehmensbedürfnisse zugeschnitten ist und zu flexibler einsetzbaren Mitarbeitern führt.

> In einem Betrieb ist die traditionelle Lehrwerkstatt verschwunden und hat einer nach neuen Erkenntnissen gestalteten Ausbildungslandschaft Platz gemacht. Diese ist in vier Ausbildungsinseln gegliedert, wobei jede Insel mit ihrer Infrastruktur sämtliche Tätigkeiten, inkl. Arbeitsvorbereitung und Nachkalkulation, in Eigenregie ausführen kann. Die Inseln verfügen über zentral im Sechseck angeordnete Arbeitsplätze für die manuelle Fertigung, was das Teamdenken fördert. Der Kontakt – sowohl der Lehrlinge untereinander als auch zu den Ausbildern – spielt im Alltag eine sehr bedeutsame Rolle. Zu den wichtigsten Qualitäten der Ausbilder gehören neben fachlichem Können vor allem solide Kenntnisse über soziale und gruppendynamische Abläufe.

Grundsätzlich ist darauf zu achten, dass die einzelnen Mitarbeiter durch die veränderten Ansprüche nicht überfordert werden. Dies sollte dadurch vermieden werden, dass Ausbildungsziele gemeinsam mit den Mitarbeitern festgelegt werden. Eine frühzeitige und systematische Planung und Durchführung angemessener Weiterbildungsmassnahmen ist demnach unerlässlich.

> Der Erwerb von Kompetenzen sowie deren Einsatz in der Arbeitstätigkeit erhöhen die Arbeitsmotivation des Mitarbeiters.

Im Anhang befindet sich Checkliste L, mit Fragen zur Bestimmung des Stellenwertes von Qualifizierung und Weiterbildung in einem Unternehmen.

8.3 Mögliche Umsetzung einer gezielten Weiterbildungsstrategie

Eine gezielte Förderung der Mitarbeiter setzt sich in einem langfristig für die Zukunft planenden Unternehmen aus folgenden einfachen Grundbausteinen zusammen:

1. dem regelmässigen Mitarbeitergespräch,
2. der laufenden Qualifizierung des Personals,
3. der Schulung von Nachwuchskräften.

Regelmässiges Mitarbeitergespräch

Durch eine regelmässige Beurteilung wird der Qualifikationsstand der Mitarbeiter geprüft und mit den Anforderungen an ihre Arbeitstätigkeit verglichen. Der Mitarbeiter hat ein Anrecht darauf zu erfahren, wo er steht und wie der Vorgesetzte seine Stärken und Schwächen sieht. Diese Mitarbeiterbeurteilung sollte jedoch über die üblichen Qualifikationsgespräche hinausgehen und Führungskräfte und Mitarbeiter anregen, sich gemeinsam über mögliche Entwicklungspotentiale Gedanken zu machen. Dies setzt voraus, dass der direkte Vorgesetzte in regelmässigen Gesprächen mit dem Mitarbeiter auch über diese Entwicklungspotentiale und Perspektiven spricht und dabei gemeinsam Ziele und Umsetzungswege entwickelt werden. Die regelmässige Beurteilung der Mitarbeiter schafft für sie die Voraussetzung für eine gezielte Entwicklung und erleichtert der Führungsebene die Personalplanung.

> In einer Firma der metallverarbeitenden Branche legen die Mitarbeiter selber ihren Könnensstand bezüglich der im Betrieb gestellten Anforderungen fest. Dies betrifft z.B. in der Abteilung Schraubenproduktion ganz konkrete Aufgaben wie die Bedienung und das Einrichten konventioneller und computerunterstützter Maschinen. Die spezifischen Ausbildungsziele und deren Zeithorizont werden jährlich bestimmt und überprüft. Zusätzlich bezahlt die Firma anteilig auch Weiterbildungskurse für Mitarbeiter, die über die konkrete, berufliche Weiterbildung hinausgehen, wie z.B. Fremdsprachenkurse.

Eine sogenannte Polyvalenztabelle veranschaulicht den Könnensstand und die Ausbildungsziele jedes Mitarbeiters.

Mitarbeiter	Tätigkeit 1	Tätigkeit 2	Tätigkeit 3	Tätigkeit 4	Tätigkeit 5
A	●	◗	◗	○	
B	●	●	◗	○	
C	●	●	●	◗	○
D	●	◗	○		

● Das kann ich ◗ Das lerne ich gerade ○ Das will ich lernen

Dabei müssen sich Vorgesetzte stets ihrer Vorbildfunktion bewusst sein. Vorgesetzte können das Lernen am Arbeitsplatz ganz entscheidend fördern, indem sie

- *Ziele mit Mitarbeitern vereinbaren,* statt ihnen konkrete Ausführungsweisen vorzugeben,
- *Fehler offen zugeben,* statt sie zu vertuschen,
- *Lösungen mit den Mitarbeitern gemeinsam suchen,* statt Lösungen vorzugeben.

Hier überschneiden sich die Prinzipien einer guten Weiterbildung mit den im Kapitel «Mitarbeiterführung» und im Kapitel «Innovation» erwähnten Prinzipien. Der Unternehmer sollte darauf achten, dass auch seine Führungskräfte diese Prinzipien berücksichtigen.

Laufende Qualifizierung des Personals

Die Bedeutung der betrieblichen Weiterbildung nimmt ständig zu. Im Hinblick auf die Weiterbildungspolitik sollte das Unternehmen Hilfen bereitstellen. Auch wenn es Aufgabe der Vorgesetzten ist, ihre Mitarbeiter weiterzuqualifizieren, ist damit nicht gesagt, dass alle Entwicklungsmassnahmen von diesen ausgehen müssen. Initiativen und Vorschläge der einzelnen Mitarbeiter bezüglich Weiterbildungsmassnahmen sollten ebenso aufgenommen und unterstützt werden. Der Weg, den der einzelne Mitarbeiter geht, ist vom Vorgesetzten gemeinsam mit dem Mitarbeiter zu entwikkeln und langfristig zu planen.

Es stehen viele Instrumente zur Verfügung, um die Mitarbeiter weiterzubilden. Prinzipiell können interne Weiterbildungsveranstaltungen organisiert oder betriebsexterne Weiterbildungsangebote vermittelt werden. Zu den verschiedenen Arten interner Weiterbildungsmassnahmen ist sowohl die geführte Weiterbildung (z.B. in Form eines Kurses) wie auch die freie Weiterbildung (z.B. in Form einer regelmässigen Auseinandersetzung mit dem in einer internen Bibliothek vorhandenen Material) zu zählen.

Unsere Untersuchungen zeigen, dass vor allem Kleinbetriebe die Möglichkeiten einer effizienten und preisgünstigen internen Weiterbildung am Arbeitsplatz, über job rotation und On-the-job-Training, zu wenig als echte Weiterbildungsmöglichkeiten erkennen.

Instrumente zur internen Weiterbildung

- interne Schulung
- interne job rotation[13]: Mitarbeiter desselben Unternehmens tauschen ihren Arbeitsplatz, nach Vereinbarung auch über Abteilungsgrenzen hinweg
- On-the-job-Training[14]: Einführung von Mitarbeitern an neuen Maschinen
- Auseinandersetzung mit Fachliteratur, multimedialen Kanälen, CBT (Computer-based-Training)
- Produktpräsentationen
- Vorträge eines Mitarbeiters über neue Entwicklungen an seinem Arbeitsplatz
- gegenseitige Qualifizierung innerhalb einer Arbeitsgruppe
- Miteinbeziehen von Mitarbeitern in Projekte, die über die üblichen Aufgabenbereiche hinausgehen
- interne Mitteilungen aller Art

Interne geführte Weiterbildung ist wegen der geringeren Personalkapazität für Kleinunternehmen in der Regel schwieriger, externe Weiterbildung hat hier deshalb oft eine grössere Bedeutung. Sie ist aber mit dem Nachteil behaftet, dass sie selten ganz genau auf die betrieblichen Bedürfnisse zugeschnitten ist.

---

[13] job rotation = geplanter Arbeitsplatzwechsel

[14] On-the-job-Training = Qualifizierung am Arbeitsplatz

Instrumente zur externen Weiterbildung

- externe Seminare oder Konferenzen
- Betriebsbesichtigung bei Kunden oder Lieferanten
- externe job rotation mit einem Lieferanten oder einem Kundenunternehmen
- Besuch von Ausstellungen und Messen
- Teilnahme an eigenen Ausstellungen
- Erfahrungsaustauschgruppen

Als bereichernde Weiterbildungsmöglichkeit ist auch das Mitarbeiten an externen Projekten zu betrachten. Solche Formen von Kooperationen können mit:

- einer Institution bzw. Organisation (z.B. mit Schulen, in Form der Betreuung von Studien- oder Diplomarbeiten),
- anderen Firmen

stattfinden. Das gemeinsame Arbeiten an Projekten kann als eine interessante Möglichkeit von Informations- und Wissensaustausch für alle Projektmitarbeiter angesehen werden. Wichtig ist in allen Fällen, dass das Projekt innerhalb des Betriebs einem Mitarbeiter der Firma delegiert ist, welcher dafür auch zuständig ist (vgl. Kap. «Kooperation»).

Schulung von Nachwuchskräften

Zur Sicherstellung des Nachwuchses ist es empfehlenswert, neue Arbeitskräfte auf jeder Unternehmensebene auszubilden: seien dies Lehrlinge, Hochschulabsolventen oder angehende Führungskräfte.

Die Untersuchung zeigt, dass vor allem Kleinbetriebe die Lehrlingsausbildung als Mittel zur Sicherstellung des Personalbedarfs nutzen.

Literatur

Gesamtverband der metallindustriellen Arbeitgeberverbände e.V. (Hrsg.) (1992). *Mensch und Unternehmen*, Köln: Edition Agrippa.

Künzle, D. & Büchel, D. (1988). *Weiterbildung als Strategie für Region und Betrieb*, Bern: Haupt.

Hacker, W. & Skell, W. (1993). *Lernen in der Arbeit*, Berlin: Bundesinstitut für Berufsbildung.

Strohm, O. & Ulich, E. (1996). *Gestaltung rechnerunterstützter integrierter Produktionssysteme*, Schriftenreihe Mensch – Technik – Organisation (Hrsg. E. Ulich), Zürich: vdf.

Ohne Autor (1994). Aus Lehrlingen werden Generalisten, *Sulzer-Horizonte 10*, 1–3.

Kapitel 9

Technologieeinsatz

Heinz Domeisen
Peter Kolb
Hans-Christoph Lang
Ingrid Sattes

«Chef, Chef!!! Die erste Schraube ist fertig!»

9. Technologieeinsatz

9.1 Technologieeinsatz betrachten, warum?

Die Bedeutung des Faktors Technologie hat in den letzten Jahren immer stärker zugenommen. Die Steigerung der technologischen Möglichkeiten – sei es in der Produktion oder in den Produkten – führte nach und nach zu gesteigerten Kundenwünschen. Dies bewirkt, dass Produkte heute eine nie gekannte Komplexität aufweisen, dabei jedoch sehr schnell veralten. Viele Produkte werden «intelligenter», indem sie als Ersatz oder Ergänzung von mechanischen Teilen bedeutend mehr Sensorik und Signalverarbeitung enthalten. Die Anforderungen, aber auch die Möglichkeiten haben dazu geführt, dass die Signalverarbeitung heute oft digital erfolgt. Dadurch erreicht man eine wesentlich grössere Flexibilität (Fehlerkorrektur, spätere Erweiterung der Funktionalität usw.).

Für den Produzenten heisst dies: erhöhter Entwicklungsaufwand durch die hohe Komplexität bei gleichzeitig sehr kurzen Produktlebenszyklen. Er hat somit höhere Aufwendungen in Forschung und Entwicklung, jedoch nur sehr wenig Zeit, Erträge auf dem Markt zu erwirtschaften.

Diese Entwicklung ist nicht nur auf sogenannte High-Tech-Branchen wie Chemie oder Mikroelektronik beschränkt, sondern kann mittlerweile in fast allen Bereichen festgestellt werden. Die Frage des *richtigen* Technologieeinsatzes (wie viele verschiedene Technologien, welche und in welchem Ausmass) kann daher für die Zukunft des Unternehmens entscheidend sein. Die Beschränkung auf Kerntechnologien ist dabei ein Trend, der vielerorts beobachtet werden kann. Die Unternehmen versuchen, nur so viele verschiedene Technologien zu verwenden, wie für ihr Produkt, ihren Prozess notwendig sind.

Im folgenden wird zwischen zwei Bereichen des Technologieeinsatzes unterschieden:

1. Der Einsatz in den Produkten: Hier werden die Technologien betrachtet, die die Funktion des Produktes ausmachen (sog. *Produkttechnologien*). Ein Beispiel hierfür ist eine Schreibtischlampe. Ihre Funktion besteht darin, Licht zu spenden. Die dazu verwendete Technologie kann z.B. im Erhitzen eines Wolframdrahtes im Vakuum oder im Anregen eines Neongases bestehen.

2. Der Einsatz im Prozess: Funktionen innerhalb eines Prozesses werden von *Prozesstechnologien* erfüllt. So ist bei der Herstellung einer Fahrzeugachse z.B. das Gesenkschmieden eine Prozesstechnologie.

Als Prozesse werden jedoch nicht nur die Fertigungsprozesse verstanden. Vielmehr ist auch z.B. das Erstellen einer Offerte ein Prozess, in dem Prozesstechnologien wie etwa Büroautomation angewendet werden können.

Inwieweit eine Technologie dabei eine Produkt- oder Prozesstechnologie ist, hängt vom Standpunkt des Unternehmens ab. So ist beispielsweise das Wasserstrahlschneiden für den Hersteller der Wasserstrahlschneidemaschine eine Produkttechnologie, während es für den Kunden und Benutzer dieses Produktes eine Prozesstechnologie ist, mit der er seine eigenen Produkte fertigt.

In beiden Bereichen bestehen für den Unternehmer Gestaltungsmöglichkeiten und Innovationsspielräume hin zu einem verbesserten Einsatz von Technologien.

9.2 Die geeigneten Technologien für unsere Produkte

Bevor man sich mit den Produkttechnologien eines Produktes beschäftigen kann, sollte man sich mit der Frage: *«Welche Funktionen erfüllt mein Produkt beim Kunden, welchen Nutzen bringt es ihm?»* auseinandersetzen. Diese Frage führt dann zu einer ganz anderen Betrachtungsweise und ermöglicht eine marktorientierte Herangehensweise.

> Ein Unternehmen ist in der Galvanik tätig. Für den Unternehmer besteht das Produkt seines Betriebes in der galvanischen Oberflächenbehandlung von Werkstücken. Der Kunde sieht jedoch nur die bestimmten Eigenschaften (Härte, Kratzfestigkeit, Schutz gegen Korrosion, gutes Aussehen usw.), die sein Produkt erhält.
>
> Wird sich der Galvaniker dieser Funktion beim Kunden bewusst, werden ihm etwaige Konkurrenztechnologien (Härten, Lackieren o.ä.) klar, und er kann sich überlegen, welche zusätzlichen Funktionen er dem Kunden mit seiner Technologie anbieten kann bzw. welche Technologien er verwenden muss, um die Funktion noch besser zu erfüllen.

Fragen, die sich ein Unternehmer somit stellen muss, sind:

- *Welche Funktionen erfüllt mein Produkt beim Kunden?*
  Hier sollten jene Aufgaben, die das Produkt beim Kunden erfüllen soll, aufgezählt und beschrieben werden.

- *Welche Produkte mit anderen Technologien erfüllen die gleichen Funktionen und können meine Marktstellung bedrohen?*
  Die Geschäftsleitung (oder in grösseren Unternehmen der Vertrieb) sollte wissen, wie die Konkurrenz ggf. mit anderen Technologien dem Kunden denselben Nutzen bringt.

- *Welche Technologien unterstützen die gewünschte Funktion optimal oder bringen sogar noch neue Funktionen ein?*
  Dies ist die ursprüngliche Frage der Konstruktion, allerdings steht hier die Bereitstellung der geforderten Funktionen im Vordergrund (diese Frage kann auch als Auslöser für einen Innovationsprozess verwendet werden, siehe Kap. «Innovation»).

> Durch das Loslösen von bestehenden Produkten und die Konzentration auf zu erfüllende Funktionen können neuartige Lösungsideen oder Produkte entstehen, gleichzeitig wird man auf Gefahren für die bestehende Produktpalette aufmerksam.

Vorgehen der Funktionszerlegung

Der Begriff der Funktion umfasst die Eigenschaften, Merkmale und Wirkungsweisen eines Produktes. Man beginnt mit der Gesamtfunktion des Produktes und geht danach auf die Teilfunktionen der Baugruppen, Komponenten und Einzelteile ein. Dabei sind jeweils drei Fragen zu beantworten:

- Was ist es?
- Was tut es?
- Was bewirkt es?

Man unterscheidet die Funktionen eines Produktes nach der *Gebrauchsfunktion* (was ist für seine technische und wirtschaftliche Nutzung erforderlich?) und der *Geltungsfunktion* (womit befriedigt das Produkt die ästhetischen Bedürfnisse des Kunden?). So hat ein Türgriff immer eine Gebrauchsfunktion (Türe öffnen), ein besonders verzierter Türgriff auch eine Geltungsfunktion.

Andererseits kann man für ein Produkt eine Funktionsklasseneinteilung vornehmen:

- *Hauptfunktionen*: Was ist für den Hauptzweck unerlässlich?
- *Nebenfunktionen*: Was unterstützt die Hauptfunktionen?
- *Unnötige Funktionen:* Was trägt nichts zur Erfüllung der Aufgaben bei?

Durch diese Einteilung sieht man das Produkt deutlicher – aus einem anderen Blickwinkel – als sonst und kann beim Verbesserungsprozess Akzente setzen, z.B. die Konzentration auf Hauptfunktionen, welche Gebrauchsfunktionen sind.

Für die Haupt-, aber auch für die Nebenfunktionen stellt man nun eine Liste der möglichen Technologien auf. Diese enthält die Leistungs- und Kostendaten der verschiedenen Technologien und ermöglicht eine sachliche Entscheidung für oder gegen einzelne Varianten. Als Beispiel lässt sich wieder die Schreibtischlampe anführen. Hier können als konkurrierende Technologien

- Erhitzen eines Wolframdrahtes im Vakuum (Glühbirne)
- Entladen eines ionisierten Neongases (Neonröhre)
- Erhitzen eines Drahtes in einem Edelgas, dem eine geringe Menge von Halogen beigemischt ist (Halogenlampe)

angeführt werden. Leistungsdaten sind Lichtstärke, Gleichmässigkeit der Lichtverteilung, Energieverbrauch, Haltbarkeit usw.

Dieses Beispiel ist natürlich sehr simpel gehalten. Meist geht es um kleinere Unterschiede und weniger klare Vor- und Nachteile.

Diese Ansätze zur Verbesserung von Produkten (oder auch Prozessen) sind in der *Wertanalyse*[15], einer Vorgehensweise zur Lösung komplexer Probleme, enthalten.

---
[15] Methode der Ideenentwicklung, die ein Hilfsmittel der Verbesserungsinnovation oder auch Neuentwicklung darstellt. Bei der Wertanalyse werden die Funktionselemente eines Produktes oder Prozesses auf ihre optimale Wertigkeit geprüft. Leitgedanke ist dabei: «So günstig wie möglich, so gut wie nötig.»

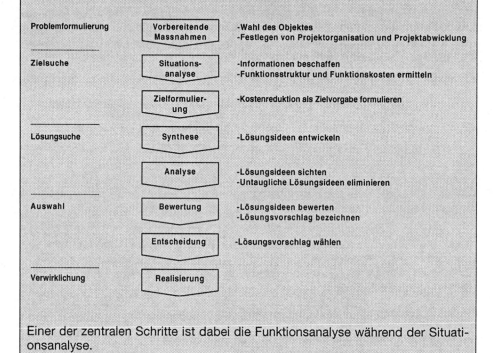

9.3 Die geeigneten Technologien für unsere Prozesse

Die Produkte werden aufgrund der technologischen Möglichkeiten immer komplexer und beanspruchen für ihre Herstellung das Wissen aus verschiedenen Fachgebieten. Gleichzeitig verkürzen sich die Produktlebenszyklen ständig. Diesen Rahmenbedingungen muss bei der Entwicklung und Produktion durch angepasste Prozesse Rechnung getragen werden. Dies führte in der Vergangenheit häufig dazu, dass Prozesse automatisiert wurden, um mit anderen Unternehmen Schritt zu halten. In den meisten Fällen brachte dies nicht den erhofften Erfolg und auch nicht den Anschluss an die Konkurrenz. Das zeigt, wie wichtig es ist, die Innovationsvorhaben auf die

Möglichkeiten und Anforderungen im Unternehmen abzustimmen, indem eine individuelle und detaillierte Analyse innerhalb des Unternehmens durchgeführt wird. Andererseits konnten diejenigen Betriebe, die rechtzeitiges Modernisieren ihrer Abläufe versäumt haben, ebenfalls nicht zu den erfolgreichen gezählt werden, da sie dann zu einem relativ späten Zeitpunkt zu viele Investitionen gleichzeitig tätigen mussten. Was zeichnet also ein erfolgversprechendes Vorgehen bei der Anpassung der Prozesse an die Unternehmensbedürfnisse aus?

Vorgehen für die Rationalisierung oder Neueinführung innerbetrieblicher Prozesse

Vorgängig ist es erforderlich, dass das Unternehmen seine spezielle Stellung mit seinen Produkten am Markt klarlegt:

Ganz allgemein hat unsere Untersuchung gezeigt, dass Mittelunternehmen eher grössere Serien bis hin zu Massenprodukten herstellen. Eine Automatisierung und Rationalisierung ist daher eher möglich und wird begünstigt, da eingesetzte Prozesstechnologien nicht universell sein müssen und eine Umstellung oft langsamer vonstatten gehen darf. Kleinunternehmen hingegen produzieren eher kundenspezifische Einzelanfertigungen. Die eingesetzten Prozesstechnologien müssen daher ausgesprochen flexibel sein, indem sie z.B. zugeschnitten sind auf die Erzeugung mehrerer Produkte (beispielsweise universelle Handschweissgeräte statt programmierte Schweissroboter). Eine schnelle Umstellung der Prozesse auf veränderte Bedürfnisse ist häufiger nötig.

Um diese allgemeine Unterscheidung auf den Einzelfall zu verfeinern, helfen bei «laufenden» Produkten, insbesondere aber bei neuen Produkten, folgende Fragen nach den Produkttechnologien und nach den notwendigen (Herstellungs-)Prozesstechnologien:

- Was will und braucht der Kunde?
- Wie kann ich diese Leistungen erbringen (welche Prozesse)?
- Liegt dies in der Zielsetzung meines Unternehmens?
- Was ist technologisch heute und in Zukunft möglich?
- Ist es sinnvoll, das technologisch Machbare tatsächlich auch zu realisieren?
- Was macht die Konkurrenz?

Antworten auf diese Fragen tragen dazu bei, die richtigen Verfahren zu wählen. Wichtig ist es, dass Sie sich überlegen, warum Sie die gewählten Prozesse einsetzen. Für die Durchführung eines Projekts zur Auswahl, Optimierung und Einführung von Prozessen im Unternehmen ist dann folgendes allgemeine Vorgehen anzustreben. Konkretisiert wird das Vorgehen an dem Beispiel im Abschnitt 10.2, das die Auswahl, die Einführung und den Betrieb von Computersystemen beschreibt.

(1)   Situationsanalyse

Die Situationsanalyse dient der Klarlegung der momentanen Prozessabläufe und Möglichkeiten im Unternehmen. Es werden zwei Fälle unterschieden:

Situationsanalyse für die Verbesserung der Herstellung bestehender Produkte:

- Klarlegen der einzelnen Abläufe in der Wertschöpfungskette und insbesondere in der Produkterstellung mit den Bereichen Entwicklung, Produktion und parallel dazu Qualitätssicherung
- Welche Arbeitsabläufe (sequentiell, parallel usw.) finden statt?
- Welche Materialflüsse und begleitenden Informationsflüsse lassen sich unterscheiden?
- Aus der Analyse der Abläufe Schwachstellen erkennen, die Ansätze für Optimierungen darstellen

Bereits in dieser frühen Phase ist es besonders wichtig, dass die Analyse nicht allein von sogenannten Experten durchgeführt wird, sondern betroffene Mitarbeiter von Anfang an befragt und miteinbezogen werden, da sie die eigentlichen Experten in ihrer Tätigkeit sind.

Situationsanalyse für die Herstellung eines neuen Produkts:

- Welche Prozesse sind notwendig, um die Funktion des Produktes zu gewährleisten? Beispielsweise kann eine Verbindung zweier Metallteile durch sehr unterschiedliche Fügeoperationen erreicht werden: z.B. Schweissen, Kleben, Nieten, Schrauben. Jede Variante hat ihre spezielle Eigenheit, aber welche ist die günstigste, also die wirtschaftlichste in der Herstellung gegenüber den einzuhaltenden Anforderungen an die Verbindung?
- Welche Prozesstechnologien werden im Unternehmen schon beherrscht?
- Welche bereits eingesetzten Prozesse müssen auf die produktbezogenen Anforderungen in welcher Weise angepasst werden (Stückzahlen, Varianten nach Kundenwünschen, Minimierung des Verhältnisses von Herstellungsaufwand zu notwendiger Qualität)?
- Für welche Prozesse müssen neue Lösungen gefunden werden?

Ziel: **Neue oder zu verbessernde Prozesse analysieren und den genauen Material- und Informationsfluss sowie die Bearbeitungsschritte (z.B. für die Produktion) bzw. die Art der Informationsverarbeitung (z.B. für die Administration) klarlegen.**

(2)   Bedürfnisanalyse

In dieser Phase geht es darum, Verbesserungen in den Prozessen durch konkrete Massnahmen zu erreichen. Auch hier sind die beiden Fälle zu differenzieren: Optimierung der Abläufe z.B. durch eine angepasste Automatisierung oder Ersatz eines Prozesses durch eine Alternative. Grundlegender Gedanke für die Auswahl und Optimierung der Prozesse muss die Rentabilität sein. Dabei spielen nicht nur Anschaffungs- und Einführungskosten eine Rolle, vielmehr müssen laufende Kosten sowie die Kosten für nachträgliche Anpassungen an schnell ändernde Anforderungen berücksichtigt werden. Als Ergebnis unserer Befragung lässt sich festhalten, dass praktisch alle Unternehmen mit automatisierten Einrichtungen (das sind 94%)

die einmaligen Investitionen im Vergleich zu deren Nutzen eher hoch einschätzen. Die Hälfte dieser Unternehmen beurteilen auch das Verhältnis laufender Aufwendungen gegenüber dem Nutzen für diese Automatisierungseinrichtungen als eher hoch. Erstaunlich ist, dass diese Aussagen in allen befragten Betriebsgrössenklassen gleich ausfallen, d.h., dass geringere Flexibilitätsbedürfnisse bei der Automatisierung von Abläufen in grösseren Betrieben nicht gleichzusetzen sind mit kleineren laufenden Aufwendungen für diese Einrichtungen.

Die Auswahl eines neuen Prozesses ist meist durch das bislang eingesetzte Knowhow und die Schwellenangst vor dem Neuen (darum die Phrasen «Das haben wir schon immer so gemacht», «Das haben wir noch nie so gemacht») behindert. Häufig werden die schnell fortschreitenden technologischen Möglichkeiten nicht mitverfolgt, und somit wird aus Unwissenheit vielen neuen Verfahren kein Vertrauen geschenkt. Im Beispiel der Fügeoperation zweier Metallteile bietet sich mittlerweile das Epoxidkleben als echte Alternative zum herkömmlichen Schweissen an, solange keine starke Schälbeanspruchung auftritt. Bevor eine Investition getätigt werden kann, ist es daher notwendig, das sich rasch wandelnde Umfeld ständig mitzuverfolgen, sei es durch Besprechungen mit anderen Kollegen und Einrichtungen (z.B. CIM-Zentren) zum Erfahrungsaustausch, regelmässige Ausstellungsbesuche (Vergleich der Möglichkeiten), Pflege von Hochschulkontakten oder ständige Weiterbildung durch Fachliteratur und Kurse.

In ähnlicher Weise müssen zuerst genügend grundlegende Informationen gesammelt werden, damit die Leistungen eines Automatisierungsprojekts massgeschneidert auf die Bedürfnisse des Unternehmens ausgerichtet werden können. Im Rahmen der finanziellen Möglichkeiten müssen dann die Fragen beantwortet werden:

- Wie können Zeit und Aufwand für repetitive Arbeiten verkleinert werden?
- Wie lassen sich häufig auftretende Probleme beseitigen?
- Wie lassen sich Stillstandzeiten und gegenseitige Blockaden vermeiden?
- Wie kann die Tätigkeit an einzelnen Arbeitsplätzen (auch technisches Büro oder Administration) verbessert werden?

Daraus resultiert, dass die heutigen betrieblichen Prozessabläufe verändert, angepasst oder sogar neu gestaltet werden müssen (z.B. der Einsatz eines computergesteuerten Bearbeitungszentrums verlangt die intensive Zusammenarbeit des Werkstückkonstrukteurs, des Bearbeitungsspezialisten und des Programmierers zur Vereinfachung des Fertigungsvorgangs). Sicherlich bedingt dies auch Änderungen in der Arbeitsorganisation. Daher ist es wichtig, dass verschiedene Varianten hinsichtlich ihrer Eignung und Auswirkungen auf den gesamten Betrieb (und nicht nur nach den Kosten) verglichen werden.

Ziel: Erarbeitung eines Pflichtenhefts, das die Bedürfnisse des Unternehmens betreffend die zukünftigen Prozessabläufe festhält.[16]

---

[16] Hinweise zur Erarbeitung eines Pflichtenheftes finden sich in Checkliste O.

(3) Evaluation

Die Aufgabe der Evaluationsphase besteht darin, aufgrund des Pflichtenhefts verschiedene Offerten einzuholen und sie kritisch gegeneinander abzuwägen. Dies erfolgt in einer Kosten-Nutzen-Analyse unter Berücksichtigung von finanziellen, technischen und personellen Aspekten. Zur Überprüfung der Realisierbarkeit können auch Funktionsmuster und Prototypen eingesetzt werden. Kristallisiert sich eine Lösung als vorteilhaft heraus, kann diese in einem Vertrag mit den Lieferanten fixiert werden. Dieser sollte auf der finanziellen und der technischen Seite für Sie als Käufer und für den (oder die) Lieferanten eindeutig und in schriftlicher Form klarlegen, was im Lieferungsumfang zu welchen Bedingungen enthalten sein soll. Es ist unbedingt auf eine für beide Seiten absolut verständliche Form zu achten, insbesondere was Spezialanpassungen aufgrund Ihrer Bedürfnisse betrifft. Notfalls sollte das investierende Unternehmen zur Absicherung einen neutralen Sachverständigen zu Rate ziehen. Die Möglichkeiten von Erweiterungen des Systems, die Sie bereits jetzt im Auge haben, sollten ebenfalls schriftlich festgehalten werden.

Ziel: Aufsetzen eines Vertrages, der die Abmachungen zwischen Unternehmen und Lieferanten absichert.

(4) Konzeption

Die Vorbereitung der Installation und Inbetriebnahme verlangt die Erstellung von Zeitplänen für die Realisierung (Netzpläne erstellen, Meilensteine einbauen). Diese dienen dann als gemeinsame Richtlinie für das investierende Unternehmen und die verschiedenen Lieferanten. Auf jeden Fall muss nicht nur eine terminliche Abstimmung stattfinden, sondern auch ein fachlicher Abgleich zwischen den beteiligten Lieferanten. Scheut ein Unternehmen diesen Koordinationsaufwand, besteht die Möglichkeit, ein Generalunternehmen für diese Aufgabe zu beauftragen. Dieses ist meist einer der Lieferanten, der die Realisierung leitet, eigenständig mit allen weiteren Lieferanten verhandelt und die Einhaltung des Lieferumfangs beim Kunden garantiert. Der Kunde hat den Vorteil, dass das Generalunternehmen der alleinige Ansprechpartner für die Durchführung des Projekts und jegliche Reklamationen ist.

Schliesslich gilt es zu berücksichtigen, dass die Automatisierung oder die Einführung neuer Prozesse flankierende Massnahmen benötigen, die unter dem Begriff der Rahmenorganisation zusammengefasst werden: neben einer Anpassung der Arbeitsorganisation ist die Aus- und Weiterbildung der Mitarbeiter frühzeitig vorzunehmen. Ausserdem sind in jedem Fall die Sicherheitsanforderungen an den Prozess bei der Bedienung sowie bei Defekten und Ausfällen zu berücksichtigen.

Ziel: Planung der Realisierung zum Schutz vor Überraschungen und Zeitverzögerungen.

(5) Realisierung und Einführung

Wurden die vorbereitenden Phasen nach dem beschriebenen Schema ordnungsgemäss durchgeführt, sollte die Realisierung weniger Schwierigkeiten bereiten. Trotzdem zeigt die Erfahrung, dass noch Zeitanpassungen aufgrund von Lieferschwierigkeiten oder Schnittstellenproblemen während der Installation mitberücksichtigt werden müssen. Während der Einführung muss mit einer Übergangs- und Gewöhnungsphase der Mitarbeiter gerechnet werden. Diese betrifft sowohl Mitarbeiter, die an den Prozessänderungen direkt beteiligt sind, als auch Mitarbeiter, die von den Auswirkungen der Prozessänderungen betroffen werden.

Für die Abnahme der Anlage nach deren Einführung im Unternehmen bewähren sich die auf das Unternehmen zugeschnittenen, detaillierten und messbaren Spezifikationen, die im Pflichtenheft aufgestellt wurden und nun gewährleistet sein müssen.

Ziel: **Abnahme der Realisierung unter Früherkennung von Gewährleistungsansprüchen.**

(6) Betrieb und Wartung

Hat sich der Betrieb eingespielt, ist es notwendig, in regelmässigen Abständen in Form einer Rückmeldungsphase zu überprüfen, ob die beabsichtigten Verbesserungen der Abläufe eingetreten sind und wo diese Ziele aus welchen Gründen nicht erreicht wurden. Dies kann Nachfolgeanpassungen notwendig machen. Für den Fall der Neueinführung eines Prozesses ist ähnlich zu verfahren, indem die Möglichkeiten technologischer Verbesserungen auch in Zukunft ständig mitverfolgt werden und somit der richtige Zeitpunkt für weitere Veränderungen im Unternehmen festgestellt werden kann.

Ziel: **Rechtzeitiges Erkennen von notwendigen Veränderungen und nachfolgenden Prozessinnovationen.**

Im folgenden werden die Möglichkeiten der Prozessverbesserungen an einem Beispiel der Automatisierung in der Produktion aufgezeigt.

> Ein kleines Produktionsunternehmen führt in verschiedenen Bereichen Automatisierung ein. Eine benachbarte Elektronikfirma realisiert das Projekt inklusive mobiler Betriebsdatenerfassung. Dazu werden auch die Mitarbeiter beigezogen. Sie lernen in teils externen, teils internen Kursen den Umgang mit den neuen Werkzeugen und sind bald in der Lage, aufgrund von Makros die Zeichnungen neuer Werkstücke selbst zusammenzustellen und auf den Maschinen produzieren zu lassen. Die Firma hat damit erreicht, dass die Mitarbeiter eine ganzheitliche Tätigkeit ausüben können, so dass sie die Zusammenhänge wesentlich besser verstehen. Eine weitere Folge der stark ausgebauten Informatisierung ist, dass auch während der Hochkonjunkturzeiten genügend interessierte und motivierte Mitarbeiter gefunden werden konnten.

9.4 Technologieeinsatz und Arbeitsorganisation

In den letzten Jahren wurden Effizienzsteigerungen mehrheitlich durch den Einsatz neuer Produktionstechnologien zu erreichen versucht. Dabei wurden teilweise immense Summen in rechnerunterstützte Produktionssysteme gesteckt, der gleichzeitigen Nutzung des menschlichen Potentials dagegen, sei es bezogen auf vorhandene Fähigkeiten oder durch Ausbildung erweiterbarer Fähigkeiten, wurde viel zu wenig Beachtung geschenkt. Modernste Technologien wurden zudem häufig auf die althergebrachte Arbeitsorganisation «aufgepfropft». Tatsächlich macht es aber wenig Sinn, neueste Technologien in veraltete Organisationsstrukturen einzuführen und diese damit womöglich zu zementieren. Die Folge ist unweigerlich eine ungenügende Ausnutzung sowohl des menschlichen als auch des technischen Potentials, d.h. deutliche Effizienzverluste.

Dies gilt für Mittelunternehmen in stärkerem Masse als für Kleinunternehmen. Wie die Daten unserer Untersuchung zeigen, führen ein stärker auf Einzel- und Kleinserienfertigung ausgerichtetes Leistungsangebot und die in der Regel geringeren finanziellen Ressourcen kleiner Unternehmen dazu, dass Computerunterstützung und Automatisierung in Kleinunternehmen seltener zum Einsatz kommen. Diese setzen dagegen in grösserem Masse auf gut aus- und weitergebildetes Personal.

Den Nachweis für den vorsichtigen Einsatz von Computern in Kleinbetrieben geben folgende Daten:

Intensive Computerunterstützung und automatisierter Anlagen (d.h. mehr als 50% computerunterstützte oder automatisierte Arbeitsplätze) im Bereich:	6–19 MA	20–49 MA	50–99 MA	100–499 MA
Forschung und Entwicklung	29%	47%	62%	70%
Konstruktion, techn. Büro, AVOR	44%	65%	78%	79%
Fertigung und Montage	25%	22%	30%	23%
Administration	66%	81%	92%	90%
Verkauf und Marketing	44%	65%	74%	76%

Tab. 9.1: Grössenunterschiede beim Einsatz von Computern nach Unternehmensbereichen

Ausser im Bereich Fertigung und Montage sind in allen Unternehmensbereichen in KU deutlich weniger Computer im Einsatz. Dies ist z.B. im Bereich Forschung und Entwicklung sehr plausibel, da kleine Betriebe sich häufig keine eigenen Forschungstätigkeiten erlauben können. Die Unterschiede des Einsatzes von Computern in Verkauf und Marketing und technischem Büro und AVOR lassen sich aber nicht mehr alleine mit mangelnden Einsatzmöglichkeiten der Computer in Kleinbetrieben erklären und deuten darauf hin, dass hier für KU Möglichkeiten bestehen, neue Technologien vermehrt wirtschaftlich einzusetzen.

> Vor allem Kleinunternehmen, die die Einsatzmöglichkeiten neuer Technologien erkennen, sind wirtschaftlich erfolgreicher.

Bei der Planung und Einführung neuer Produktionstechnologien für Unternehmen aller Grössen ist natürlich die Beachtung technischer Ziele, wie sie in den ersten Abschnitten dieses Kapitels aufgezeigt wurden, wichtig. Darüber hinaus ist ein besonderes Augenmerk auf die Aufgabenteilung zwischen Mensch und Maschine zu legen. Diese entscheidet schliesslich darüber, ob der Mensch als verlängerter Arm der Maschine für nicht automatisierbare Restfunktionen eingesetzt wird oder ob die Maschine als verlängerter Arm des Menschen eingesetzt wird, also als Werkzeug zur Unterstützung menschlicher Fähigkeiten.

Entscheidungskriterien für die Aufgabenteilung zwischen Mensch und Maschine sollten sein:

- Die effiziente und kostengünstige Produktion muss ermöglicht werden.
- Die Flexibilität der Organisationseinheiten muss optimiert werden.
- Kundengerechter Service muss unterstützt werden.
- Die Produktqualität muss gewährleistet oder sogar verbessert werden.
- Die Fähigkeiten der Mitarbeiter müssen erhalten und gefördert werden.
- Die Arbeitssicherheit muss gewährleistet sein.

Vor der Auswahl der Technik müssen Arbeitsablauf und Arbeitsorganisation bereits in den wesentlichen Punkten festgelegt sein. Dies muss im Rahmen der Situations- und Bedürfnisanalyse (Abschnitt 3 dieses Kapitels) geschehen. Im Gegensatz dazu wird in vielen Unternehmen als erstes die Entscheidung für eine bestimmte Produktionstechnologie gefällt, dann die Technologie installiert, in Gang gesetzt und anschliessend überlegt, welche Mitarbeiter wo eingesetzt werden können.

Wenn zum Beispiel die Arbeit mit einem hohen Grad an unvorhersehbaren Verspätungen, Eil- oder Spezialaufträgen verbunden ist, ist bei der Modernisierung oder Automatisierung darauf zu achten, dass Planungsspielräume durch die neue Technologie nicht verlorengehen. Ist die Produktion z.B. sehr komplex und erfordert die Kooperation von Mitarbeitern aus verschiedenen Abteilungen, muss darauf geachtet werden, dass durch die Einführung neuer Technologien diese Zusammenarbeit nicht behindert wird. Wie bereits in Abschnitt 3 betont wurde, kann die Aus- und Weiterbildung für die wirtschaftliche Nutzung der technischen Einrichtungen von entscheidender Wichtigkeit sein. Diese Aussage wird durch die Tatsache belegt, dass unter den technologieintensiven Mittelunternehmen, die zwischen 1990 und 1992 über eine Verbesserung der Rentabilität berichteten, der Anteil ausbildungsstarker Unternehmen doppelt so hoch war wie der Anteil ausbildungsschwacher Unternehmen.

> Technologieintensive Mittelunternehmen, die gleichzeitig über gut ausgebildete Mitarbeiter verfügen und eine Weiterbildungsstrategie verfolgen, sind wirtschaftlich erfolgreicher als Unternehmen, die der Aus- und Weiterbildung der Mitarbeiter wenig Beachtung schenken.

Eine wesentliche Bedingung für den effizienten Technologieeinsatz ist dabei, wie bereits im Abschnitt 3 erwähnt, der frühzeitige Einbezug der betroffenen Mitarbeiter, um deren Akzeptanz zu erreichen und von deren Erfahrungswissen zu profitieren (Kap. «Mitarbeiterführung»). Es gilt generell:

Der Einsatz von Technologie, die Gestaltung der Organisation und die Entwicklung der Mitarbeiterqualifikation können nur gemeinsam optimiert werden.

Technologie muss also so eingesetzt werden, dass sie die Menschen bei ihrer Aufgabenerfüllung unterstützt, und nicht umgekehrt. In der Arbeitswissenschaft werden zwei grundsätzlich verschiedene Konzepte oder Stile der Gestaltung des Technologieeinsatzes unterschieden. *Technikorientierte Konzepte* zielen darauf ab, den Einsatz von Technologie zu gestalten. Aufbau- und Ablauforganisation und der Einsatz des Personals werden der Technologie nachgeordnet. *Arbeitsorientierte Konzepte* dagegen zielen auf die gemeinsame Optimierung von Technologie, Organisation und Qualifikation ab. Damit die Technik den Menschen unterstützen kann, müssen ganz konkrete Bedingungen für die Gestaltung der neuen Arbeitssysteme beachtet werden:

- Die Arbeit darf nicht ausschliesslich vom Takt der Maschine abhängen. Das bedeutet, dass die Termine für die Bedienung automatisierter Anlagen nicht ausschliesslich zentral vorgegeben werden dürfen. Die Mitarbeiter in der Werkstatt bzw. Abteilung müssen die Möglichkeit selbständiger Anpassungen im Rahmen vorgegebener Zeiträume haben. Dies bedeutet, dass die Tätigkeiten auch Planungsaufgaben enthalten müssen.

- Wenn möglich sollte für die Mitarbeiter eine Auswahl der Arbeitsmittel geschaffen werden.

- Die Mitarbeiter sollten unmittelbar ihre Arbeitsergebnisse beurteilen und selbständig korrigieren können. Dies erfordert eine Qualitätsprüfung vor Ort.

Mögliche Auswirkungen dieser unterschiedlichen Realisierungsweisen des Technologieeinsatzes sind in Tabelle 9.2 dargestellt.

Technikorientierung		Arbeitsorientierung
niedrig	Kosten für direkt produktiv Beschäftigte	hoch
hoch	Kosten für indirekt produktiv Beschäftigte	niedrig
schlecht	Motivation der Bediener von Anlagen	gut
schlecht	Grand der Anlagennutzung	gut
schlecht	Nutzung der Humanressourcen	gut

Tab. 9.2: Schematischer Kosten-Nutzen-Vergleich für unterschiedliche Produktionskonzepte

Im Anhang finden sich in der Checkliste M Fragen zur Beurteilung von Abteilungen hinsichtlich der Arbeits- oder Technikorientierung.

Literatur

Hoffmann, H.-J. (1993): *Wertanalyse,* München: Wirtschaftsverlag Langen Müller/ Herbig.

Tschirky, H., Abt, J. & Kohler, O. (1993): *Technologien,* Zürich: Verlag Industrie & Organisation.

Olsson, P.: *Steuern, Regeln, Automatisieren; Theorie und Praxis der Prozessleittechnik,* Hanser/Prentice-Hall, 1993.

Ulich, E. (1994). *Arbeitspsychologie,* 3. Auflage, Zürich: vdf, Stuttgart: Schäffer-Poeschel.

VDI/VDE-Richtlinie 3694: *Lastenheft/Pflichtenheft für den Einsatz von Automatisierungssystemen.*

Wirtschaftsförderungsinstitut der Bundeskammer: *Flexible Automation,* Schriftenreihe der Handelskammer Nr. 203, Wien.

Kapitel 10

Computertechnologie und Dokumentation

Heinz Domeisen
Peter Kolb

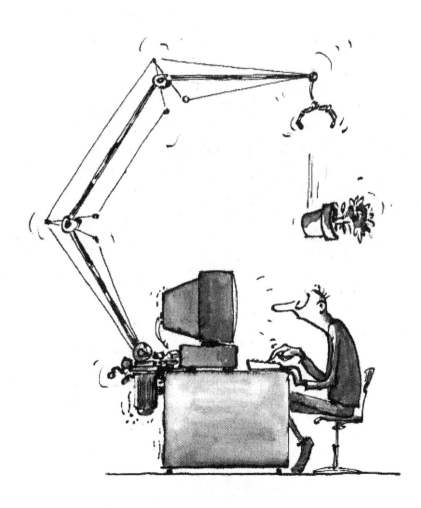

10. Computertechnologie und Dokumentation

Früher bestand eine klare Trennung zwischen den Begriffen *Automatisierung* und *Computereinsatz*. Automatisierung bezeichnete die Rationalisierung in den Bereichen Produktion, Montage und Lagerhaltung. Der Ausdruck Computereinsatz oder EDV war für diejenigen Bereiche vorbehalten, in denen der Computer sichtbar für den Benutzer (mit Tastatur und Bildschirm) vorhanden war. Diese Unterscheidung ist heute verwischt, da in der Automatisierungstechnik immer mehr speicherprogrammierbare Steuerungen und in den Anlagen integrierte Computer verwendet werden. Ausserdem sind beide Bereiche stark zusammengewachsen, da zunehmend mehr Informationen innerhalb des gesamten Betriebes elektronisch ausgetauscht werden (z.B. Einlagerung eines Auftrages vom PPS in die Produktion zum richtigen Zeitpunkt, indem im Lager das richtige Halbzeug abgerufen und das Programm zur Bearbeitung des Werkstücks in das Bearbeitungszentrum geladen wird). Somit kann heute der Begriff Computereinsatz nicht mehr einigen wenigen Unternehmensbereichen vorbehalten sein, sondern muss für alle Informatikhilfsmittel im Unternehmen stehen (und wird im folgenden auch so betrachtet). Da der Computereinsatz dazu dient, innerbetriebliche Abläufe zu verbessern, stellt er wie die Automatisierung einen Spezialfall der *Prozesstechnologie* dar. Unter dieser Sichtweise werden im folgenden Vorgehensmöglichkeiten für die Erweiterung bestehender und die Einführung neuer Computersysteme aufgezeigt.

Im Vergleich über die letzten 10 Jahre ist ein starker Leistungszuwachs in der Computertechnologie zu verzeichnen. Dies zeigt sich besonders deutlich in dem heute breiten Spektrum der Möglichkeiten, notwendige Dokumentationen innerhalb des Unternehmens auf dem Computer zu erstellen und für spätere Abfragen zentral zu speichern.

10.1 Computereinsatz heute und morgen

Der Computereinsatz in den Unternehmen hat bis heute bereits die meisten betriebsinternen Bereiche durchdrungen. Kaum ein Unternehmen verwendet Computerunterstützung noch ausschliesslich für die Zwecke der Textverarbeitung. Die Ergebnisse unserer Befragungen zeigen dies deutlich (die Prozentzahlen in Tab. 10.1 sind auf diejenigen Unternehmen bezogen, die überhaupt Computereinrichtungen einsetzen):

	6–19 MA	20–49 MA	50–99 MA	100–499 MA
Buchhaltung	86%	94%	97%	100%
Textverarbeitung	83%	92%	93%	89%
BDE	44%	58%	67%	73%
CAM	46%	52%	56%	67%
CAD	40%	57%	56%	67%
PPS	23%	46%	68%	85%
CAP	22%	34%	67%	86%
CAQ	10%	22%	46%	62%
CAA	8%	13%	37%	49%
			19%	26%

BDE = Betriebsdatenerfassung
CAM = Computerunterstützte Fertigung
CAD = Computerunterstützter Entwurf, z.B. Zeichnungen, Layouts
PPS = Produktionsplanung und -steuerung
CAP = Computerunterstützte Programmierung
CAQ = Computerunterstützte Qualitätssicherung
CAA = Computerunterstützte Montage

Tab. 10.1: Häufigkeit des Computereinsatzes in verschiedenen Unternehmensbereichen

Die blosse Existenz der Computerhilfsmittel im Unternehmen ist jedoch nicht ausreichend. Es muss vielmehr sichergestellt werden, dass vorhandene Möglichkeiten in hohem Masse genutzt werden. Zur Beschreibung der aktuellen Situation wird erneut auf die Befragung der 1667 Unternehmen der schweizerischen Investitionsgüterindustrie zurückgegriffen werden. Auf die Frage, wie häufig in Unternehmen vorhandene Computerarbeitsplätze bzw. Maschinen mit Computerunterstützung in verschiedenen Funktionsbereichen benützt werden, ergab sich folgende Selbsteinschätzung (Abb. 10.1).

Aufgrund der Unterscheidung nach der Betriebsgrösse in Abb. 10.1 lässt sich der allgemeine Trend ablesen, dass kleine Unternehmen (KU: 6 bis 49 Mitarbeiter) die im Betrieb vorhandenen Computerhilfsmittel weniger häufig verwenden als mittlere (MU: 50 bis 499 Mitarbeiter). Die Differenzierung nach Funktionsbereichen zeigt, dass Computer am meisten in der Administration (Personalwesen, Buchhaltung, Offertwesen, allg. Korrespondenz) genutzt werden, vor Konstruktion und Verkauf. In den Bereichen Forschung und Entwicklung (F&E) sowie Fertigung und Montage (F&M) gibt es besonders bei Kleinunternehmen ungenutzte Rechenkapazitäten bzw. unausgelastete Maschinen mit Computerunterstützung. So geben z.B. 49% der Unternehmen mit 6 bis 19 Mitarbeitern an, für Forschungs- und Entwicklungsaufgaben nur selten bestehende Computerhilfsmittel einzusetzen. Eine Ursache für diesen Tatbestand kann darin liegen, dass bislang Computer zur Unterstützung von genau begrenzten Aufgaben angeschafft wurden, ohne das betriebliche Umfeld und die zukünftigen Bedürfnisse zu berücksichtigen. Im folgenden wird daher der aktuelle Bestand an Computerhilfsmitteln in den Unternehmen unter die Lupe genommen. Es werden Möglichkeiten und Trends für den zukünftigen Computereinsatz aufgezeigt. Dabei wird bezüglich Hardware, Software und Vernetzung unterschieden.

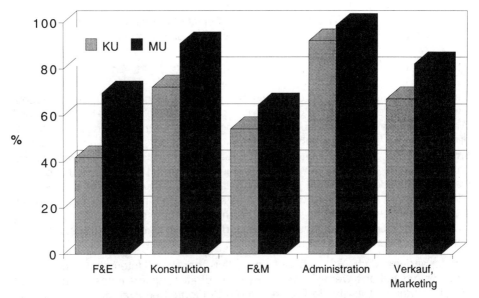

Verwendung vorhandener Computerhilfsmittel

Abb. 10.1: Häufige oder regelmässige Benutzung von vorhandenen Computerarbeitsplätzen bzw. Maschinen mit Computerunterstützung für verschiedene Funktionsbereiche – aufgeschlüsselt nach Betriebsgrössenklassen

Hardware

Nach dem in Umfragen ermittelten Bestand haben sich seit vielen Jahren Mainframe- oder Zentralrechnerlösungen für die Buchhaltung und Administration bewährt. Für den CAD-Bereich wurden in den letzten Jahren vor allem leistungsfähige Workstations entwickelt, die häufig unter dem Betriebssystem UNIX laufen. Weniger rechenintensive Anwendungen im Entwicklungsbereich, aber auch in der Verwaltung werden heute meist durch Personalcomputer (PC) abgedeckt. Sie werden entweder als Stand-alone-Rechner oder aber im Netzverbund zur Nutzung gemeinsamer Betriebsmittel (z.B. Drucker, Datenserver) eingesetzt.

Zukunftsperspektiven:

Während die heutigen Single-Chip-Prozessoren, die in PCs und Workstations zur Anwendung kommen, eine CISC-Architektur (Complex Instruction Set Chip) aufweisen, macht sich für die Zukunft vor allem die schnellere und damit leistungsfähigere RISC-Architektur (Reduced Instruction Set Chip) breit. Aufgrund der Erfahrungen der letzten Jahre muss davon ausgegangen werden, dass sich die Leistungsfähigkeit der Prozessoren etwa alle 2–3 Jahre verdoppelt.

Selbst für die innerbetriebliche Datenerfassung im «Feldeinsatz» (z.B. bei Kundengesprächen oder bei Bestandsaufnahmen in der Produktion [BDE]) setzt sich der Computereinsatz mit angepassten Geräten durch: leicht andockbare Notebooks (tragbare Computer, die mit einem stationären Rechner verbunden werden können) oder Hand-Held-Terminals (Datenabfrage- und

-eingabegeräte mit benutzergerechter Einhandbedienung), die eine hohe Mobilität und einen einfachen Datentransport in sich vereinen.

Software

Bereits die heutigen Möglichkeiten werden oft nicht ausgeschöpft. Da bei jedem Unternehmen der Rentabilitätsgedanke im Vordergrund steht, ist die Hürde für einen Wechsel von bekannten und bewährten Programmen auf neue recht gross, weil er einen Aufwand für die Übernahme bestehender Daten darstellt und u.U. eine intensive Umschulung der Mitarbeiter verlangt. Ausserdem sind in vielen Betrieben noch speziell für das Unternehmen angepasste Programme im Einsatz, die für die gewachsenen Bedürfnisse nicht erweiterungsfähig sind. In Kombination mit der vielleicht bereits veralteten Hardware macht es auch wenig Sinn, neue Programme mit erweiterten Funktionen einzusetzen. Diese sind ohne Anpassung der Rechenleistung (Hardware) in der Bedienung zu langsam und unterstützen den Datenaustausch mit den bestehenden Spezialprogrammen meist nicht mehr.

Auf der anderen Seite darf nicht auf einer seit längerem im Unternehmen bestehenden Lösung beharrt werden, wenn die sprunghaft fortschreitende Technik neue Möglichkeiten bietet, die die Tätigkeiten der Computerbenutzer stark vereinfachen und damit schliesslich zu einer Verbesserung der Konkurrenzfähigkeit des Unternehmens beitragen. Ein Beispiel stellt die Administration dar. Zwar ist für diesen Bereich in den meisten Unternehmen Computerunterstützung vorhanden (vgl. Tab. 10.1), bei der genaueren Analyse stellt sich jedoch heraus, dass die heutigen Möglichkeiten der Programme für administrative Zwecke nur in wenigen Fällen wirklich ausgenutzt werden.

Perspektiven:

Die in früheren Jahren meist auf Kundenwunsch entwickelten *Spezialprogramme* können heute für die meisten Anwendungen durch *Standardlösungen* ersetzt werden. Bei diesen erhält der Benutzer meist selbst die Möglichkeit, den Befehlssatz der Programme nach seinen Wünschen und Bedürfnissen anzupassen (z.B. individuelles Zusammenstellen der Menü-Befehle in Textverarbeitungsprogrammen). Daher erfordert das Arbeiten mit neueren Programmen häufig mehr Wissen für den Anwender, was einerseits die Arbeitstätigkeit interessanter gestaltet, andererseits eine permanente Schulung erfordert. Für Datenbankanwendungen können z.B. durch einfache Anwenderprogrammierung Schemata erstellt werden zur Darstellung der Daten am Bildschirm, zum Ausdrucken (z.B. für Rundschreiben, in denen automatisch Adresse und Anrede gesetzt werden) und zur Suche nach bestimmten Datensätzen (z.B. alle Schweizer Kunden, an die 1995 ein bestimmtes Produkt geliefert wurde).

Der Vorteil gegenüber früheren Programmen liegt aber nicht nur in der grösseren Flexibilität, sondern auch in der leichteren Bedienung. Praktisch alle neueren Programme verfügen über eine graphische Oberfläche, mit der ein sehr intuitives Arbeiten möglich wird. Für einen ausgebildeten (!) Benutzer beschränkt sich daher das Lesen von Bedienungsanleitungen auf das Nachschlagen von seltener verwendeten Spezialbefehlen.

Beispiel: Rationalisierungsmöglichkeiten in der Administration

> Der Computereinsatz in der Administration ist heute weit verbreitet. Oft sind die Systeme jedoch nicht ausgenutzt, weil z.B. die erforderlichen Kenntnisse dazu nicht vorhanden sind. Auch halten neuere Möglichkeiten nur langsam Einzug. Der Grund ist darin zu suchen, dass zuwenig Zeit vorhanden ist, sich laufend mit den Neuerungen auseinanderzusetzen und abzuklären, welche davon nutzbringend im Unternehmen eingesetzt werden könnten.
>
> Werden bei einer Optimierung der administrativen Prozesse neueste Möglichkeiten mitberücksichtigt, bringt der Schritt in Richtung «papierloses Büro» einige Vorteile für ein Unternehmen:
>
> - *Zeitersparnisse in der Auftragserfassung.* Bislang wurden Bestell- oder Auftragsformulare per Hand ausgefüllt und später am Computer erfasst. Moderne Formular- oder Datenbankprogramme gestatten das Ausfüllen von Formularen direkt am Bildschirm. Sämtliche im Unternehmen verwendeten Formulare werden einmalig genauso in den Computer übernommen, wie sie als Original vorliegen.
>
> - *Reduktion der Erfassungsfehler.* Schreibfehler und unvollständig ausgefüllte Formulare können vom Programm bereits bei der Informationserfassung, also bei der Eingabe durch den Benutzer, erkannt werden.
>
> - *Geschwindigkeit der Informationsübertragung.* Bisher mussten z.B. Lieferscheine ins Lager, Rechnungsdoppel in die Buchhaltung oder Spesenabrechnungen zum Abteilungsleiter gebracht werden. Durch die z.T. automatische Versendung der am Bildschirm ausgefüllten Formulare über ein elektronisches Mail-System[17] im Unternehmen entfallen die Übertragungszeiten weitgehend.
>
> - *Verkleinerung des Postaufwandes.* Sämtliche Formulare und Texte lassen sich direkt vom Computer aus über ein angeschlossenes Faxgerät an Kunden, Lieferanten usw. versenden. Andererseits können ankommende Faxmitteilungen ohne Ausdrucken direkt am Computerbildschirm gelesen und ausgewertet werden.

Vernetzung

Die geringe Verbreitung von Computervernetzungen in nur durchschnittlich 15% der befragten Betriebe zeigt, dass hier in Zukunft noch ein grosser Bedarf vorhanden ist (die Steigerungsrate von etwa 50% im letzten Jahr belegt dies). Die Vernetzung umfasst in erster Linie den direkten elektronischen Informationsaustausch zwischen verschiedenen Bereichen eines Unternehmens. Damit entfällt die zeitaufwendige und fehlerträchtige erneute Erfassung ab Papier. Die Verfügbarkeit der Information erfolgt praktisch ohne Verzögerung. Notwendig dafür ist die Verwendung von modernen Netzwerklösungen, die eine hohe Datenübertragungsrate und damit den schnel-

---

[17] Elektronisches Mail-System = Computerprogramm zum Austausch von Informationen und Daten zwischen vernetzten Arbeitsstationen. Die Verteilung von elektronischer Information kann beispielsweise für eine Personengruppe durch Rundschreiben oder einzeln durch direkte Adressierung der Empfänger erfolgen.

len Austausch von Texten, Graphiken usw. ermöglichen. Ausserbetriebliche Verbindungen lassen sich z.B. durch ein (Funk-)Modem und durch direkten Anschluss des Faxgerätes an das Computernetz vereinfachen.

Das effiziente Arbeiten mit vernetzten Computern erfordert aber neue Formen der Organisation und entsprechende Qualifikationen der Mitarbeiter. Die Investitionen und der Aufwand für Inbetriebnahme und Betrieb sind vergleichsweise hoch, da Hard- und Software darauf abgestimmt werden müssen.

Perspektiven:

Vorläufig fördert die Vernetzung vor allem die Mobilität der Daten, d.h., Informationen von verschiedenen Stellen inner- oder ausserhalb des Unternehmens können von vielen Arbeitsplätzen aus abgerufen werden. Der Zukunftstrend liegt darin, dass auch die Mobilität der Mitarbeiter gefördert wird. Häufig finden z.B. Offerterstellungen, Verhandlungen, Projektsitzungen, Inbetriebnahmen ausser Haus, z.B. beim Kunden, statt. Für eine schnelle Reaktion sind meist mehrmalige Rückfragen oder aktuelle Informationen aus dem eigenen Unternehmen notwendig (Lieferfristen und Kosten für Spezialanfertigungen, Maschinendaten bei Problemen während der Abnahmeprüfung). Diesen Bedürfnissen wird in Zukunft Rechnung getragen, wenn leistungsfähige mobile Computeranlagen, die mittels drahtloser Kommunikation (Funk, Natel, Infrarot) arbeiten, auf den Markt kommen. Mit diesen wird dann ein mobiler Zugriff auf das Computernetz im Stammhaus unterstützt, und die Reaktionszeiten werden somit enorm verkürzt.

Die Vorteile, die aus einer Computervernetzung im Unternehmen resultieren, lassen sich wie folgt zusammenfassen: durch eine zentrale Speicherung der Daten kann die redundante Ablage von Information an verschiedenen Stellen im Betrieb vermieden werden. Die Vernetzung ermöglicht einen schnellen und gleichzeitigen Zugriff auf diese Information von verschiedenen Stellen aus. Einmalige Änderungen durch einen Benutzer stehen sofort allen Beteiligten zur Verfügung, was einer enormen Verkürzung der Informationswege entspricht.

Weltweite Netzwerke (Internet)

Zusätzlich zu betriebsinterner Computervernetzung ist der Bedarf für weltweiten elektronischen Datenaustausch in den letzten Jahren extrem angestiegen. Da die Netzwerke einen immer höheren Datendurchsatz erlauben und die Kosten für den Zugang zu betriebsexternen Datenquellen gemessen an der Leistung sogar sinken, ergeben sich auch für Klein- und Mittelunternehmen eine Vielzahl neuer Möglichkeiten. Beispiele hierfür sind:

- Schneller Datenaustausch mit Kunden, z.B. Zurverfügungstellen von Produktinformation und -daten auf kundenlesbaren Datenbanken oder elektronische Annahme von Reklamationen.

- Intensive Zusammenarbeit mit zuliefernden Betrieben, z.B. durch Abrufen von Informationen (Texte, Daten, Zeichnungen, Bilder, Programme, Töne, Videosequenzen) aus gegenseitigen Datenservern oder Kommunikation über E-Mail (siehe unten).

- Kostensparende Verbindung zu Software-Lieferanten, z.B. mittels schneller Problemmeldung über deren Hotline, durch effiziente Lösungssuche auf elektronischen Diskussionsforen (Server mit *frequently asked questions FAQ*) oder durch rasche Kopie von neuen Software Releases direkt vom Programmserver des Lieferanten.
- Einholen und Darbieten von aktuellsten Informationen, z.B. Ansprechen eines neuen Kundenkreises durch Selbstdarstellung des Unternehmens und seiner Produkte oder Suche nach interessanten Weiterbildungsveranstaltungen an Hochschulen über das Internet.

Eine herausragende Veränderung der letzten Jahre liegt darin, dass der elektronische Datenaustausch nicht mehr auf reine Textdokumente beschränkt ist, sondern dass sich mittlerweile auch Zeichnungen, Bilder, Videosequenzen, Sprache und Musik in kürzester Zeit übertragen lassen. Damit können komplexe Informationen auch einem Computerlaien in verständlicher und einfach erfass- und bedienbarer Form am Bildschirm dargestellt werden.

Wachsende Probleme, die zunehmend eine Rolle spielen, sind die diversen oft herstellerabhängigen Speicherformate dieser heterogenen Daten. Damit z.B. eine Zeichnung von verschiedenen Benutzern durch deren individuelle CAD-Programme gelesen werden kann, muss die Zeichnung häufig erst durch entsprechende Umwandlungsprogramme in das richtige Format konvertiert werden.

Durch die zunehmende elektronische Öffnung nach aussen, indem ein Unternehmen bestimmte Informationen für allgemeinen Zugriff (z.B. über einen Modemzugriff von extern) zur Verfügung stellt, werden Sicherheitsüberlegungen relevant. Es gilt durch zusätzliche Schutzmassnahmen (z.B. einen *Firewall-Computer*) zu verhindern, dass auf unternehmensinterne Daten unbefugt zugegriffen werden kann oder diese sogar verändert werden.

Verschiedene Netzwerke:

Betrachtet man die Art der Vernetzung etwas genauer, so stellt man fest, dass anstelle einfacher Punkt-zu-Punkt-Verbindungen heute mehr und mehr **Netzwerke** benützt werden:

LAN (Local Area Network): Ein LAN ist ein lokales, unternehmensinternes Computernetzwerk, normalerweise in einem Raum oder Gebäude. Es wird nicht nur für die Verbindung zwischen Rechnern eingesetzt, sondern z.B. auch für die Benützung eines Druckers von verschiedenen Rechnern aus.

WAN (Wide Area Network): Zugriff auf ein WAN ermöglicht weltweite Verbindungen über die öffentlichen Netze der PTT (aus Kapazitätsgründen i.a. nicht über das Telefonnetz). Sogenannte Knotenrechner verteilen bzw. sammeln die zu transportierenden Daten und leiten sie an den nächsten Knoten weiter. In der Schweiz stellt SWITCH einen solchen Knoten dar.

Für die Kommunikation und den Datenaustausch sind zusätzliche Programme erforderlich, die den Verbindungsaufbau, die Datenübermittlung, die Datenkonversion und evtl. auch ihre Darstellung übernehmen.

Die heute wohl bekannteste Netzwerkkonfiguration ist das **Internet**. 1969 wurde durch die US-Army das Konzept eines neuen, ausfallsicheren Netzes entworfen (ARPA-Net). Die Benützung blieb den militärischen Stellen vorbehalten.

Ende der achtziger Jahre verfügten dann die Universitäten über eigene ARPA-Netzwerke und haben dazu auch das IP (Internet-Protocol) übernommen. Jedes neue Zentrum hatte die Kosten für den Anschluss zur nächsten Universität zu tragen. Dies erwies sich als erfolgreiches Konzept.

Heute sind weltweit ca. 40 Mio. Teilnehmer vorhanden. Es sind ca. 5 Millionen Rechner zusammengeschlossen. Die Zuwachsrate beträgt mehrere Prozent pro Monat! Dieser Trend dürfte vorläufig anhalten, und es stellt sich die Frage, wer in Zukunft die Kosten tragen wird.

Der Zugang zu Internet ist einfach; praktisch alle Hochschulen sind angeschlossen. Daneben gibt es Firmen (sog. Internet-Provider), die einen solchen Zugang (gegen Verrechnung) vermitteln, so dass man z.B. via Modem zum Telefon-Ortstarif arbeiten kann.

Da das Internet keine hierarchische Struktur aufweist – das wäre bei dieser Menge von Servern, Teilnehmern und Informationen auch kaum realisierbar und würde das Netz sehr schwerfällig machen –, ist die Informationssuche oft schwierig. Es gibt jedoch dafür spezielle Programme bzw. Server.

Viele Firmen benützen das Internet, um ihre Produkte und Dienste anzubieten. Bei der Datenübertragung findet keine Verschlüsselung statt. Die Sicherheit gegen Abhören ist deshalb gering.

Einige Nutzungsformen des Internets:

Electronic Mail (E-Mail):
Electronic Mail ermöglicht weltweit elektronische Post zu senden und zu empfangen. Absender und Empfänger werden mit ihrer E-Mail-Adresse identifiziert, die weltweit gültig ist (z.B. vorname.name@firma.land). Anstelle des Ländercodes wird v.a. in den USA oft .com für Firmen, .edu für Schulen, .gov für staatliche Behörden usw. verwendet.
Der Vorteil von Electronic Mail liegt darin, dass man Mitteilungen zeitlich völlig entkoppelt austauschen kann. Im Gegensatz zum Telefon entscheidet der Empfänger, wann er die Mitteilungen entgegennimmt. Rückmeldungen an den Absender sind einfach möglich, ohne dass dessen Adresse gesucht werden muss. Für den Nachrichtenaustausch haben sich minimale Formalitäten eingebürgert, was die Meldungserstellung stark vereinfacht. Eine wertvolle Eigenschaft ist, dass jeder Mitteilung binäre Files (auch Programme) angehängt werden können. Die Übermittlung erfolgt sehr schnell.

File-Transfer Protocol (FTP):
FTP erlaubt Benutzern, Dateien jeglicher Art (Programme, elektronische Bücher, Dokumentationen, Karten, Graphiken, technische Zeichnungen, Sprache, usw.) zwischen Computern auszutauschen.
Viele derartige Informationen und Programme stehen weltweit auf Servern zum Abholen zur Verfügung (z.B. neue Programmversionen), ohne dass man bestimmte Zugriffsrechte benötigt. Mit Anonymous FTP (Name = anonymous,

Passwort = eigene E-Mail-Adresse) kann man diese Dateien auf den eigenen Rechner kopieren.

TelNet:
TelNet ermöglicht einem Benutzer, auf einem geographisch entfernten Computer zu arbeiten. Durch eine Terminal-Emulation wird der schnelle Zugriff auf Computerressourcen möglich, die Tausende von Kilometern entfernt sein können. Diese Art der Kommunikation eignet sich z.B. für das Lesen von Bulletin Boards, die Auswahl und elektronische Bestellung von Büchern einer Bibliothek, zum Arbeiten auf Supercomputern (z.B. für Simulationen) oder zur Abfrage von Datenbanken (PTT-Telefonnummern usw.). Voraussetzung für den Zugriff auf einen entfernten Computer mittels TelNet ist, dass man dessen Internet-Adresse kennt und falls notwendig die geforderten Zugriffsrechte besitzt (z.B. Zugriffskonto, Identifikation zur Buchbestellung).

World Wide Web (WWW):
WWW ist ein am CERN entwickeltes, verteiltes Informationssystem. Es benutzt Hypermedia-Dokumente, die Texte, Töne, Bilder und Videosequenzen enthalten können. Über sogenannte Hyperlinks[18] kann man verschiedenste Querbezüge abfragen. Für die richtige Darstellung von Bildern usw. braucht man Zusatzprogramme (Viewers). Die Bedienung ist i.a. sehr einfach, doch die Einstellung einer optimalen Konfiguration erfordert oft einen gewissen Aufwand. Viele der zum Zugriff auf WWW notwendigen Programme stehen als Shareware oder public domain auf Servern zur Verfügung: z.B. Mosaic, Netscape.

Da das WWW sehr einfach zu benützen ist, hat sich sein Einsatz mit grosser Geschwindigkeit verbreitet. Eine schnell wachsende Anzahl von Firmen benützt es schon als Plattform, um sich auf eine völlig neue Art möglichen (neuen) Kunden zu präsentieren. Die Selbstdarstellung erfolgt in Form einer Homepage (Abb. 10.2 zeigt die Hompage des Informationsdienstes der ETH Zürich), auf der die Benützer (also z.B. potentielle Kunden) eine Übersicht über die dargebotene Information erhalten und über Hyperlinks die Details abfragen können (in Abb. 10.2 z.B. alle Angebote: Neuigkeiten auf ezInfo WWW, Veranstaltungskalender usw.). Der Aufwand zum Einrichten einer solchen Homepage ist nicht zu unterschätzen, doch gibt es in der Zwischenzeit eine ganze Anzahl von Firmen, die dies als Dienstleistung anbieten.

Als Benutzer findet man auf dem weltweit verteilten WWW die gewünschten Informationen entweder indem man z.B. die Adressen der Homepages kennt – für ezInfo der ETH Zürich wäre das *http://ezInfo.ethz.ch/...* (vgl. Abb. 10.2 Text in der Kopfzeile) – oder indem man einen der speziellen **Suchdienste** bemüht, bei denen man sich Informationen zu eingegebenen Begriffen oder Themen zusammensuchen lässt.

Eine weitere Form des Informationsaustauschs sind Diskussionsforen, auch **Newsgroups** genannt. Fragen zu einem bestimmten Thema können so direkt von Spezialisten beantwortet werden. Häufig wiederkehrende Fragen zu einem Thema werden meist in Listen von FAQ (frequently asked questions) beantwortet.

---

[18] Hyperlinks sind Verbindungen zwischen verschiedenen Dokumenten. In Abb. 10.2 stellen alle unterstrichenen Wörter Hyperlinks dar. Klickt man mit der Maus auf eines dieser Wörter, springt man zu der damit verbundenen Information.

Abb. 10.2: Homepage von ezInfo, dem elektronischen Informationssystem der ETH Zürich

Zum **Anschluss** an das Internet sind im einfachsten Fall ein PC mit Modem (mindestens 14 400 baud), ein Telefonanschluss und ein Programm für den Netzzugang erforderlich. Damit erstellt man eine Telefonverbindung zu einem «Provider», der einem den Zugang zum Netz ermöglicht. An Kosten fallen neben den Investitionen die Telefongebühren und die Gebühren beim «Provider» an. Diese bestehen i.a. aus einer Grundgebühr und einem Teil, der von der Anschlussdauer bzw. der Menge der übertragenen Daten abhängig ist.

Auf dem Internet bestehen dann z.B. folgende **Möglichkeiten:**

- Präsentation der eigenen Produkte und Dienstleistungen (tagesaktuell) in Text und Bildern
- Anbieten von Dokumenten und Programmen, die von Internet-Benützern direkt via Netz abgeholt werden können
- Dateien und Programme von Anbietern direkt via Netz auf den eigenen Rechner laden
- Entgegennahme von Bestellungen

Die **Vorteile** liegen bei einer «Präsenz rund um die Uhr», Aktualität der Informationen, Ansprechen eines völlig anderen Kundensegmentes (allerdings ist vorläufig nur ein Teil möglicher Kunden auf diesem Weg zu erreichen).

10.2 Auswahl, Einführung und Betrieb von Computersystemen

Die Wichtigkeit des Einsatzes von modernen Computern und Informatikmitteln für KMU soll an einem Beispiel gezeigt werden.

> Eine Firma mit 20 Mitarbeitern fertigt und liefert Prototypen oder kleine Stückzahlen von Leiterplatten nach Kundenwünschen, und zwar im Eilverfahren innert 72 Stunden ab Auftragseingang. Dieses Beispiel beschreibt ein Unternehmen, das auf die technologischen Innovationen in der Computertechnik angewiesen ist. Aufgrund der Kundenangaben wird mit modernen CAD-Maschinen das mehrschichtige Leiterbahnen-Layout erstellt. Die leistungsfähigen Computer berechnen dann die optimalen Positionen der Lötaugen für die Bauteileanordnung, damit über alle Schichten möglichst kurze Leiterbahnen entstehen (Routing). Die resultierenden Daten werden über das Netz an die Station zur photochemischen Bearbeitung der Leiterplatte gesandt. In gleicher Weise erhält der Bohrautomat die Information über die Bauteilraster, um die Lötaugenlöcher aufgrund der Layout-Zeichnung automatisch in die geätzte Leiterplatte zu bohren. Die kritischen Zeitvorgaben in dem Unternehmen rechtfertigen eine Hochpreispolitik beim Kunden, wodurch der Einsatz modernster Computerhilfsmittel finanziert werden kann.

Die Randbedingungen sind jedoch in jedem Unternehmen verschieden, so dass der Einsatz oder der Ersatz von Computerhilfsmitteln in jedem Einzelfall genau geprüft werden muss. Im folgenden Abschnitt «Aus Fehlern lernen – aus Betroffenen Beteiligte machen» wird ein schrittweises Vorgehen für die Einführung von neuen Computerhilfsmitteln vorgeschlagen, das sich an dem in Abschnitt 9.3 beschriebenen Vorgehen für die Rationalisierung oder Neueinführung innerbetrieblicher Prozesse orientiert. In folgendem Abschnitt «Konzepte für Veränderungen» werden konkrete Handlungshinweise für die Fälle gegeben, in denen ein Unternehmen eine bestehende Computerkonfiguration ausbauen, eine neue Computerlinie einführen oder bestehende Systeme vernetzen will.

Aus Fehlern lernen – aus Betroffenen Beteiligte machen

Um mit der Entwicklung Schritt halten zu können und vor der Konkurrenz und den Kunden als innovativ mit CA...-Techniken auftreten zu können, ist es nicht ausreichend, die teuerste, schnellste und neueste Computerentwicklungsumgebung anzuschaffen und sie nur teilweise auszunützen. Jede Änderung des Einsatzes von Computern und Informatikmitteln ist nur gerechtfertigt, wenn sie auf einer Verbesserung der Organisationsziele wie Effektivität, Wirtschaftlichkeit, Flexibilität oder Motivation beruht. Daher ist es notwendig, ein wohlüberlegtes Vorgehen bei der Auswahl und Einführung neuer Computer zu wählen.

Informatikverantwortliche in Unternehmen tragen aufgrund ihres Wissens über die momentan eingesetzte(n) Computerlinie(n) im wesentlichen die Verantwortung als Systemmanager und Berater bei diversen Problemen (Trouble-Shooter). Nur durch ständige Weiterbildung wird ihnen die Möglichkeit eröffnet, in dem schnell wachsenden Markt der Computertechnologie und Softwarespezialisierung für sehr unterschiedliche Anwendungsmöglichkeiten den Überblick zu wahren. Somit ist ein Informatikverantwortlicher eine wertvolle Unterstützung für das Unternehmen, wenn es um die Einführung neuer Computersysteme geht. Es ist allerdings nicht vorteilhaft, ihm diese Aufgabe als Einzelperson zu überlassen.

Bewährt hat sich die Bildung von Projektgruppen, die nicht nur aus entscheidungstragenden Führungskräften (z.B. Unternehmensleiter, Informatikverantwortlicher) bestehen, sondern die betroffenen Mitarbeiter (bzw. Funktionsbereiche, Abteilungen) von Anfang an miteinbeziehen. Damit wird das Problem der Entscheidung für ein neu einzuführendes Computersystem oder -programm bis an die späteren Benutzer herangetragen. Für das Zustandekommen einer umsichtigen Entscheidung müssen alle Partner dieser Gruppe über die längerfristig geplanten Entwicklungen im Unternehmen aufgeklärt werden. Dies beugt auf der einen Seite Fehlinvestitionen vor, da der Benutzer mitbeurteilen kann, welche alternative Lösung seinen jetzigen und zukünftigen Bedürfnissen am nächsten kommt, auf der anderen Seite wird dadurch eine hohe Akzeptanz des neuen Systems im Betrieb erreicht. Der Informatikverantwortliche hat in dieser Projektgruppe unterstützende und beratende Funktion, indem er z.B. für eine möglichst einheitliche Computer- und Software-Flotte im Betrieb plädiert oder indem er Offerten einholt und die Vorgehensweise bei der kritischen Beurteilung der Angebote während der Realisierungsphase ausarbeitet (Bewertungskriterien aufstellt) und durchführt.

Das Vorgehen der Projektgruppe bei der Computereinführung oder Erneuerung ist analog zu dem in Abschnitt 9.3 beschriebenen Konzept zur Einführung neuer Prozesstechnologien zu wählen und wird in Abb. 10.3 zusammengefasst. Im folgenden werden zusätzliche Hinweise gegeben für die Analyse der speziellen Situation und Bedürfnisse in Ihrem Unternehmen. Die Hinweise für die Phasen (4) Konzeption, (5) Realisierung und Einführung sowie (6) Betrieb und Wartung können direkt aus Abschnitt 9.3 auf den Computereinsatz übertragen werden.

Hinweise zu Verträgen bei der Beschaffung von Informatikmitteln liefert die Checkliste N im Anhang.

(1) Situationsanalyse zum geplanten Computereinsatz

Ein typischer Fehler, der zu Fehlinvestitionen führt, liegt darin, den Computer als Prestigeobjekt und nicht als Hilfsmittel zur Prozessoptimierung zu sehen. Um dies auszuschliessen, ist es sinnvoll, die Abläufe, die durch Computerhilfsmittel rationalisiert werden sollen, als Prozesse anzusehen. In diesem Sinne gilt es zu analysieren, *welche Informationen* aus verschiedenen Quellen im Betrieb in welcher aufbereiteten Form benötigt werden, *wie* diese verarbeitet werden und *wohin* sie weitergeleitet werden.

Für jeden Arbeitsplatz muss die Ist-Situation erfasst und müssen die Möglichkeiten für Verbesserungen durch Computereinsatz überprüft werden. Daher die Fragestellungen: Welche Tätigkeiten werden an dem Arbeitsplatz ausgeführt, und welche Hilfsmittel stehen heute zur Verfügung (z.B. zwei Terminals zum Abruf unterschiedlicher Information)? Welche Form der Informationsverarbeitung findet am Arbeitsplatz statt?

(2) Bedürfnisanalyse zum geplanten Computereinsatz

In dieser Phase geht es darum, Verbesserungsmöglichkeiten für die Prozessabläufe durch Computerunterstützung zu erarbeiten. Dabei müssen Prioritäten in der Zielvorstellung gesetzt und Wirtschaftlichkeitsüberlegungen in den Vordergrund gestellt werden: Wo liegen die Chancen des Unternehmens? Wie können Sie durch Informatikeinsatz (Software, Hardware und Vernetzung) die Prozesse unterstützen? Dazu soll der spezielle Bedarf an Informationsverarbeitung in Ihrem Unternehmen erfasst werden, um Abläufe zu vereinfachen und um Daten für andere Abteilungen zu liefern.

Für die Abklärung der generellen Möglichkeiten müssen eventuell externe Informatikspezialisten hinzugezogen werden (notfalls der Lieferant von bereits erfolgreich in Unternehmen eingesetzten Computerlösungen).

Wichtig ist die Überlegung, welche Auswirkungen die Änderung der Abläufe durch den Einsatz von Informatikmitteln auf die Arbeitsorganisation hat.

(3) Evaluation möglicher Computerlösungen

Unter Einbezug bereits bestehender Computerhilfsmittel müssen neue Realisierungsmöglichkeiten evaluiert werden, indem Angebote von *verschiedenen* Anbietern eingeholt und als realistische Alternativen geprüft werden. Wichtig sind eine unabhängige Prüfung der Möglichkeiten mit den neuen Hilfsmitteln und das Abwägen der Bedürfnisse der betroffenen Fachleute im eigenen Unternehmen. Damit lässt sich das öfter auftretende Problem vermeiden, dem Lieferanten ausgeliefert zu sein und sich Computerleistungen verkaufen zu lassen, die im späteren Betrieb nicht annähernd ausgenutzt werden, bzw. ein System geliefert zu bekommen, das benötigte Leistungen nicht erbringen kann.

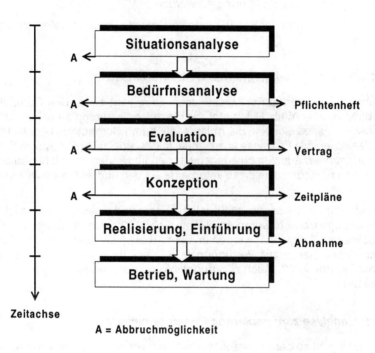

Abb. 10.3: Projektphasen für Informatikprojekte

Einerseits ist bei der Auswahl dem Problem der Überdimensionierung der Informatikmittel entgegenzuwirken, deren Leistungsfähigkeit dann nicht ausgenutzt wird (teure Computerleichen). Andererseits muss eine gewisse Reserve einkalkuliert werden, da die Anforderungen sehr schnell wachsen und dafür dann die Computerleistung bereits vorhanden sein sollte, um mit kleineren Anpassungen auszukommen (neue Programmversion, zusätzliche Datenquellen, z.B. CD-ROM[19] oder externe Datenbankabfrage mit der aktuellen Beschreibung von Schweizer Unternehmen usw.).

Die beste Vorbeugung gegen die Überraschung einer falschen Auswahl der Mittel sind natürlich Probeläufe auf dem System Ihrer engeren Wahl zum Test der speziellen oder kritischen Fälle beim späteren Einsatz im Unternehmen. Diese könnten z.B. bereits in kleinerem Rahmen durchgeführt werden, indem ein zukünftiger Anwender aus dem Unternehmen vor einem Kaufentscheid zur Demonstration oder Schulung beim Lieferanten geschickt wird und die Eignung des Systems für das Unternehmen testet (z.B. CAD-Software an eigenen Zeichnungen überprüfen.).

---

[19] CD-ROM = (Compact Disk Read Only Memory) Speichermedium, das im Gegensatz zur Audio-CD statt Musik computerlesbare Daten trägt. Die Daten können über ein spezielles Laufwerk nur gelesen, jedoch nicht auf dem CD-ROM verändert werden.

Schliesslich müssen auch informationstechnische Aspekte berücksichtigt werden, wie Übernahme bestehender Daten, einfache Bedienung oder Einarbeitungsaufwand für Benutzer, zukünftige Unterstützung des Systems durch den Anbieter und Kompatibilität des Systems für spätere Veränderungen.

Konzepte für Veränderungen

Unsere Befragungen im Rahmen dieses Projekts haben ergeben, dass nahezu 95% aller Schweizer Klein- und Mittelunternehmen der Elektro-, Maschinen- und Metallbaubranche bereits mehrjährige Erfahrung im Einsatz von Computern besitzen. Häufig wird die erste Generation von Computern den gewachsenen Anforderungen und Bedürfnissen nicht mehr gerecht, und es müssen neue Wege für die Konzipierung des Computereinsatzes gesucht werden. Im folgenden werden hierfür drei Möglichkeiten vorgestellt und diskutiert, nämlich der Ausbau von bestehenden Computerkonfigurationen im Unternehmen, der Ersatz einer Computerlinie durch eine neue sowie die Integration bestehender Systeme, indem diese vernetzt werden.

■ *Ausbau der bestehenden Konfiguration*

Hierbei können zwei Möglichkeiten unterschieden werden, (1) die Anschaffung neuer Computer der gleichen Modellfamilie und (2) die Aufrüstung der bereits vorhandenen Computer mit Memory, Harddisk, CD-ROM, Netzwerkkarten, Prozessor-Nachfolgemodell (Motherboard austauschen) usw. Im Vergleich zum vollständigen Ersatz einer im Betrieb vorhandenen Computerlinie bieten diese beiden Möglichkeiten den Vorteil, dass die Verträglichkeit mit Bestehendem (Software, Betriebssystem) gewahrt bleibt. Der eigentliche Grund für einen solchen Ausbau liegt darin, dass sich die Leistungsbedürfnisse weiterentwickelter Software und Hardware (neue Versionen) gegenseitig abwechseln. Um die im Betrieb eingesetzten Programme und Computer auf dem neuesten Stand zu halten, ist eine ständige Erneuerung von Hard- und Software notwendig. Den damit erzielten Vorteilen von neuen Programmfunktionen und höherer Rechengeschwindigkeit, die sich positiv auf die Effizienz der Arbeit auswirken, stehen nicht nur die Kosten für den ständigen Ausbau der Konfiguration gegenüber, sondern auch der Aufwand der Einarbeitung der Benutzer in die neuen Programmversionen. Daher ist zu überdenken, wie häufig solche Anpassungen für den Betrieb nützlich sind, zumal sie bei regelmässiger Durchführung nur leicht kostengünstiger sind als eine Neuanschaffung in grösseren Zeitabständen.

Eine regelmässige Weiterbildung der Mitarbeiter für die Bedienung der Informatikhilfsmittel ist unerlässlich, um z.B. Erweiterungen im Funktionsumfang von neuen Programmversionen auch wirklich nutzen zu können. Aufgrund der Anzahl der Mitarbeiter, die von den gleichen Neuerungen betroffen sind, kann die Ausbildung bei grösserem Bedarf im Unternehmen oder im Einzelfall durch externe Kurse durchgeführt werden. Werden nur wenige Mitarbeiter auf einen externen Kurs geschickt und wird ihnen die Aufgabe übertragen, das erfahrene Wissen intern weiterzuvermitteln, kann dies eine sinnvolle Einsparung für das Unternehmen bedeuten. Zudem sind diese Mitarbeiter stärker motiviert, sich detailliert mit dem Lehrinhalt auseinanderzusetzen. Auf jeden Fall muss darauf geachtet werden, dass das Wissen über die Programmbedienung nicht bei nur einer Person konzentriert bleibt, um Problemen bei Fehlzeiten oder Kündigungen vorzubeugen.

■ Ersatz einer Computerlinie, Aufbau einer neuen Linie

Der Ausgangspunkt für den Kauf einer neuen Computerlinie ist in den meisten Fällen wieder die Analyse bestehender informationsverarbeitender Prozesse im Unternehmen. Daraus resultieren die Bedürfnisse an den Funktionsumfang und die Leistungsfähigkeit der einzusetzenden Programme. Erst über die Auswahl einer geeigneten Software ergeben sich die Erfordernisse an die möglichen Hardware-Plattformen. Einschränkungen treten auf, wenn die Verträglichkeit mit anderen Computerlinien im Betrieb gewährleistet werden muss. Voraussetzung ist natürlich, dass die bestehenden Daten ohne grossen Konvertierungsaufwand auf das neue System übertragen werden können.

Der richtige Zeitpunkt für den Ersatz einer bestehenden Computerlinie durch eine neue ist dann gegeben, wenn die Computer- und Software-Technologie seit der letzten Investition einen deutlich erkennbaren Leistungssprung durchgemacht hat und das Unternehmen auf diese Leistungssteigerung angewiesen ist oder damit eine organisatorische Verbesserung erreichen kann. Bei der Planung des Einsatzes einer neuen Computerlinie müssen Veränderungen in zukünftigen Aufgabengebieten über die Lebenszeit der Hardware von durchschnittlich 5 Jahren in Betracht gezogen werden. Das heisst, eine Abstimmung mit absehbaren Innovationen für betriebsinterne Prozessabläufe ist anzustreben. Auf der Seite der betroffenen Mitarbeiter ist mit einem grösseren Einarbeitungsaufwand und einer Umstellungs- bzw. Gewöhnungsphase zu rechnen. Daher muss frühzeitig geplant werden, dass der Benutzer in jedem Fall eine umfassende Ausbildung und regelmässige Weiterbildung für die Bedienung seines Computerarbeitsplatzes erhält.

Im übrigen ist noch festzuhalten, dass ein Abhängigkeitsverhältnis zum Computerlieferanten (z.B. durch langjährige Verträge) vermieden werden sollte.

■ Integration bestehender Systeme

Die Integration bestehender Systeme umfasst die physikalische Vernetzung der Computer, die Netzwerk-Software, die die Kommunikation ermöglicht, und die Verwendung von Anwendungsprogrammen, die einen privilegierten Zugriff auf Daten über das Netz erlauben. Zu unterscheiden sind reine Mail-Systeme zum Austausch von Informationen zwischen Mitarbeitern, bei denen eher die leichte Bedienbarkeit im Vordergrund steht, und Datenbanksysteme, die zentral geführt werden und bei denen die Geschwindigkeit der Abfrage über das Netz eine wichtige Rolle spielt. Bei firmenexternen Computerverbindungen sind die Ansprüche an die mögliche Datenübertragungsrate und -häufigkeit gegenüber den Kosten abzuwägen. Wurde in einem Unternehmen bislang mit Computern gearbeitet, die voneinander isoliert betrieben wurden, so ist bei der Vernetzung mit dem Zweck der mehrfachen Benutzung gemeinsamer Daten zu berücksichtigen, dass die bislang verwendeten Programme durch netzwerkfähige Äquivalente (z.B. Datenbankprogramme mit Zugriffsprivilegien für unterschiedliche Benutzergruppen) ersetzt werden müssen.

Eine innerbetriebliche Computervernetzung ist erst brauchbar, wenn eine Datenintegration stattfindet, d.h., wenn dem Benutzer all diejenigen im Betrieb verstreuten Daten zur Verfügung stehen, die ihm seine Arbeit erleichtern (z.B. Nachkalkulation aufgrund der Angaben aus den einzelnen Kostenstellen). Daher müssen vorgängig die Informationswege für die Kommunikation zwischen den Mitarbeitern und

Bereichen analysiert werden. Um Arbeitsweisen mittels vernetzten Computereinsatzes zu vereinfachen, ist die Beantwortung folgender Fragen notwendig:

- Welche Informationen werden an welchem Arbeitsplatz benötigt?
- Wo liegen die Informationsquellen dafür im Betrieb?
- Wie muss die Information aufbereitet werden, dass sie für den Benutzer in einfacher, aussagekräftiger Form zur Verfügung steht (z.B. privilegierter Zugriff nur auf relevante Teilinformationen)?
- Wie sollen verschiedene Informationen vom Benutzer verarbeitet werden, d.h., wie arbeitet der Benutzer?
- Wie erfolgt die Datenerfassung im Betrieb zum Unterhalt der Informationsquellen (z.B. Arbeitszeiten, Produktionszeiten, Produktionsmengen, Prüfdaten)?

Mit wachsender Vernetzung und zunehmendem Informationsaustausch im Unternehmen wächst das Problem des Datenschutzes und der Datensicherheit. Es müssen nicht nur schützende Massnahmen gegen beabsichtigte, sondern auch gegen unbeabsichtigte Zugriffe auf die Informationssysteme (versehentliches Ändern, Löschen) unternommen werden. Dieser Schutz kann nur durch geeignetes Zusammenspiel von organisatorischen und technischen Massnahmen erreicht werden. Zur Vorbeugung gegen Datenverlust muss auf jeden Fall ein regelmässiger Backup[20] durchgeführt werden, der an einem von den Originaldaten getrennten Ort aufbewahrt wird.

10.3 Dokumentation

Die Anforderungen an die Dokumentation von Produkten und Prozessen haben sich in den letzten Jahren grundsätzlich geändert. Folgende Punkte spielen dabei eine Rolle:

- höhere Produktkomplexität
- zunehmend kürzere Produktlebenszyklen
- andere Art des Dokumentenflusses (betrifft oft mehrere Abteilungen)
- geforderte Produktehaftpflicht
- schnellerer Datenaustausch
- anderes Benutzerverhalten (Handbücher werden erst dann zu Rate gezogen, wenn es anders nicht mehr geht).

Die Dokumentation soll einen Prozess bzw. ein Produkt so detailliert beschreiben, dass der Aufbau und die Funktion aller wichtigen Elemente jederzeit nachvollzogen werden können. Die Dokumentation muss deshalb möglichst eindeutig sein und

---

[20] Backup = Sicherung der Daten auf einem zweiten, getrennten Speichermedium zur Vorbeugung gegen Datenverlust.

dementsprechend z.B. auch einer Fehlbedienung einer Maschine vorbeugen. Bei heutigen rechnergestützten Systemen ist auch On-line-Hilfe möglich.

Unter Dokumentation sind hier sämtliche Informationen zu verstehen, die den Aufbau, die Funktionsweise, die Herstellung und den Betrieb eines Produktes und der notwendigen Prozesse enthalten und die auf Papier, Ton- und Bildträgern bzw. in maschinenlesbarer Form verfügbar sind. Dazu gehören Texte, Zeichnungen, graphisch dargestellte Berechnungsresultate usw. (z.B. Konstruktionszeichnungen, Bedienungsanleitungen).

Die Verteilung von Dokumentationen beschränkt sich deshalb nicht mehr nur auf Papier, in gewissen Fällen ist dies auch gar nicht möglich (z.B. bewegte Bilder). Der Austausch von Dokumenten über Computernetzwerke erlaubt zudem eine Automatisierung der Verteilung.

Rechnerunterstützung für die Dokumentenbearbeitung ist häufig, doch Vernetzungen sind erst in einem kleinen Prozentsatz der Unternehmen installiert. Die Zunahme in diesem Bereich betrug jedoch im letzten Jahr etwa 50%, was weit über den Zahlen der Rechnerzunahme liegt. Dadurch wird der Datenaustausch beschleunigt und auch die Möglichkeit der Weiterbearbeitung der Daten vereinfacht. Diese sind damit immer aktuell, und die Einarbeitung erfordert weniger Aufwand.

Beispiele

- Einlesen von geschriebenen Texten in Datenbanken (OCR-Technik[21]: Optical Character Recognition: Achtung, dies ist nicht automatisch fehlerfrei, sondern muss immer nachkontrolliert werden). Durch Übertragung von vorhandenen, vielfältigen Dokumentationen (Notizen, Bilder, Berechnungen, Messresultate) in maschinenlesbare Form können Informationen zu bestimmten Themen viel leichter eingeordnet und wieder aufgefunden werden.

- Vektorisieren von gescannten Zeichnungen[22] mittels spezialisierter Programme (z.B. zur Übernahme von bestehenden Zeichnungen in ein neues CAD-System): Damit wird die Änderung bestehender Zeichnungen sehr viel schneller und einfacher möglich als im herkömmlichen Verfahren auf Papier.

- Erstellen und Präsentieren von Bildsequenzen auf dem Computer; für die Schulung von Mitarbeitern (Bedienung einer Anlage zur Beherrschung von Ausnahmesituationen) oder zur Dokumentation von Qualitätsprüfungen.

Die zeitsparende Möglichkeit der Zusammenfassung verschiedener Datenarten (Text, Tabellen, Graphiken usw.) zu einem Dokument findet oft noch zuwenig Beachtung. Der Grund liegt z.T. in der mangelhaften Ausbildung der Mitarbeiter und der Verwendung alter Programmversionen. Der Austausch von Text, Tabellen und Graphiken zwischen den neueren Programmen wird in sehr einfacher Weise unterstützt, sogar Mehrfachverwendung und automatische Nachführung von Änderungen durch Refe-

---

[21] OCR-Technik = (Optical Character Recognition) Technik zur Erkennung von Text aus gescannten Dokumenten. OCR-Programme unterscheiden meist zwischen gedrucktem Text und Handschrift. Zur Handschrifterkennung ist eine Trainingsphase des Programms notwendig.

[22] Vektorisierung = Vektorisierung von Bildern ist die Technik zur Erkennung von Objekten (Linien, Rechtecke usw.) in gescannten Bilddokumenten.

renzierung (Publish und Subscribe)[23] dieser einmalig erstellten Objekte unterstützen eine effiziente Arbeit des Anwenders.

Literatur

Abeln, O. (1990). *Die CA...-Techniken in der industriellen Praxis, Handbuch der computergestützten Ingenieurmethoden*. Wien: Hanser.

Bauknecht, K. & Teufel, S. (Hrsg.) (1994). *Sicherheit in Informationssystemen*. Zürich: vdf.

Dripke, A. & A. (1990). *Netzwerke im Überblick, Grundlagen und Einsatzmöglichkeiten*. Hamburg: McGraw-Hill.

Duden (1993). *Informatik*. Mannheim: B.I. Wissenschaftsverlag, 2. Aufl.

Gehri, M. & Wiederkehr, U. (1993). *Computerwissen für Ingenieure*. Zürich: vdf.

Grupp, B. (1991). *EDV-Pflichtenheft zur Hardware- und Software-Auswahl*. Verlag TÜV Rheinland, 2. Aufl.

Kuhlmann, G., et al. (1993). *Computerwissen für Einsteiger – Hardware-Voraussetzungen für Standard-Software*. Rowohlt-Verlag.

Referatensammlung NormDOC '91 (1991). *Rechnergestützte Bearbeitung und Archivierung von Dokumenten*. Berlin: DIN Deutsches Institut für Normung.

Schreiber, J. (1991). *Beschaffung von Informatikmitteln, Kriterien – Pflichtenheft – Bewertung*. Bern: Verlag Paul Haupt.

VDI (1992). *Lexikon der Informatik und Kommunikationstechnik*. VDI-Verlag.

Zürcher Kantonalbanken (1990). *Einführung von Informatik in kleinen und mittleren Unternehmen*, Wirtschaftsbulletin 42, Sept. 1990.

---

[23] Publish, Subscribe = ähnlich auch Object Link Embedding (OLE), Techniken zur Integration von verschiedenartigen Daten auf dem Computer (z.B. Zeichnungen, Formeln, Text, bewegte Bilder, Sprache usw.) in einem einzigen Dokument.

Kapitel 11

Innovation

Hans-Christoph Lang

«Ich weiss auch nicht, was mit ihm los ist. In letzter Zeit fällt ihm nichts mehr ein...»

11. Innovation

Spricht man im Alltag von Innovation, so werden darunter häufig nur die «grossen Fortschritte» im Bereich der Technologie wie z.B. neue Fertigungsverfahren oder sehr teure neue Maschinen verstanden. Durch ein solches Verständnis werden jedoch viele Innovationen als solche gar nicht wahrgenommen. Besser umschreiben lässt sich der Begriff Innovation im Unternehmen mit der «wirtschaftlich erfolgreichen Umsetzung neuer Erkenntnisse». «Neu» heisst hier jedoch «neu für das Unternehmen oder einen Bereich des Betriebes». Dies kann beispielsweise in Gestalt von Arbeitserleichterungen in der Verwaltung durch ein geändertes Ablagewesen geschehen oder in Form einer neuen Arbeitszeitregelung erfahren werden.

Innovationen haben in KMU eine besondere Bedeutung. Gerade die KMU mit der ihnen zugesprochenen schnellen Reaktion sollten Veränderungen im Markt rasch in Innovationen umsetzen können. Während gegenüber Grossunternehmen kürzere Informationswege, geringere Koordinationsaufgaben und schnellere Entscheidungsprozesse als Vorteil der KMU anzusehen sind, erschweren ihnen die oftmals sehr schmale Eigenkapitalbasis in Verbindung mit nicht ausreichend qualifizierten Mitarbeitern oder zu wenig Informationen die Durchführung erfolgreicher Innovationen. Hinzu kommt noch, dass die langfristige Perspektive, aus welcher Innovationsvorhaben geplant und bewertet werden müssen, bei den im Tagesgeschäft tätigen Unternehmern kaum entwickelt werden kann. In diesem Spannungsfeld aus Möglichkeiten und Barrieren spielt sich der Innovationsprozess in KMU ab.

Die Wichtigkeit des Faktors Innovation wird weiterhin durch die Ergebnisse der Umfrage gestützt, in der 46 Prozent der befragten Unternehmen dem ständigen Anbieten neuer Produkte und Leistungen einen hohen bis sehr hohen Stellenwert zubilligten. Insgesamt spiegeln sich in den Zahlen jedoch starke Unterschiede zwischen den Branchen wider: Gerade in der Elektronikbranche machen sich kurze Marktzyklen bemerkbar. So war hier bei jedem dritten Unternehmen das Hauptprodukt höchstens 5 Jahre auf dem Markt (gegenüber nur jedem sechsten bis neunten Betrieb der Maschinen- oder Metallbauindustrie).

11.1 Innovationsbereiche und -typen

Grundsätzlich unterscheidet man bei Innovationen zwischen

- Produktinnovationen,
- Prozess- oder Verfahrensinnovationen und
- Sozialinnovationen.

Eine **Produktinnovation** liegt dann vor, wenn ein neues oder verbessertes Produkt im Betrieb erstellt wird. Hingegen spricht man von **Prozess- oder Verfahrens-**

innovation, wenn Prozesse der Leistungserstellung wie Fertigungsverfahren, Planungsverfahren usw. verbessert oder ganz neu eingeführt werden.

Häufig zieht eine Produktinnovation Prozessinnovationen nach sich. Dies geschieht vor allem dann, wenn das neue oder verbesserte Produkt neue oder veränderte Fertigungsprozesse erfordert. Prozessinnovationen können aber auch unabhängig von Produktveränderungen ablaufen, hier kann als Ziel z.B. die Effizienzsteigerung eines schon vorhandenen Prozesses im Vordergrund stehen. Ein wichtiges Gestaltungskriterium ist dabei die zeitliche Abfolge von Produkt- und Prozessinnovation. Geschah dies in der Vergangenheit vorwiegend nacheinander (man musste ja mit der Prozessneugestaltung warten, bis das Produkt «fertig» war), gehen heute viele Betriebe dazu über, Produkt- und Prozessinnovationen gleichzeitig voranzutreiben. So können dann u.a. Schwierigkeiten bei der Prozessgestaltung durch eine fertigungsgerechtere Konstruktion des Produktes vermieden werden. Das Hauptargument für das sog. *Simultaneous Engineering* sind die kürzeren Entwicklungszeiten und die besseren Ergebnisse, die aus dieser Art der Innovationsorganisation hervorgehen.

Sozialinnovationen beziehen sich auf Änderungen im Bereich der Arbeitsorganisation und Mitarbeiterführung (siehe Kap. «Arbeitsorganisation und Mitarbeiterführung»). Mit ihnen sollen zumeist Steigerungen bezüglich Leistungsfähigkeit und -bereitschaft erzielt werden. Hierunter fallen z.B. auch Massnahmen wie die Einrichtung einer Betreuungsstelle für die Kinder von Mitarbeiterinnen, die Verbesserung des Arbeitsplatzes oder der Arbeitstätigkeit.

Neben dieser Unterscheidung nach Innovationsbereichen hat sich eine weitere Untergliederung durchgesetzt. In den folgenden Beispielen zeigen sich zwei unterschiedliche Innovationsarten:

> Fall 1: Ein mittleres Unternehmen mit etwa 200 Mitarbeitern bietet Beschläge für Türen und Fenster an. Eine Produktsparte sind Türklinken. Der Unternehmer sieht dieses Geschäft als sehr innovativ an, da sehr häufig Art und Aussehen der Produkte verändert werden müssen (Anpassung an Designtrends).
>
> Fall 2: Ein Kleinunternehmen (20 Mitarbeiter) produziert Leiterplatten. Zusätzlich zum normalen Geschäft führt man Rapid Prototyping ein, um die Produkte auch express liefern zu können.

Vor allem bei Produkt- und Prozessinnovation unterscheidet man unterschiedliche Innovationstypen aufgrund des Innovationsgrades. Als *Basisinnovation*en werden generell neue Produkte oder Prozesse bezeichnet, *Verbesserungsinnovationen* beziehen sich auf bekannte Produkte oder Verfahren. Bei *Modifikationsinnovationen* ist lediglich eine Änderung der bisherigen Eigenschaften festzustellen, nicht unbedingt jedoch eine Verbesserung. Je nachdem, welche Innovation nun durchgeführt werden soll, ist dies mit unterschiedlichem Aufwand und Risiko verbunden: Eine Basisinnovation ist meist sehr viel schwieriger durchzusetzen als eine Modifikationsinnovation.

In den oben genannten Fällen sind diese unterschiedlichen Innovationstypen angesprochen. Zwar kann Unternehmer 1 viele Produktinnovationen pro Jahr angeben, doch handelt es sich hier fast ausnahmslos um Modifikationsinnovationen. Dementsprechend ist auch der Aufwand für diese Innovationstätigkeit klein, die Differenzierungsmöglichkeiten gegenüber Mitbewerbern sind gering. Im Fall 2 hingegen wird der betriebliche Ablauf grundsätzlich geändert: Mit Rapid Prototyping und den Expresslieferungen wird mindestens eine Verbesserungsinnovation erreicht.

> Durch den grösseren Aufwand (und auch das grössere Risiko) kann sich das Unternehmen stärker von den anderen Konkurrenten absetzen.

11.2 Der Innovationsprozess

Der Innovationsprozess beginnt meist mit einer vagen Idee, einer Vorstellung, wie ein Produkt oder ein Prozess besser gestaltet werden könnte. Diese Idee – wird sie nicht von vornherein verworfen – wird dann, je nach Grösse des Unternehmens, in der Abteilung Forschung und Entwicklung oder von einem interdisziplinären Projektteam bzw. dem Unternehmensleiter zusammen mit kompetenten Mitarbeitern weiterentwickelt. Hier stellt sich heraus, ob sie überhaupt technisch realisierbar ist. Kommt es zu einer brauchbaren Entwicklung, spricht man von einer Erfindung. Passt diese Erfindung in den Marktbereich des Unternehmens, kann es zu einer Investition, zur Verwirklichung der Erfindung kommen, im anderen Fall kann das Unternehmen die Weitergabe der Erfindung erwägen. Erst mit der wirtschaftlich erfolgreichen Einführung des neuen Produkts am Markt bzw. des neuen Prozesses im Betrieb spricht man von einer erfolgreichen Innovation (siehe auch Abb. 11.1).

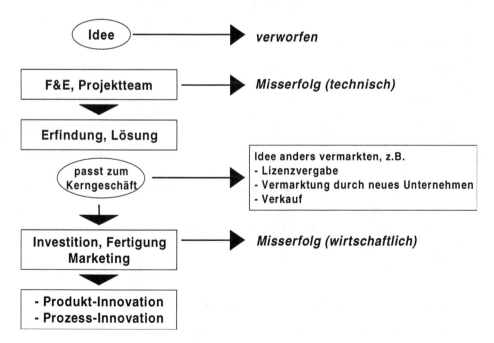

Abb. 11.1: Der Innovationsprozess

Der Weg von einer vagen Idee zur wirtschaftlich erfolgreichen Innovation kann somit sehr steinig sein. Ideen werden oft erst gar nicht zu Ende gedacht, wenn doch, dann meist verworfen, können vielleicht technisch gar nicht verwirklicht werden oder gehen an den Marktbedürfnissen vorbei. Arthur D. Little hat in einer Untersuchung von Innovationsprojekten herausgefunden, dass lediglich 6 Prozent aller Ideen in erfolgreiche Innovationen umgesetzt werden konnten. Um hier als Unternehmen erfolgreich agieren zu können, muss die Struktur eines Unternehmens einige für Innovationen notwendige Merkmale aufweisen.

11.3 Was verhindert Innovationen, und welche Massnahmen helfen?

Wie Innovationen durchgeführt werden, kann in Unternehmen ganz unterschiedlich aussehen. Für einen Betrieb, der in einem sehr schnellebigen Markt zu Hause ist, wird eine eigene F&E-Abteilung der Motor der Innovation sein, in kleineren Unternehmen oder in Firmen, die nicht im gleichen Masse forschen und entwickeln, kann Innovation im Rahmen von Projekten geschehen. Unabhängig vom Rahmen, in dem Innovationstätigkeit stattfindet, lassen sich Innovationsbarrieren auf drei Ebenen erkennen:

1. beim einzelnen Mitarbeiter
2. zwischen den Mitarbeitern
3. zwischen Unternehmen.

Barriere 1: Der Mitarbeiter kann oder will nicht innovativ tätig sein.

Bei den individuellen Innovationshemmnissen stehen mangelnde Motivation oder mangelnde Unterstützung im Mittelpunkt. Der Mitarbeiter sieht nicht, wie Innovationen ihm persönlich nutzen können bzw. meint, dass «man ja eh nichts ändern kann». Dies führt nicht nur dazu, dass er sich nicht für Innovationen einsetzt, sondern am Innovationsprozess erst gar nicht teilnimmt. Im Kap. «Qualifikation und Weiterbildung» wird auf die Zusammenhänge zwischen guter Qualifizierung und Innovationsfähigkeit hingewiesen.

Barriere 2: Die Unternehmensorganisation verhindert Innovationen.

Barrieren innerhalb der Organisation können Vorgesetzte sein, welche sich durch Innovationsvorschläge kritisiert fühlen. Auch Anreizsysteme, welche den kurzfristigen Erfolg stärker belohnen als langfristig wirkende Verbesserungsvorschläge, wirken sich negativ aus. Eine (nicht ganz ernstgemeinte) Checkliste zur Erkennung von solchen Innovationsbarrieren findet sich in der Checkliste P im Anhang.

Massnahmen zu 1 und 2: Innovationsförderndes Klima.

Um den beiden oben angesprochenen Barrieren entgegenzuwirken, kann man versuchen, eine innovationsfördernde Unternehmenskultur aufzubauen. Welchen Stellenwert Innovationen innerhalb einer Firma einnehmen, ist Teil der Unternehmenskultur. Mögliche Fragen, die man sich hier stellen kann, sind:

- Wie werden Innovationen angesehen? Werden neue Ideen und Vorschläge als wichtig betrachtet, oder stören sie eher den normalen Ablauf?
- Werden Verbesserungsvorschläge belohnt oder eher bestraft? Gibt es eine Vergütung und Anreize für Verbesserungsvorschläge, oder reagiert man eher mit: «Also wirklich, Müller: Sie sollen an der Maschine arbeiten, aber doch nicht daran rumbasteln!»?
- Wer entscheidet über Innovationsvorschläge: der Meister, die Geschäftsleitung oder vielleicht ein Team? Ist Innovation lediglich eine unter den vielen Aufgaben, die ein Meister wahrnehmen muss? («Ach ja, der Huber schaut auch noch auf die Innovationen bei uns.») Oder sind Verbesserungsvorschläge und Innovationen Themen, mit denen sich die Geschäftsleitung auseinandersetzt?
- Werden Innovationen geplant, oder geschehen sie einfach? Gibt es eine Planung hinsichtlich neuer Produkte und Prozesse, oder ereignen sich Veränderungen eher zufällig?

Damit ein Unternehmen innovativ tätig sein kann, ist ein innovationsförderndes Klima, eine innovationsfördernde Unternehmenskultur nötig. Eine solche weist Innovationen einen hohen Stellenwert zu und drückt sich in Toleranz gegenüber Fehlschlägen aus.

Folgende Massnahmen zur Schaffung eines innovationsfördernden Klimas bieten sich an:

Innovationsförderndes Verhalten des Unternehmers: Der Unternehmer muss Innovationen ausdrücklich fordern und fördern. Dazu gehört ein Hinterfragen eigener Positionen ebenso wie die Motivation von Mitarbeitern, die sich im Interesse an Innovationen sowie im Belohnen von Anregungen und neuen Ideen zeigt.

Fehlertoleranz: Jede Neuerung birgt ein Risiko in sich. Erfolg oder Misserfolg einer Idee können von vornherein nur selten abgeschätzt werden. Dieser Tatsache muss sich der Unternehmer bewusst sein. Trotzdem sind Innovationen notwendig. Bei Misserfolgen empfiehlt es sich, sachlich die Ursachen mit den betroffenen Mitarbeitern zu besprechen und diese zu motivieren, trotz des Rückschlags weiterhin Ideen zu entwickeln.

Belohnung von Innovationen: Neben der Motivation, welche Mitarbeiter ohnehin in einem innovationsfördernden Klima haben, ist Honorierung von erfolgreichen Innovationen eine weitere Massnahme, um Mitarbeiter zum Mitdenken anzuregen. Belohnungen müssen dabei nicht immer monetärer Art sein, vielfach genügt ein Dankeswort vor den Kollegen oder eine Notiz am Schwarzen Brett.

Förderung von besonders kreativen Mitarbeitern: Der Erfolg von neuen Ideen hängt häufig von der Standfestigkeit und dem Durchsetzungsvermögen von einigen wenigen besonders kreativen Mitarbeitern ab. Diese müssen ihre Ideen gegen die internen Widerstände verteidigen und die Kollegen dazu bringen, Altbewährtes in Frage zu stellen. Der Unternehmer muss diese besonders kreativen Mitarbeiter erkennen und gezielt unterstützen und fördern. Durch sie kann ein Unternehmen von innen heraus innovativ werden.

Job-Rotation und Projektteams: Arbeiten Mitarbeiter sehr lange in einer Abteilung, erwerben sie immer mehr Routine. Dies hat zur Folge, dass sie zwar sehr effizient arbeiten, jedoch ihre Offenheit gegenüber Neuerungen verlieren. Abhilfe schaffen kann hier ein Tapetenwechsel (Funktion in anderen Bereichen) oder die Arbeit in Teams mit Kollegen aus anderen Abteilungen. In der Umfrage fiel hierbei auf, dass hier gerade in KU noch ein Nachholbedarf besteht. Während 65% aller Mittelunternehmen regelmässig Projektgruppen aus Mitarbeitern von Entwicklung, Produktion und Marketing/Verkauf bilden, gibt es dergleichen nur in etwa 40% aller Unternehmen mit 21 bis 49 Mitarbeitern. (Bei den Unternehmen mit bis zu 20 Mitarbeitern erübrigen sich Projektgruppen häufig.) Diese Massnahme ergibt jedoch nur in Unternehmen Sinn, in denen eine starke Trennung der Abteilungen vorhanden ist.

Daneben gibt es noch die konkrete Förderung von Innovationsinitiativen durch die Geschäftsleitung. In diesem Fall unterstützt mindestens ein Mitglied des Managements bestimmte Innovationsprojekte bei der Entwicklung von Ideen. Einige wichtige Fragen, welche auf Innovationsbarrieren verweisen können, finden sich in Checkliste Q.

Barriere 3: Es gibt keine Zusammenarbeit mit anderen Firmen im Bereich der Innovation.

Ist ein Unternehmen daran interessiert, eine Innovation von einer anderen Firma zu übernehmen bzw. gar gemeinsam mit einer anderen Firma zu entwickeln, so stellen sich meist zwei Probleme. Zum einen ist es schwierig, überhaupt einen Partner zu finden, zum anderen stellt sich dann die Frage, wie eine solche Zusammenarbeit gestaltet werden kann, damit beide aus dem Unterfangen Gewinn ziehen.

Massnahme zu 3: Kooperationen mit anderen Firmen.

Für Innovationskooperationen gelten dieselben Regeln wie für jede andere Kooperation auch: Es gilt, gemeinsam eine Problemlösung zu entwickeln, beide Partner müssen einen Vorteil aus der Zusammenarbeit ziehen. Hinweise zur Gestaltung einer Kooperation finden sich in Kapitel «Kooperation».

Massnahme für alle Barrieren: Schwerpunkte setzen.

Um Innovationen erfolgreich durchführen zu können, sei es in Zusammenarbeit mit einer anderen Firma oder auch nur in einer Abteilung des Unternehmens, sollte der Unternehmer in jedem Fall Schwerpunkte der Innovationstätigkeit bestimmen. Die breite Streuung von Innovationen führt zu nichts, ausser zum Kräfteverschleiss der Mitarbeiter. Es gilt klare Schwerpunkte zu setzen und dort mit aller Kraft Neuerungen durchzusetzen.

11.4 Innovationsquellen

Eines der Hauptprobleme bei Innovationen ist der Anstoss dazu. Woher erhält ein lokal operierendes Unternehmen Informationen über neue Trends bzw. technologische Fortschritte? Diese Frage ist gerade für KMU von besonderer Bedeutung, da sie es sich nur in den seltensten Fällen erlauben können, Mitarbeiter ganz für die Informationsbeschaffung anzustellen.

Folgende Informationsquellen können jedoch auch für KMU eine Fundgrube für Innovationsideen darstellen:

Kunden und Lieferanten: In vielen Fällen kommen Anregungen gerade für Verbesserungen von bestehenden Produkten von Kunden oder Lieferanten. Hier gilt es, die bestehenden Kontakte nicht abreissen zu lassen und Anregungen weiterzuverfolgen.

Fachliteratur: Die Mitarbeiter sollten im Unternehmen Zugang zur Fachliteratur haben. Vor allem Mitarbeitern, die sich als kreative Mitdenker erwiesen haben, muss diese Möglichkeit der Fortbildung offenstehen.

Konkurrenzprodukte: Auch die Produkte der Konkurrenz können Impulse für Innovationen liefern. Häufig werden Imitationen zwar geringgeschätzt, es lohnt sich jedoch nicht, das Rad immer wieder neu zu erfinden: Hat ein Konkurrent eine Innovation schon getätigt, sollten Sie pragmatisch darauf aufbauen und sie weiterentwickeln.

Kooperationen: Der Einblick in den anderen Betrieb, den man im Verlauf einer jeden Kooperation erhält, kann Neuerungen im eigenen Betrieb auslösen. Darüber hinaus können gemeinsame Entwicklungen sehr viel grössere Fortschritte bringen als die isolierte Entwicklung im eigenen Haus.

Hochschulkontakte: Um bezüglich der Forschung auf dem laufenden zu bleiben, sollten Kontakte zu Hochschulen (ggf. Forschungsinstituten) gepflegt werden. Auch Veranstaltungen, die z.B. von Technologieparks (Zürich oder Bern) oder CIM-Zentren (in sieben Schweizer Regionen: Basel, Bern, Innerschweiz, St. Gallen, Zürich, Tessin, Fribourg) angeboten werden, schaffen Gelegenheit zum Gedanken- und Erfahrungsaustausch.

Neue Mitarbeiter: Über neue Mitarbeiter gelangen neue Ideen ins Unternehmen. Diese Möglichkeit, Neuerungen zu propagieren, sollte systematisch genutzt werden, falls das Unternehmen neue Mitarbeiter einstellen kann.

Messen: Beim Besuch von Messen können Kontakte gepflegt und neue Trends beobachtet werden. Vor allem der Unternehmensleiter, jedoch auch interessierte Mitarbeiter sollten solche Anlässe nutzen, Denkanstösse zu erhalten.

Seminare, Vortragsveranstaltungen: Auch bei diesen Gelegenheiten können Impulse für das eigene Unternehmen vermittelt werden. Neben der fachlichen Weiterbildung ist dabei auch der gesellschaftliche Aspekt einer solchen Veranstaltung zu bedenken. Gespräche in den Pausen eines Seminars können wertvolle Hinweise für Verbesserungen im eigenen Haus erbringen.

Kreativitätstechniken

Kreativitätstechniken können bei der Suche nach neuen Ideen und bei der Gestaltung von Problemlösungen helfen. Hier unterscheidet man nach intuitiven und systematisch-analytischen Methoden. Intuitive Kreativitätstechniken – allen voran die verschiedenen Brainstorming-Methoden – eignen sich besonders gut für sehr neuartige Problemstellungen oder falls eine besonders kreative Lösung erarbeitet werden soll. Die systematisch-analytischen Techniken (als Beispiel ist hier die morphologische Matrix zu nennen) sind im Bereich der Entwicklung von Varianten besonders zu empfehlen.

Es hat sich gezeigt, dass über zwei Drittel der in den Fallstudien untersuchten Klein- und Mittelunternehmen Kreativitätstechniken verwenden, von den Mittelunternehmen sogar mehr als 80 Prozent.

Ganz egal, für welche Methode man sich entscheidet, sollte man bei der Anwendung einer Kreativitätstechnik einige Punkte beachten (vgl. Abb. 11.2):

- Anwendung in einer Gruppe, da auf diese Weise vom Fachwissen aller profitiert werden kann und es zu Synergieeffekten kommt.
- Alle Teilnehmer müssen in die Kreativitätstechnik eingeführt worden sein und die Regeln kennen.
- Eine Ideenfindungs- oder Problemlösungssitzung muss gut vorbereitet sein; kurzfristig anberaumte «Feuerwehrübungen» bringen nichts.
- Ein Protokoll sollte angefertigt werden, welches die wichtigsten Ergebnisse festhält.
- Die Auswertung und die Nachbereitung der Sitzungen gehören dazu.

Generelle Phasen

Wahl der geeigneten Kreativitätstechnik

Vorbereitung	**Ziel**setzung und Zweck der Sitzung Zusammensetzung der **Teams** **Technische** Voraussetzungen schaffen
Durchführung	**Problem**definition Einsatz der **Technik** **Protokoll**führung
Auswertung	**Bewertung** und **Auswahl** der Ideen
Nachfolgestufe	**externe** Bewertung und Auswahl der Ideen **Realisierung** der ausgewählten Ideen **Information** der Teilnehmer über Vorgehen

Abb. 11.2: Generelle Phasen bei der Ideensuche

Im folgenden werden zwei Beispiele für Kreativitätstechniken gegeben. Weitere Hinweise können der Literatur entnommen werden.

Brainstorming

Brainstorming findet in einer Gruppe von 4 bis 8 Personen statt und sollte etwa eine halbe Stunde in Anspruch nehmen. Die Teilnehmer sollen frei assoziieren und Ideen äussern, die sodann von andern aufgegriffen, weiterentwickelt und kombiniert werden. Geleitet wird die Sitzung von einem Moderator, der selbst über keine Fachkenntnis verfügen muss, jedoch die Regeln überwacht. Es gibt zwei Prinzipien:

    Zurückstellen von Beurteilung: Kritik ist verboten. Vor allem die sogenannten Killerphrasen («Das haben wir schon immer so gemacht, das wäre ja noch schöner») können Ideen und Initiative abtöten.

    Quantität erzeugt Qualität: Gerade dadurch, dass alle möglichen und unmöglichen Ideen gesammelt werden, kann man hinterher die beste Lösung auswählen und weiterverfolgen.

Vorteile des Brainstormings sind die geringen Kosten und die einfache Durchführung. Unter den Nachteilen ist zu nennen, dass aus solchen Sitzungen zwar Anstösse kommen, jedoch selten fertig ausgearbeitete Lösungen.

Abb. 11.3: Grundformen des Brainstorming

Morphologische Matrix

Diese Kreativitätstechnik kann auch gut von einer Person durchgeführt werden. Es geht darum, verschiedene Lösungen zu einer Fragestellung zu erhalten und dann die beste aus dieser Lösungsmenge auszuwählen. Das Vorgehen sieht folgendermassen aus:

    Sammlung von bis zu sieben Merkmalen (Parametern): Diese sollten unabhängig voneinander sein. Geht es beispielsweise darum ein neues Stadtfahrrad zu entwickeln sind mögliche Parameter Bereifung, Rahmenform, Gepäcktransport, usw.

    Suche nach Ausprägungen: Mögliche Varianten des Parameters «Bereifung» sind Ballonreifen, Vollgummi, geschäumt usw.

    Eintragen von Parametern und Ausprägung in eine Matrix: Die Parameter stellen die Zeilen, in die verschiedenen Spalten werden Ausprägungen eingetragen.

    Auswahl der besten Lösungskombination: Es wird pro Parameter eine Ausprägung gewählt und somit eine Lösung kombiniert. Beispiel des Stadtfahrrads:

Parameter	Ausprägungen			
Bereifung	Gummi	Ballon	Schaum	
Rahmen	Bank	Dreirad	normal	
Gepäck	Korb	Tasche	Anhänger	ohne
Schaltung	ohne	Nabe	Kette	Automatisch
Kraftübertragung	Kette	Riemen	Reibrad	Kardan

Vorteil des Verfahrens ist die relative Einfachheit und gute Nachvollziehbarkeit. Es eignet sich jedoch nur für gut strukturierte Probleme und wird keine grundsätzlich neuen Lösungen bringen.

Abb. 11.4: Grundformen der morphologischen Matrix

Literatur

Brodbeck, H., Kohler, O. & Lang, H.-C. (1994). Wie verhalten sich Schweizer KMU entlang der Wertschöpfungskette?, in: *io-Management 5/94*.

Geschka, H. (1990). Innovationsmanagement, in: Pfohl u.a.: *Betriebswirtschaftslehre der Mittel- und Kleinbetriebe*, Berlin: Erich Schmidt Verlag.

Mensch, G. (1979). Beobachtungen zum Innovationsverhalten kleiner und mittlerer Unternehmen, in: *Zeitschrift für Betriebswissenschaft, 1/79*.

Schlicksupp, H. (1977). *Kreative Ideenfindung in der Unternehmung; Methoden und Modelle*, Berlin: de Gruyter.

Smith, G. & Reinertsen, D. (1991). *Developing Products in Half the Time*, New York: van Nostrand Reinhold.

Wack, O., Detlinger, G. & Grothoff, H. (1993): *Kreativ sein kann jeder*, Hamburg: Windmühle-Verlag.

Witte, E. (1973). Innovationsfähige Organisation, in: *Zeitschrift für Organisation*, 1973, H. 42.

Kapitel 12

Kooperation

Hans-Christoph Lang

«Sie verstecken doch nichts hinter Ihrem Rücken, Partner...? Aber nein, und Sie?»

12. Kooperation

Jeder Unternehmer eines kleinen oder mittleren Unternehmens hat es wohl schon am eigenen Leib verspürt: KMU besitzen grössenbedingte Nachteile gegenüber Grossunternehmen, wie z.B. zu geringe Personalkapazitäten, weniger qualifiziertes Personal, geringere finanzielle Mittel, weniger Risikokapital usw.

Daraus können sich gravierende Nachteile ergeben, die u.a. die Innovationsfähigkeit (langfristige Forschungsprojekte), die Erschliessung von Märkten, die Gewinnung von Marktinformationen usw. erschweren, da dies jeweils sehr hohe Kosten verursacht oder den Einsatz von viel Personal mit entsprechender Ausbildung erfordert.

Die in diesem Leitfaden bereits des öfteren angesprochenen neuen Herausforderungen für die Unternehmen (Globalisierung[24], technologischer Wandel, kürzere Marktzyklen[25] usw.) liessen und lassen vielen KMU keine andere Möglichkeit, als sich in irgendeiner Form mit einem Grossunternehmen zu «verflechten», um diese Nachteile auszugleichen und weiter überleben zu können. So sind Fusionen mit Grossunternehmen oder die Beteiligungen von grossen Firmen an KMU keine Seltenheit mehr. Diese Situation löst jedoch bei vielen Unternehmern Unbehagen aus: Der Verlust der Selbständigkeit stellt einen der grössten «Greuel» für KMU dar.

Eine Alternative dazu ist das Eingehen von Kooperationen. Die Idee von Kooperationen ist es, rechtzeitig grössenbedingte Wettbewerbsnachteile auszugleichen, **ohne** die unternehmerische Selbständigkeit zu verlieren. Dadurch sollen einerseits die Vorteile grösserer Unternehmenseinheiten (s.o.) genutzt, andererseits die Vorteile kleinerer Unternehmenseinheiten (kürzere Entscheidungswege, Flexibilität) nicht aufgegeben werden. Das Unternehmen muss somit keine dauerhaften wirtschaftlichen Verflechtungen eingehen.

Kooperationen in diesem Sinne bedeuten, dass ein Unternehmen die Zusammenarbeit mit externen Partnern sucht, um einzelne Unternehmensfunktionen wie die Entwicklung oder den Vertrieb zu unterstützen.

12.1 Mögliche Formen und Ziele von Kooperationen

Kooperationen können ganz unterschiedlich aussehen. Ein wichtiges Unterscheidungskriterium ist sicherlich, in welchem Bereich Kooperationen angesiedelt wer-

---

[24] Viele Unternehmen nutzen zunehmend die Möglichkeit, auch im Ausland zu fertigen oder stärker als bisher zu exportieren. Diese Entwicklung, dass Landesgrenzen immer weniger Einfluss auf Unternehmensentscheidungen ausüben, wird als Globalisierung bezeichnet.

[25] Umfasst den zeitlichen Ablauf von der Markteinführung über die Wachstums- und Reifephase bis hin zum Verschwinden eines Produktes am Markt. Innerhalb dieser Zeitspanne können Erträge erwirtschaftet werden.

den. Daneben sind auch die Intensität der Partnerschaft und nicht zuletzt die Ziele, die mit dieser Art der Zusammenarbeit angestrebt werden, von Bedeutung.

Was können Ziele von Kooperationen sein?

Allgemein werden Kooperationen eingegangen, um Synergien zwischen den Partnern nutzen zu können. Meist stehen Kostensenkungen im Vordergrund, ein anderes Ziel ist die Verteilung von Risiken, welche beispielsweise bei Neuentwicklungen eingegangen werden müssen, auf mehrere Partner.

Zeit als Wettbewerbsfaktor kann ein weiterer Beweggrund sein, vor allem wenn bei Entwicklungsvorhaben mehrere Unternehmen ihre Mittel zusammenwerfen.

Welche Formen sind möglich?

Je nachdem, welche Ziele man vor Augen hat, eignen sich einige Kooperationsformen stärker als andere. Unterscheiden kann man diese Formen nach vier unterschiedlichen Kriterien:

1. Richtung der Kooperation,
2. räumliche Verteilung der Partner,
3. Anzahl der Partner und
4. Organisation der Aufgaben.

1. **Richtung:** Hier unterscheidet man zwischen **horizontaler, komplementärer** und **vertikaler** Kooperation.

Bei *horizontaler Kooperation* handelt es sich um eine Verbindung zwischen sehr ähnlichen Partnern (gleiches Gewerbe, auf derselben Marktstufe bzw. mit ähnlichem Tätigkeitsbereich). Das Ziel kann hier in der Schaffung von Grössenvorteilen bestehen. Zusammen kann man Volumen- oder Spezialisierungseffekte erreichen, was zu Kostensenkungen, einer besseren Marktbearbeitung und insgesamt einer stärkeren Position führen kann.

Da es sich hier häufig um Zusammenarbeiten zwischen direkten Konkurrenten handelt, ist die Gefahr einer einseitigen Ausnutzung vorhanden. Indem man über eine «Kooperation» an Informationen über Kunden und Know-how des anderen kommt, kann man sich schnell Wettbewerbsvorteile verschaffen. Günstig ist daher, wenn sich die Partner in unterschiedlichen Regionen oder Märkten bewegen bzw. wenn für beide Seiten Vorteile aus der Zusammenarbeit gezogen werden können.

Bei *komplementärer Kooperation* handelt es sich um eine Verbindung zwischen Betrieben mit unterschiedlichen Produkten oder Leistungen, welche sich marktwirksam kombinieren lassen (z.B. zwei Unternehmen, deren Produkte sich zu einem einheitlichen, breiten Sortiment zusammenstellen lassen oder die zusammen ein Komplettangebot aus einer Hand präsentieren können).

Nachteile ergeben sich dann, wenn die Partner zu unterschiedliche Auffassungen hinsichtlich der Qualität oder Produktgestaltung aufweisen. Dies ist vor allem dann der Fall, wenn die Betriebe aus Branchen mit sehr unterschiedlichem Technologie- oder Qualifikationsniveau kommen.

Bei *vertikaler Kooperation* handelt es sich um eine Verbindung zwischen Betrieben verschiedenartiger, aufeinanderfolgender Produktions- oder Handelsstufen der gleichen Branche (z.B. Zusammenarbeit zwischen Hersteller und Zulieferer). Vorteile können hier aus einer engen Zusammenarbeit bei der Produktentwicklung sowie durch Technologietransfer zwischen den Beteiligten entstehen. Probleme können dann entstehen, wenn es zu einseitigen starken Abhängigkeiten kommt. Vor allem Zulieferer können sehr schnell zu einer verlängerten Werkbank ihres Kunden werden.

2. **Räumliche Verteilung:** Möglich sind **lokale, regionale, nationale** und **internationale** Kooperationen. Hier sind die Übergänge beinahe fliessend, von der lokalen bis zur internationalen Zusammenarbeit ändert sich lediglich die Entfernung zwischen den Partnern.

Je grösser der Bereich der Kooperation wird, desto grösser wird zumeist auch der mögliche Markt, was sich als Vorteil der nationalen und internationalen Kooperationen erweisen kann. Allerdings nehmen dann auch die Koordinationsschwierigkeiten zu: Während bei einer lokalen Koordination ein persönliches Gespräch schnell Missverständnisse ausräumt, benötigt man bei internationalen Kooperationen schon Telefonkonferenzen oder aufwendige Treffen. Zu erwähnen sind vor allem bei internationalen Kooperationen die Schwierigkeiten, die mit unterschiedlichen Sprachen, Mentalitäten und Gesetzen einhergehen. Bei lokalen Kooperationen sind hingegen die Interessenskonflikte gerade bei horizontalen Kooperationen am grössten (als Partner fungieren dann meist ehemalige Konkurrenten), während man sich bei nationalen Zusammenarbeiten vorher vermutlich nicht direkt konkurrenziert hat.

3. **Anzahl der Partner:** Was die Anzahl der Partner angeht, unterscheidet man zwischen der **Zweipartner-**, der **Kleingruppen-** und der **Grossgruppenkooperation.**

Eine *Zweipartnerkooperation* ist ein Bündnis zwischen zwei Partnern, bei dem zumeist eine intensive Zusammenarbeit angestrebt wird und auch wettbewerbsrelevante Informationen ausgetauscht werden. Hier ist die Koordination einfach, die Ziele der beiden können eher zur Übereinstimmung gebracht werden.
Allerdings ist das Risiko nur auf zwei Partner verteilt, auch die Ressourcen mögen nicht für alle Vorhaben ausreichen. Will man aus solchen Gründen ein weiteres Unternehmen in die Zusammenarbeit aufnehmen, erfordert dies eine sehr gründliche Auswahl und Abstimmung.

Eine *Kleingruppenkooperation* ist eine Kooperation zwischen drei bis sechs horizontalen oder komplementären Partnern, bei denen in der Regel intensive Bezie-

hungen noch möglich sind. Hier sind noch Synergien erreichbar, ohne dass ein zu hoher Koordinationsaufwand entsteht. Mögliche Bereiche sind dabei der Erfahrungsaustausch, aber auch gemeinsame Fertigung oder Vermarktung von Produkten.
Grundsätzlich sind keine nennenswerten Nachteile oder Risiken vorhanden, ausser denen, die sich aus den anderen Gestaltungsmöglichkeiten ergeben (Probleme bei lokalen Kooperationen usw.).

Grossgruppenkooperationen sind horizontale oder komplementäre Bündnisse zwischen sieben und mehr Kooperationspartnern, bei komplementären Kooperationen ist eine intensive Zusammenarbeit möglich. Sofern die Gruppe sich im Rahmen der Kartellgesetzgebung bewegt, kann eine beeindruckende Marktmacht aufgebaut werden. Mögliche Gebiete reichen von gemeinsamen Standards bei Produkten über gemeinsame Verkaufsorganisationen oder einen gemeinsamen Einkauf.
Eine Grossgruppe lässt sich nur sehr schwer koordinieren. Gemeinsame Termine oder gar eine gemeinsame Strategie zu formulieren sind hier Herausforderungen, deren man sich von Beginn an bewusst sein muss.

4. **Organisation der Aufgaben:** Wie man die Aufgaben bei einer Kooperation am besten verteilt, ist nicht abschliessend zu beantworten. Im folgenden werden nur einige Gestaltungsvarianten kurz beschrieben. Unternehmer können hieraus Möglichkeiten für das eigene Unternehmen ableiten.

- **Zukaufvariante:** Mehrere Betriebe schliessen sich zusammen, um gemeinsam Aufträge an Dritte zu vergeben. Durch die Bündelung der Einkaufsmacht sowie die Reduzierung des Aufwands für Auftragsvergabe sind Vorteile möglich.
Allerdings werden die Entscheidungsfreiräume der einzelnen Partner eingeschränkt.

- **Betriebsvariante:** Gründung eines gemeinsamen Unternehmens. Hier werden klare Verhältnisse hinsichtlich Aufwand und späteren Ertrags geschaffen. Die Anpassungen innerhalb der eigenen Unternehmen können hier in Grenzen gehalten werden.
Nachteile sind im Gründungsaufwand für das neue Unternehmen zu sehen. Die Kooperationspartner müssen hier schon sehr früh Gründungskapital aufbringen, ein Ausstieg aus der Zusammenarbeit wird schwierig.

- **Beauftragungsvariante:** Einer der Kooperationspartner übernimmt bestimmte Aufgaben von den anderen Mitgliedern. Dabei können die Spezialkenntnisse des Partners genutzt werden, die übrigen profitieren von seinem Know-how, ohne dass Dritte Einblick in wichtige Daten erhalten.
Eine Ungleichverteilung hinsichtlich der Aufgabenübernahme in einer Kooperation stellt immer ein Problem dar: Der abwickelnde Partner stellt den anderen seine

Dienste in Rechnung, die Gefahr der Übervorteilung ist auf beiden Seiten vorhanden.

- **Arbeitsgemeinschaftsvariante:** Zusammenschluss mehrerer Partner, bei dem jedes Mitglied bestimmte Teilaufgaben eines übergeordneten Projekts übernimmt. Hierdurch ist auch für spezialisierte KMU die Teilnahme an grösseren Projekten möglich, da die kleinen Kapazitäten oder die verschiedenen Spezialisten zusammen ein einem Grossunternehmen vergleichbares Angebot stellen können. Problematisch sind hierbei Haftungsfragen: Wer steht für Qualitätsmängel oder Terminüberschreitungen gerade, wer übernimmt die Gewährleistung für spätere Mängel?

Dies sind nur einige Möglichkeiten, wie Kooperationen aufgebaut sein können. Die konkrete Ausgestaltung wird im Einzelfall sehr unterschiedlich aussehen. Gerade für KMU lassen sich keine allgemeingültigen Aussagen darüber machen, welche Variante die günstigste ist. Für Klein- und Mittelunternehmen gilt jedoch als sicher, dass die Möglichkeiten für Kooperationen in allen Bereichen zunächst einmal geprüft werden sollten, bevor man einfach zum Tagesgeschäft übergeht. Ansonsten verschenkt man möglicherweise echte Wettbewerbsvorteile, welche nur durch eine Zusammenarbeit mit anderen zu erreichen sind.

Welche Bereiche eignen sich für Kooperationen?

> Ein kleiner Maschinenbaubetrieb kämpft um seine Marktanteile. Ihm fehlt die Grösse, um die produzierten Anlagen wirkungsvoll vermarkten zu können.
> Man entschliesst sich, mit einer mittelgrossen Firma derselben Branche zu kooperieren. Die Produkte der beiden Firmen lassen sich zu einem Gesamtsortiment kombinieren und in einem gemeinsamen Katalog vermarkten. Zusammen kann man nun als Anbieter einer Gesamtpalette auftreten und muss sich nicht mehr nur auf eine Marktnische konzentrieren. Dies gibt beiden Unternehmen die Möglichkeit, auf neuen Märkten Kunden zu suchen.

Im obigen Fall werden vor allem im **Marketing** Synergien genutzt. Gerade die Markterschliessung, -erforschung wie auch die spätere Marktbearbeitung erfordern Mittel, wie sie ein kleines Unternehmen häufig nicht zur Verfügung hat. Dies ergibt sich daraus, dass KU häufig Nischenstrategien verfolgen, sprich sich regional oder vom Marktsegment her spezialisieren. Im Verein mit einem oder mehreren anderen Konkurrenten jedoch ist eine breitere Absatzbasis denkbar. So kann durch Kooperationen das Produktspektrum erweitert werden, die Produkte der Partner ergänzen sich, es kann ein ganzer Katalog abgedeckt werden. Durch einen gemeinsamen Vertrieb beispielsweise können auch Regionen, die sich bisher nicht bedienen liessen, erschlossen werden.

Ein weiterer Bereich, in dem sich gerade für KMU Kooperationen lohnen, ist die **Forschung** und **Entwicklung**. Häufig können KMU nicht in dem wünschenswerten bzw. notwendigen Masse innovativ tätig sein, da ihnen die nötigen Mittel für derartige Vorhaben fehlen bzw. die Gewinne aus Forschungsvorhaben erst sehr viel später erzielt werden können. Hier gibt es verschiedene Formen, wie Forschung auch für kleine Unternehmen möglich sein kann. So ist der Erfahrungsaustausch mit anderen Unternehmen bzw. die Lizenznahme eine Möglichkeit, innovativ in den Markt gehen zu können, ohne schon vorher grosse Aufwendungen für F&E tätigen zu müssen. Umgekehrt lässt sich dieses jedoch ebensogut denken: Durch die Weitergabe von Know-how bzw. Lizenzgabe können die Forschungsausgaben schon frühzeitig in Gewinne umgemünzt werden.

Weitergehende Kooperationsformen im Bereich Forschung und Entwicklung sind gemeinsame Innovationsprojekte oder sogar eine gemeinsame Entwicklungsabteilung.

Bei der **Beschaffung** von Material oder Zulieferteilen sind Kleinunternehmen mit kleineren Stückzahlen gegenüber grösseren Konkurrenten meist benachteiligt, da sie seltener Rabatte in Anspruch nehmen können. Hier ist Kooperation eine Möglichkeit, um mit anderen kleinen Unternehmen zusammen bessere Konditionen zu erreichen.

> Ein Betrieb mit 22 Mitarbeitern produziert Elektrogeräte. Um Kapazitätsprobleme in der Werkstatt zu lösen, geht man eine Kooperation mit einem Konkurrenten ähnlicher Grösse ein. Fortan werden bestimmte Teile jeweils beim Partner gefertigt, damit kommt man auf höhere Stückzahlen, kann Kapazitätsengpässe besser ausgleichen und erhält letztlich niedrigere Stückkosten.

Im Bereich der **Fertigung** und **Montage** sind Kooperationen mit fremden Unternehmen gar nicht so selten, wie häufig angenommen wird. Gerade unter Kapazitätsgesichtspunkten kann sich eine Kooperation mit Unternehmen der gleichen Verarbeitungsstufe lohnen. Dies gilt besonders, wenn durch eine Umverteilung der Produktionsaufgaben Grösseneffekte genutzt werden können, kann aber auch bei der gemeinsamen Beschaffung und Nutzung teurer Anlagen der Fall sein.

> Ein stark wachsendes Kleinunternehmen konnte den steigenden Anforderungen an das Finanz- und Rechnungswesen nicht mehr alleine gerecht werden.
> Drei Alternativen standen zur Diskussion:
> 1. Einstellung von Fachpersonal und Aufbau einer Buchhaltung
> 2. Vergabe der Aufgaben an eine Treuhandgesellschaft
> 3. Kooperation mit einem anderen Unternehmen.
>
> Das KU entschied sich, eine Kooperation mit einem ortsansässigen MU einzugehen, das bereits über eine gut funktionierende Buchhaltung mit noch freien Kapazitäten verfügte.

Die **Administration** ist ein sehr sensibler Bereich eines Unternehmens, gerade die Finanzinformationen bzw. Personaldaten werden ungern «nach aussen» vergeben. Dennoch können sich in Fällen wie dem oben geschilderten durchaus für beide Seiten Vorteile ergeben.

Wie intensiv soll eine Kooperation gestaltet werden?

Zwischen dem sporadischen Informations- oder Gedankenaustausch und der gemeinsamen Lösung von Aufgaben nehmen Kooperationen, die von KMU eingegangen werden, ganz unterschiedliche Formen an.

Der unverbindliche Erfahrungsaustausch kann als Vorstufe einer intensiveren Zusammenarbeit sinnvoll sein, auf längere Zeit ist jedoch diese Art der Kooperation nicht zu empfehlen. Hier wird meist nur Zeit und Geld investiert, wirkliche Vorteile sind aus diesen losen Beziehungen nicht zu ziehen. Soll ein Kooperationsvorhaben Erfolg haben, so muss auf beiden Seiten ein Engagement vorhanden sein.

12.2 Wie werden Kooperationen erfolgreich gestaltet?

Eine erfolgreiche Kooperation ereignet sich nicht von selbst. Vielmehr ist sie aktiv zu gestalten, ohne Initiative der Unternehmensleitung sind Kooperationsansätze zum Scheitern verurteilt.

Eigene Ideen und Ziele entwickeln
↓
Partner suchen
↓
**Übereinstimmung der Ziele erreichen
und Fahrplan festlegen**
↓
juristische Absicherung
↓
innerbetriebliche Ausgestaltung
↓
**regelmässig miteinander kommunizieren
und Zielerreichung kontrollieren**

Abb. 12.1: Vorgehen

Wie geht nun ein Unternehmen vor, das eine Kooperation eingehen möchte?

- ❏ Legen Sie fest, in welchem Bereich Sie eine Zusammenarbeit anstreben wollen, und entwickeln Sie Vorstellungen, welche Ziele eine etwaige Kooperation verwirklichen soll.

- Suchen Sie einen geeigneten Partner. Kontakte können hierbei zufällig (auf Messen, bei Bekannten) oder aktiv gesucht werden. Eine aktive Suche kann beispielsweise über Branchenverbände erfolgen bzw. unter Zuhilfenahme eines Beraters. Darüber hinaus bieten die CIM-Bildungszentren Hilfe bei der Vermittlung von Partnern.

- Haben Sie einen potentiellen Partner gefunden, so muss über die beiderseitigen Ziele und Vorstellungen Klarheit geschaffen werden. Zusammenarbeiten, bei denen beide Teile lediglich insgeheim davon überzeugt sind: «Der andere wird schon das gleiche wollen», sind weniger erfolgreich als solche, bei denen sich jeder gleichermassen über die eigenen wie auch die Ziele des anderen im klaren ist. Ausserdem sollte man die Bereiche, in denen man zusammenarbeiten möchte, ganz klar definieren.

- Je nach Form der Zusammenarbeit ist ein formeller Vertrag zwischen den beiden Partnern notwendig. Als Entscheidungsgrundlage sollte hierbei die Art der finanziellen Verflechtungen der beiden Unternehmen betrachtet werden. Handelt es sich bei der Kooperation z.B. lediglich um einen gelegentlichen Gedankenaustausch, so ist eine juristische Festschreibung der Kooperation sicherlich übertrieben; werden jedoch ganz klare Aufgaben verteilt (wie z.B. im Fall 3), so ist eine Absicherung beider ein Muss.

- Innerhalb der eigenen Firma müssen die Mitarbeiter über die Zusammenarbeit informiert werden, die vereinbarten Ziele müssen kommuniziert werden. Eine erfolgreiche Zusammenarbeit ist nur dann möglich, wenn die Mitarbeiter beider Unternehmen tatsächlich miteinander arbeiten. Voraussetzung hierzu ist, dass alle Beteiligten hinter den Zielen stehen und des weiteren die Abläufe innerhalb des Unternehmens auf die Kooperation abgestimmt werden (z.B. dass beide Produktionsbereiche nach denselben Normen arbeiten usw.).

- Ein weiterer wichtiger Punkt ist die Benennung je eines Kooperationsverantwortlichen in den beteiligten Unternehmen. Dieser ist dann der Ansprechpartner für die Mitarbeiter, kann informieren und Missverständnisse schnell aus der Welt schaffen.

- Um Überraschungen zu vermeiden, sollte regelmässig überprüft werden, inwiefern die gesteckten Ziele erreicht werden. Abweichungen können so frühzeitig erkannt und analysiert werden. Dies ermöglicht ein Gegensteuern oder – im schlimmsten Fall – einen Ausstieg aus der Zusammenarbeit.

12.3 Wichtige Regeln für Kooperationen

An einer Kooperation sollten nur so viele Partner wie gerade notwendig beteiligt sein.

> Je mehr Unternehmen an einer Kooperation beteiligt sind, desto höher ist die Gefahr, dass sich Fraktionen bilden bzw. dass es Trittbrettfahrer gibt. Aus diesem Grund ist die Anzahl der Kooperationsteilnehmer so gering wie nötig zu halten.

Die Kooperation muss beiden Partnern einen Gewinn bringen.

Eine Zusammenarbeit, bei der nur einer der Beteiligten einen Nutzen ziehen kann, wird nicht lange Bestand haben.

Es sollte keinen harten Wettbewerb zwischen den Partnern geben.

Sind die Partner harte Konkurrenten, kann die Kooperation darunter leiden. Es ist zwar möglich, dass Konkurrenten zusammenarbeiten, dies setzt jedoch voraus, dass ein Vertrauensverhältnis besteht.

Die Kooperation muss Vorteile gegenüber dem Einzelvorgehen haben.

Zusammenarbeiten hat nur dann einen Sinn, wenn die Zusammenarbeit einen wirklichen Vorteil vor dem Selbermachen bringt. Kann man eine Leistung im eigenen Unternehmen genausogut oder sogar besser erbringen, als dies in der Kooperation geschieht, wird das Engagement der Mitarbeiter für die Kooperation erlahmen.

Die Interessen der Partner müssen miteinander vereinbar sein.

Beide Partner müssen miteinander zu vereinbarende Interessen in die Kooperation einbringen.

Der Einfluss auf den Verlauf der Kooperation ist zwischen den Partnern richtig verteilt.

Normalerweise sollten sich beide Seiten gleich stark in die Zusammenarbeit einbringen. Sollte dies einmal nicht der Fall sein, muss sich dieses Ungleichgewicht in der Einflussnahme innerhalb der Kooperation widerspiegeln.

Es muss ein umfassender Informationsfluss bestehen.

Zwischen den Parteien sollte ein ausreichender Informationsfluss vorhanden sein. Nur wenn beide der Meinung sind, der andere halte nichts zurück, kann das für Kooperationen sehr wichtige Vertrauensverhältnis aufgebaut und bewahrt werden.

Es muss gegenseitiges Vertrauen bestehen.

Ohne gegenseitiges Vertrauen ist eine Kooperation von vornherein zum Scheitern verurteilt.

Die Kulturen der beiden Firmen sollten ähnlich sein.

Vergleichbare Unternehmenskulturen erleichtern das Verständnis füreinander, Missverständnisse sind seltener, da man weiss, «wie die anderen denken».

Es sollte klare Firmenverantwortliche für die Kooperation geben.

Das Vorhandensein eines Kooperationsverantwortlichen innerhalb des Unternehmens erhöht die Chance für eine intensive und erfolgreiche Kooperation. Die eigenen Mitarbeiter wie auch die Beteiligten des anderen

Unternehmens sind sich über die Anlaufstation im klaren und können die Zusammenarbeit besser zuordnen. Die mit der Durchführung der Kooperation betrauten Mitarbeiter sollten die andere Firma gut kennen und den Kontakt und Informationsfluss zu ihr aufrechterhalten.

Nicht alle dieser Regeln müssen erfüllt sein, um eine Kooperation zum Erfolg zu machen. Allerdings ist das gegenseitige Vertrauen eine unabdingbare Voraussetzung für eine Zusammenarbeit. Die Angst vieler Unternehmer vor einer Zusammenarbeit ist häufig nichts anderes als ein Ausdruck des Misstrauens gegenüber Mitbewerbern. Beginnt man jedoch, sich in die Lage des anderen hineinzuversetzen, und kann man erkennen, dass diesem eine Zusammenarbeit ebenso Vorteile bringt wie der eigenen Firma, ist ein wichtiger Schritt auf dem Weg zu einem Vertrauensverhältnis getan.

Literatur

Staudt, E. et al. (1992). *Kooperationshandbuch – Ein Leitfaden für die Unternehmenspraxis*, Stuttgart: Schäffer Verlag.

Haury, S. (1989). *Laterale Kooperation zwischen Unternehmen: Erfolgskriterien und Klippen*, Grüsch: Verlag Rüegger.

Kapitel 13

Zusammenfassung

Ingrid Sattes

13. Zusammenfassung

13.1 Welches sind nun die zentralen Erfolgsfaktoren?

Der wirtschaftliche Erfolg eines Unternehmens ist niemals nur von einem einzigen Faktor abhängig.

Mit den Daten unserer schriftlichen Befragung von 1667 Schweizer Unternehmen aus drei Bereichen der Investitionsgüterindustrie können wir Aussagen darüber machen, welche der in diesem Leitfaden besprochenen Faktoren für den wirtschaftlichen Erfolg im Untersuchungsjahr 1992 am wichtigsten gewesen sind. Betrachtet man Zusammenhänge für die ganze Stichprobe, d.h. branchen- und regionenübergreifend, kristallisieren sich nur **eine geringe Wettbewerbsintensität und intensive Weiterbildungsaktivitäten** als erfolgsrelevant heraus. Vergleicht man aber die 25% erfolgreichsten mit den 25% am wenigsten erfolgreichen Unternehmen, so lassen sich daraus wesentlich differenziertere Aussagen ableiten (Abb. 13.1).

Zunächst wird deutlich, dass im Jahr 1992 erfolgreiche Firmen in Märkten tätig waren, in denen geringerer Wettbewerb herrschte, d.h., die Kunden reagierten weniger empfindlich bei Preisveränderungen, die Unternehmen standen in einer geringeren Abhängigkeit von wichtigen Kunden, und der Wettbewerb wurde allgemein als weniger intensiv empfunden. Ob diese Firmen nun erfolgreicher sind, weil sie sich sowieso in Nischenmärkten befinden oder weil eine geschickte Unternehmensführung

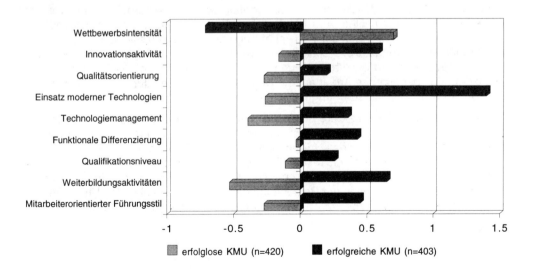

Abb. 13.1: Unterschiede in strategischen Ausrichtungen, Verhalten und Umfeldbedingungen zwischen erfolgreichen und erfolglosen KMU

die Nischenposition aktiv unterstützt, lässt sich anhand unserer Daten nicht eindeutig klären. Sicher ist, dass erfolgreichere Firmen sowohl mehr Schlüsselkunden (d.h. Kunden, die 50% des Umsatzes ausmachen) als auch weniger Konkurrenten haben als die weniger erfolgreichen.

Als nächstes fällt der grosse Unterschied beim Einsatz neuer Technologien auf. Erfolgreiche Firmen beachten nicht nur die Möglichkeiten des Einsatzes neuer Technologien stärker, messen diesen eine grössere Wichtigkeit bei (hier bezeichnet als Technologiemanagement) und setzen mehr Computer für die verschiedenen Aufgaben im Unternehmen ein, sie nutzen vorhandene Anlagen auch besser aus. Auch im Bereich Innovationen ist zu beobachten, dass erfolgreichere Firmen sowohl eine stärkere Innovationsorientierung im strategischen Denken aufweisen als auch messbar mehr neue Produkte anbieten als weniger erfolgreiche Firmen. Hohe Innovationstätigkeit und eine gute Nutzung technischer Ressourcen sind direkt verbunden mit einem höheren Ausbildungsniveau und intensivieren Weiterbildungsaktivitäten, durch die sich erfolgreichere Firmen ebenfalls auszeichnen. Wer auf besser aus- und weitergebildete Mitarbeiter zurückgreifen kann, sieht mehr Einsatzmöglichkeiten für Computer, kann die Hard- und Software besser nutzen, kommt schneller auf innovative Ideen und kann demzufolge auch schneller umsetzen. Erfolgreichere Firmen sind auch eher darauf bedacht, qualitativ hochwertige Produkte zu erzeugen, als weniger erfolgreiche. In Zeiten wirtschaftlicher Krisen und hohen Preisdruckes stellt diese Qualitätsorientierung alleine jedoch keine Erfolgsgarantie dar. Dies ist daraus abzuleiten, dass Qualitätsorientierung in der Reihe empirisch ermittelter Erfolgsfaktoren (Abb. 13.1) erst an achter Stelle erscheint. Das ist besonders für Kleinunternehmer bedeutsam, die in viel stärkerem Masse zu der Ansicht neigen, strategische Planung und gutes Marketing durch eine gute Produktqualität ersetzen zu können. Ein mitarbeiterorientierter Führungsstil des Unternehmers kommt vermutlich besonders bei hohen Flexibilitätsanforderungen durch hohe Kundenanpassung der Produkte oder sehr dynamische Unternehmensumfelder und in grösseren Unternehmen mit weniger direktem Kontakt zwischen Mitarbeitern und Vorgesetzten zum Tragen. Eine gute funktionale Differenzierung, d.h. eine sinnvolle Unternehmensstruktur, vor allem in Kleinunternehmen, ist in gewisser Hinsicht auch ein Abbild des Führungsstils. Wer als Unternehmer frühzeitig anfängt, Mitarbeiter für Führungspositionen zu qualifizieren, und dann durch konsequente Delegation die Konzentration der eigenen Arbeit auf die wesentlichen Entscheidungen ermöglicht, ist auch in wirtschaftlich schwierigen Zeiten erfolgreicher.

Diese wichtigsten Erfolgsfaktoren lassen sich nach dem Blickwinkel ordnen, den der Unternehmer für die Lösung von Problemen einnehmen muss: (1) dem Blick nach innen, auf die Struktur des Unternehmens, (2) dem Blick nach aussen, auf das Umfeld des Unternehmens, und (3) auf die Abstimmung der Innen- und der Aussensicht. In diesem Kapitel sollen die wichtigsten Grundsätze und Empfehlungen der hier diskutierten Aufgaben in der Reihenfolge dieser drei Blickwinkel des Unternehmers zusammengefasst werden. Die Abbildung 13.2 verdeutlicht diese Blickwinkel noch einmal grafisch.

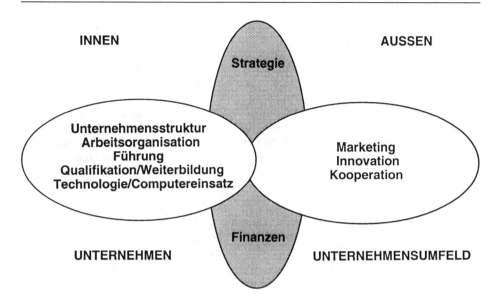

Abb. 13.2: Unternehmerische Aufgaben nach dem Blickwinkel des Unternehmers

13.2 Der Blick nach innen

Unternehmensstruktur

Ein Blick auf die Struktur von Klein- und Mittelbetrieben zeigt, dass eine konsequente Delegation von Aufgaben wie Produktionsplanung, Administration, Lagerverwaltung, Offertenerstellung usw. vor allem in Kleinunternehmen unbedingt notwendig ist. Der Unternehmer und seine Mitarbeiter können sich nur in einer klaren Aufbauorganisation auf wichtige Aufgaben konzentrieren. Für den Unternehmer sind das vor allem die strategische Planung und die Koordination der unternehmerischen Teilbereiche. Flache Hierarchien und ein direkter Kontakt zu den Mitarbeitern sind vorteilhaft. Vor allem für KU ist es bei der Aufgabenzuteilung an die Mitarbeiter entscheidend, die individuellen Fähigkeiten der Mitarbeiter zu beachten, um möglichst alle vorhandenen Qualifikationen für das Unternehmen zu nutzen. Das heisst, dass vor allem in KU, in denen stets geringere Möglichkeiten der Spezialisierung bestehen, die Stellengliederung auf die Qualifikation der Personen abgestimmt wird. Dabei ist es wichtig, die Vorteile einer sinnvollen Formalisierung zu nutzen.

Die Anpassung der Organisationsstruktur an die Produktpalette (produktorientierte Organisation) oder die Vertriebsstruktur (vertriebsorientierte Organisation) begünstigt vor allem für Mittelunternehmen mit sehr heterogenen Produkten eine möglichst effiziente Ablauforganisation.

Arbeitsorganisation

Die Optimierung der Arbeitsorganisation hat in Klein- und Mittelbetrieben oft unterschiedliche Schwerpunkte. In KU, in denen häufig eine Überlastung der Unternehmensleiter und der Führungskräfte vorliegt, müssen Schlüsselfunktionen wie Produktionsplanung, Lagerverwaltung usw. aufgebaut werden. Dies geht Hand in Hand mit einer stärkeren Delegation, wie sie im Zusammenhang mit der Unternehmensstruktur besprochen wurde. In MU dagegen, in denen eine starke Funktionsteilung die Ablauforganisation hemmt und die Flexibilität behindert, können durch die Reduktion von Schnittstellen und die Verlagerung indirekter Aufgaben in die Werkstatt Straffungen im Arbeitsablauf und unter Umständen erhebliche Reduktionen der Durchlaufzeiten erreicht werden.

In MU werden durch die stärkere Arbeitsteilung Arbeitstätigkeiten häufiger so zerstückelt, dass sie für die Mitarbeiter keinerlei Motivationsgehalt mehr haben. Mit einem Blick auf Strategien wie z.B. hohe Produktqualität und hohe Flexibilität, bei denen die Motivation der Mitarbeiter eine entscheidende Rolle spielt, sind daher arbeitsgestalterische Massnahmen zur Verbesserung von Arbeitstätigkeiten in zahlreichen Fällen dringend angesagt.

Besonders Gruppenarbeit ist in diesem Zusammenhang geeignet, Polyvalenz, Flexibilität und Qualitäts- und Verantwortungsbewusstsein der Mitarbeiter zu erhöhen. Um Gruppenarbeit jedoch richtig einzuführen, ist es notwendig, ganzheitliche Aufgaben zu schaffen, die von der Gruppe weitgehend in eigener Verantwortung wahrgenommen werden können. Die Einführung von Gruppenarbeit erfordert Umstellungen auf seiten der Mitarbeiter, die oft jahrelang an Einzelarbeitsplätze gewöhnt sind. Hohe Anforderungen werden auch an die Führungskräfte gestellt, die lernen müssen, Entscheidungskompetenzen an die Mitarbeiter zu übertragen.

Führung

Im Gegensatz zu den klassischen Führungsvorstellungen der drei «Ks» ist es in heutigen Unternehmensumfeldern, die sich durch rasch wandelnde Bedingungen auszeichnen, notwendig, sich einem Führungsmodell der drei «Is» zuzuwenden: Interessieren, Informieren und die Identifikation der Mitarbeiter fördern.

Der Unternehmer sollte zunächst über sein eigenes Menschenbild nachdenken. Viele Unternehmer vertreten heute noch die Ansicht, dass Mitarbeiter unselbständig sind, dass man ihnen alles vorschreiben und sie vor allem kontrollieren muss. Dies stellt jedoch einen Teufelskreis dar, der ausgehend von der inneren Einstellung des Unternehmers tatsächlich genau diese Verhaltensweisen bei den Mitarbeitern produziert. Nur wenn man den Menschen, die im Unternehmen arbeiten, Bedürfnisse nach sinnvoller Tätigkeit und eigener Verantwortlichkeit zugesteht, kann man tatsächlich selbständiges Verhalten und Verantwortungsbewusstsein von den Mitarbeitern erwarten. Dazu gehört aber nach wie vor, dass der Unternehmer Ziele zu setzen vermag.

Informieren heisst, dass Unternehmensgrundsätze und Strategien an Mitarbeiter weitergegeben werden, dass Mitarbeiter z.B. auch über notwendige finanzielle Daten wie Budgets oder Umsätze verfügen, Leistungen rückgemeldet werden, ein Vorschlagswesen gepflegt und die informelle Kommunikation neben dem Dienstweg gefördert wird. Interessieren heisst, die direkte Zusammenarbeit zwischen den Mitarbeitern zu ermöglichen, die Beteiligung der Mitarbeiter an wichtigen, sie direkt betreffenden Entscheiden (z.B. bei der Anschaffung neuer Technologien) zu beachten, gemeinsame Zielvereinbarungen (z.B. Aufstellen von Budgets) mit konsequenter Delegation der Ausführung/Erfüllung zu verbinden. Dies äussert sich konkret im Rahmen der Arbeitsorganisation in der Schaffung und Erhaltung von ganzheitlichen, motivationsförderlichen Arbeitsaufgaben. Für Rahmenbedingungen der Arbeitssituation wie Lohn und Arbeitszeiten gilt die grösstmögliche Gleichbehandlung aller Mitarbeiter und eine Personalpolitik, die die Weiterentwicklung der Mitarbeiter ermöglicht und fördert. Identifikation fördern heisst, gemeinsam Leitbilder zu entwickeln, denen sich Mitarbeiter dann auch verpflichtet fühlen.

Qualifizierung und Weiterbildung

Weiterbildung ist heutzutage unbedingt als Erfolgsfaktor zu betrachten, da auf längere Sicht die von den Mitarbeitern in der Ausbildung erworbenen Kenntnisse nicht ausreichen, um die sich immer wieder verändernden Anforderungen im Betrieb erfüllen zu können. Die Weiterbildung der Mitarbeiter, besonders die der Mitarbeiter ohne Führungsfunktionen, wird jedoch in den meisten KMU viel zu wenig beachtet und gefördert. Weiterbildung als reinen Kostenfaktor zu betrachten ist besonders in dynamischen und instabilen Märkten und für Unternehmen, die unter einem hohen technischen Anpassungsdruck stehen, sehr gefährlich.

Eine moderne Weiterbildungspolitik zu betreiben heisst vor allem, Weiterbildung rechtzeitig zu planen, die Weiterbildungsmotivation der Mitarbeiter zu fördern und neben fachlichen Kenntnissen auch immer stärker soziale Kompetenzen und Problemlösefähigkeiten als wesentlich für zukünftige Arbeitsanforderungen zu betrachten. Weiterhin ist es von zentraler Bedeutung, Weiterbildung auf allen Ebenen zu fördern und nicht nur in den Führungsebenen. Weiterbildung ist am wirksamsten, wenn sie sehr tätigkeitsorientiert durchgeführt wird, d.h. den gegenwärtigen oder zukünftigen Anforderungen möglichst nahe. Vor allem in kleinen Unternehmen müssen die vielfältigen internen Schulungsmöglichkeiten, wie Job-rotation, genutzt werden. Um die Motivation der Mitarbeiter für Weiterbildung zu fördern und aufrechtzuerhalten, sind regelmässige Qualifikationsgespräche mit den Mitarbeitern wichtig.

Qualifizierung ist ein ständiger Prozess, der, da sich die Produktions- und Marktbedingungen ständig ändern, nie als abgeschlossen betrachtet werden kann. Wichtig ist dabei immer der Blick auf die zukünftig angestrebten Veränderungen um und im Betrieb, um Weiterbildungsmassnahmen rechtzeitig planen zu können.

Technologie

Bei technologischen Überlegungen ist es ratsam, die Produkttechnologie von der Prozesstechnologie zu trennen. Die Produkttechnologie sollte, unter genauer Beobachtung der Konkurrenz und neuester Entwicklungen, immer wieder auf Verbesserungsmöglichkeiten hin überprüft werden. Als Methode steht hier die Wertanalyse zur Verfügung.

Für die Optimierung der Prozesstechnologien ist wichtig, die Bedürfnisse des Kunden und die strategischen Ziele des Unternehmens im Auge zu behalten. KU müssen darauf achten, eher flexibel einsetzbare Prozesstechnologien auszuwählen, was z.B. im Rahmen der Computertechnologie immer leichter möglich ist.

Bei der Auswahl und der Einführung ist eine gewisse Systematik des Vorgehens ratsam. Diese besteht zunächst in einer Situationsanalyse zur Bestimmung des Material- und Informationsflusses sowie gleichzeitig einer Bedürfnisanalyse für die Zukunft. Es ist heutzutage wichtiger denn je, dabei immer verschiedene Offerten einzuholen und mit den Lieferanten ein Pflichtenheft zu erstellen. Nach der Entscheidung für eine bestimmte Anlage, an der die betroffenen Mitarbeiter unbedingt beteiligt werden sollten, sind Zeitpläne für die Realisierung zu erstellen. In diesem Zeitplan muss eine ausreichend lange Phase für die Qualifizierung der Mitarbeiter einkalkuliert werden.

Ein effizienter Einsatz von Technologien kann neben einer falschen Auswahl durch eine ungeeignete Arbeitsorganisation behindert werden. Unternehmen, die die Auswahl technischer Mittel im Vordergrund sehen und sich zu spät um die Qualifikation der Mitarbeiter und die Organisation der Abläufe kümmern, oder sogar erst nach der Einführung der neuen Technologie, laufen Gefahr, die mit der Anschaffung angestrebten strategischen Ziele nur ungenügend zu erreichen.

Computer

Die Vernetzung verschiedener Bereiche innerhalb des Unternehmens ist heute, vor allem in KU, noch gering, nimmt aber zu. Vernetzung bedeutet jedoch nicht nur die elektronische Verbindung von Unternehmensbereichen, sondern erfordert vor allem neue Formen der Organisation und neue Qualifikationen der Mitarbeiter. Vernetzung erspart Redundanzen, ermöglicht schnellen Zugriff und verschafft kürzere Informationswege.

Für den Umgang mit neuen Entwicklungen und Upgrades gilt, dass Neuerungen nur eingeführt werden sollten, wenn sie merklich zur Erreichung der strategischen Ziele oder zur klaren Arbeitserleichterung für die Mitarbeiter beitragen. Um dafür zu sorgen, dass dies in einem Unternehmen einheitlich und gezielt vonstatten geht, ist ein entsprechend qualifizierter Informatikverantwortlicher, wenigstens teilzeitlich, bereits in kleinen Unternehmen mit einer hohen Computerunterstützung unbedingt notwendig. Auch hier bieten sich Möglichkeiten zur Kooperation mit anderen Unternehmen an.

Für die Auswahl neuer Computersysteme ist die gleiche Systematik anzuwenden, die im Kapitel Technologie bereits vorgestellt wurde. Deutliche Leistungssprünge sind ein guter Indikator für die Entscheidung für ein neues System. Auch hier ist die Beteiligung der betroffenen Mitarbeiter von entscheidender Bedeutung, sowohl für eine bessere Entscheidung als auch für die spätere Akzeptanz und eine effiziente Ausnutzung der Systeme. Generell sollte das Wissen über die Programmbedienung nicht nur bei einer Person liegen. Auch sollte durch eine sorgfältige Aus- und Weiterbildung der eigenen Mitarbeiter eine zu grosse Abhängigkeit vom Lieferanten vermieden werden.

13.3 Der Blick nach aussen

Marketing

Gutes Marketing bedeutet sehr viel mehr, als nur gute Werbung zu betreiben. Es erfordert zunächst eine bestimmte Grundhaltung, die sich als systematische Markt- und Kundenorientierung beschreiben lässt. Diese Grundhaltung ist erst dann ausreichend etabliert, wenn alle Mitarbeiter wissen, wie wichtig die Markt- und Kundenorientierung für das Unternehmen ist, und bereit sind, sie persönlich mitzutragen.

Über diese Grundhaltung hinaus erfordert ein gutes Marketing ein Entscheidungsverhalten, das auf systematischer Marktbearbeitung, einer Definition des Kundenkreises sowie einer Differenzierung von Kundengruppen/Marktsegmenten basiert. Erst dann kann man Entscheidungen über eine Marktbearbeitungsstrategie fällen, wobei es immer wichtiger wird, das Marketing auch auf Dienstleistungen auszudehnen.

Für die Preisbildung sollte eine strenge Orientierung nach Markt- und Nutzenpreisen erfolgen. Für den Verkauf gilt, dass Verkaufsleute kundenspezifisch gut ausgebildet werden müssen. Dabei sollte je nach Kaufart eine andere Verkaufsstrategie gewählt werden. Heutzutage wird es immer wichtiger, Lieferzeiten und Lieferbereitschaft zu optimieren und als Verkaufsargument einzusetzen. Für eigentliche Werbung kann es heutzutage ratsam sein, diese unter Mithilfe von Fachleuten zu entwerfen und dem Firmenleitbild entsprechend zu gestalten. Entscheidend für ein gutes Marketing ist und bleibt, ausreichend Marktinformationen zu haben; die wichtigsten Quellen sind Kunden, Aussendienstmitarbeiter, Messen und Veröffentlichungen von Verbänden.

Innovation

Innovation ist ein magisches Stichwort, mit welchem Unternehmenserfolg nahezu garantiert erscheint. Innovationen zu entwickeln und im Markt einzuführen ist jedoch vor allem für Kleinunternehmen nicht immer einfach. Hierzu können Finanzressourcen und fachliche Qualifikationen erforderlich sein, die in KU nicht immer vorhanden sind.

Dabei ist zu beachten, dass unterschiedliche Möglichkeiten für die Innovationsarten unterschiedlichen Aufwand erfordern und unterschiedliche Auswirkungen auf die Abgrenzung gegenüber der Konkurrenz bieten. Eine Designvariante vermag möglicherweise weniger Konkurrenten zu verdrängen als eine Funktionsverbesserung. Das Wichtigste ist jedoch, dass in einem Unternehmen prinzipiell ein Klima herrscht, in dem neue Ideen aufkommen und weiterentwickelt werden können.

Ein innovationsförderliches Klima zu schaffen heisst, die Motivation der Mitarbeiter für Innovationen zu fördern. Dies kann nur der Fall sein, wenn die Arbeitsbedingungen so gestaltet sind, dass sie Selbständigkeit, Eigenverantwortung und Motivation der Mitarbeiter fördern. Hier sind also der Führungsstil des Unternehmensleiters und die Art der Arbeitsorganisation ganz entscheidend.

Innovationsförderliche Bedingungen müssen bereits auf der ausführenden Ebene herrschen. Dies bedeutet, einerseits Innovationen zu belohnen, Toleranz gegenüber Fehlern zu demonstrieren und durch Job-rotation und Projektteams bereichsübergreifendes Verständnis und letztlich die Kreativität zu erhöhen. Eine wichtige Kreativitätsquelle ist die Fähigkeit, andere fachliche Zusammenhänge einzusehen und zu verstehen. Bewährt hat sich hier auch die Zusammenarbeit mit anderen Firmen bezüglich Problemlösungen. Es kann dabei von Nutzen sein, systematisch Kreativitätstechniken einzusetzen. Generell gilt es, möglichst viele Informationsquellen zu nutzen.

Kooperationen

Kooperationen mit anderen eigenständigen Firmen sind eine Möglichkeit, grössenbedingte Nachteile von KMU zu kompensieren. Kooperation ist in vielen Unternehmensbereichen möglich, für die Auswahl sollten sowohl strategische Ziele als auch Schwachstellen der Unternehmung berücksichtigt werden. In diesem Buch wurden bereits viele typische Schwachstellen von KMU angesprochen, die in Form von Kooperationen besser bewältigt werden könnten, sei es bezüglich der finanziellen Ressourcen, der Knappheit von Mitarbeitern oder des Mangels an qualifizierten Mitarbeitern für eine bestimmte Aufgabe, der limitierten Reichweite in Vertrieb und Marketing, des Bedürfnisses nach schnellerer Innovation oder mangelnder Auslastungsmöglichkeiten für bestimmte technische Anlagen usw. Dabei sind wenige konkrete und intensive Kooperationen wirksamer als viele lose Informationsverbindungen.

Um Kooperationen einzugehen und dann auch effizient nutzbar zu machen, sind bestimmte Regeln zu beachten. Zunächst müssen die Ziele der Kooperation von beiden Partnern festgelegt und klare Vereinbarungen getroffen werden. Ein Kooperationsvertrag muss aufgesetzt und abgeschlossen werden, alle Mitarbeiter müssen informiert werden. Die Delegation der Verantwortung für alle mit einer Kooperation verbundenen Aufgaben an eine Führungskraft kann der stets drohenden Überlastung des Unternehmers vorbeugen. Eine gegenseitige Vertrauensbasis ist die Grundlage für eine fruchtbare Kooperation.

13.4 Die Abstimmung der Innen- und der Aussensicht

Strategie

Der erste Schritt in Richtung einer Verbesserung des strategischen Denkens besteht darin, die Stärken des Unternehmens zur Strategie zu erklären. So betrachten z.B. zwei Drittel der rund 1700 befragten Unternehmen gute Produkte als den wichtigsten Erfolgsfaktor. Die zeitlich und finanziell oft sehr beschränkten Ressourcen stellen vor allem Kleinunternehmen vor die Notwendigkeit, sich auf das Wesentliche zu beschränken und eine strategische Verzettelung zu vermeiden. Dennoch zeigt die Wettbewerbssituation deutlich, dass klare Strategien als Entscheidungsgrundlagen formuliert werden müssen, die über gute Produkte hinausgehen.

Um die jeweils richtige Strategie zu bestimmen, muss sowohl die jetzige Situation analysiert als auch die zukünftige Entwicklung, soweit einschätzbar, berücksichtigt werden. Aus diesen Analysen und Situationsbeschreibungen ergeben sich Aufgaben und Anforderungen an das Unternehmen, für die gemeinsam mit Führungsleuten und kompetenten Fachkräften Lösungen gesucht werden können. Dies ergibt einen gewissen Katalog von Strategien, die nach ihrer Priorität geordnet werden müssen. Die Auswahl der wichtigsten strategischen Ziele ist einer der zentralen Punkte innerhalb der strategischen Planung, sie muss je nach Umfeld und Tätigkeitsfeld des Unternehmens individuell formuliert werden.

Der zweite wichtige Schritt besteht dann (1) in der Zuordnung der Strategie zu Teilbereichen des Unternehmens und (2) in der Übersetzung der allgemeinen Unternehmensstrategie in Anforderungen für die einzelnen Teilbereiche des Unternehmens. Um gleichzeitig eine Verzettelung zu vermeiden, ist es wichtig, sich auf die Stärken des Unternehmens zu konzentrieren, anstatt alle möglichen Arten der Strategieumsetzung zu versuchen.

Schliesslich ist es noch wichtig, Informationen über die strategische Zielsetzung im Betrieb zu verbreiten, da nur Strategien, die von allen Mitarbeitern verstanden und getragen werden, effizient umgesetzt werden können.

Finanzen

Die finanzielle Situation ist besonders wichtig für kleine Unternehmen und Familienunternehmen, da sie geringere Möglichkeiten haben, in Engpasssituationen auf externe Finanzmittel zurückzugreifen.

Ein erster wichtiger Schritt zu einer übersichtlichen Handhabung des Finanzcontrollings ist die Computerunterstützung in der Buchhaltung. Rund 70% der befragten Kleinbetriebe und 90% der Mittelbetriebe tun dies bereits. Dies stellt aber nur eine Voraussetzung dar. Die entscheidende Frage ist, welche Kennzahlen in welchen Zeitabständen betrachtet werden müssen.

Für eine grössere Übersicht im Finanzbereich ist es zunächst wichtig, Zwischenabschlüsse zu betrachten. Weiterhin sollte quartalsweise eine kurzfristige Erfolgsrechnung (KER) als wichtige betriebswirtschaftliche Steuergrösse durchgeführt werden. Vergleiche mit anderen Firmen wären hier sehr nützlich. Es ist weiterhin unbedingt ratsam, Budgets aufzustellen und in festen Zeitabständen (z.B. quartalsweise) zu kontrollieren, und zwar nicht nur für das Gesamtunternehmen, sondern auch für einzelne Teilbereiche des Unternehmens. Werden die Mitarbeiter an der Aufstellung und Einhaltung der Budgets beteiligt, haben sie einen besseren Einblick in die betriebswirtschaftlichen Zusammenhänge und können sich besser für die Einhaltung des Budgets einsetzen. Es gibt eine Reihe von Kennzahlen und Stromgrössen, die den Einblick in den finanziellen Zustand des Unternehmens erleichtern. Wohl am wichtigsten ist es, die eigene Liquidität nie aus den Augen zu verlieren und zukünftige finanzielle Bedürfnisse zu kalkulieren.

13.5 Schlussbemerkung

In diesem Buch sollten Empfehlungen in den wichtigsten Unternehmensbereichen gegeben werden, die sich für Leiter von Klein- und Mittelunternehmen aufgrund von vielfältigem Datenmaterial, von Beobachtungen und neuen Organisationstheorien ableiten lassen. Die Gewichtung dieser Erfolgsfaktoren ist und bleibt dem Unternehmer selbst überlassen, da sie stark von den besonderen Gegebenheiten im Unternehmen und den Charakteristika des Unternehmensumfeldes abhängen. In einigen Fällen weiss der Unternehmer selbst genau, wo Verbesserungen am nötigsten sind, in anderen Fällen sind sorgfältige Analysen der Abläufe im Unternehmen nötig.

Wir hoffen sehr, dass wir für beide Situationen einige Anregungen geben konnten.

Checklisten

A Informationsbeschaffung aus Sekundärquellen*

Organisation	Strategien	Umsatz	Rechtsform	Regionale Schwerpunkte	Produktprogramm	Preisentwicklung	Preise	Patente, techn. Info	Marktstellung	Liquiditätsstatus	Konkurrenz	Kapitalstruktur	Jahresabschluss	Investitionen	Inlandsumsatz	Grosshandelspreise	Geschäftsleitung	Forschung & Entwicklung	Finanzierung	Fertigungsstätten, Verfahren	Branchenstruktur	Branchenkonjunktur	Beschäftigung/Beschäftigte	Bankverbindungen	Auslandskonjunktur	Auftragslage	Anbieter	Absatzwege	Absatzorganisation	Absatzlage	Abnehmer/Verwender	WOHER	
				X																	X					X					X	Verbandsberichte	
	X	X				X															X										X	Verbandsauskünfte	
												X		X		X					X	X	X									Verbandsstatistik	
		X		X																											X	Verbandsmitgliederverzeichnis	
		X																														Produktionsstatistik	
					X											X																Preis- und Lohnstatistik	
																								X								Umsatzsteuerstatistik	
																									X							Aussenhandelsstatistik	
	X												X						X	X												Aus- und Einfuhrpreise	
X	X	X													X				X	X												Industrieberichte	
	X			X	X							X	X								X	X	X									Statistisches Jahrbuch der Schweiz	
X	X			X	X										X	X									X	X	X				X	Fachzeitschriften	
					X																											Fachdokumentation (vorwiegend technisch)	
X	X	X	X		X		X	X	X	X	X			X			X	X		X	X		X	X	X	X	X				X	Wirtschaftszeitschriften	-A-
X	X	X	X		X	X	X		X		X	X	X		X	X		X	X	X	X		X		X	X	X	X			X	Tageszeitungen und Wirtschaftspresse	-A-
X	X	X	X		X		X	X	X		X	X	X					X	X	X	X		X		X	X	X	X			X	Zeitungsausschnitt-Dienste	
X		X	X	X	X							X	X					X		X	X	X	X	X			X	X	X		X	Firmen- und Branchenhandbücher	
		X	X																							X					X	Einkaufsführer, Bezugsquellennachweis	
				X	X		X																			X					X	Messekataloge	
	X		X	X														X			X				X	X	X				X	Kataloge und Preislisten	
			X	X																					X	X	X				X	Prospekte	
	X			X	X		X		X	X					X	X		X	X	X				X							X	Bankauskünfte und -dokumentationen	
X							X	X	X								X		X				X								X	Auskunfteien	
X									X			X			X		X															Wirtschaftswissenschaftliche Institute	
X	X	X	X		X		X		X	X	X	X	X	X	X	X	X	X		X									X	X		Geschäftsberichte	
X	X	X	X		X		X	X	X	X	X	X	X	X	X	X	X	X		X				X				X	X	X	X	Vorträge von Kaderangehörigen	
X					X			X	X		X	X				X		X								X	X	X			X	Hauszeitschriften	
	X	X					X			X												X				X					X	Schweizerisches Regionenbuch (Orell Füssli)	
		X							X													X				X					X	Kompass (Kompass AG)	
X	X				X																					X					X	Who Owns Whom – Schweiz. Beteiligungsatlas	
																																Verzeichnis der Verwaltungsräte	
	X	X			X				X		X							X					X								X	SHZ: «Grösste Unternehmen in der Schweiz»	-K-
																																Eidgenössische Zollstatistik	
X	X			X					X		X	X					X			X		X		X			X				X	Schweiz. Handels- und Industrieverein (Vorort)	
							X																									Bundesamt für geistiges Eigentum TIPAT	
	X	X	X		X	X	X	X	X	X							X	X	X	X	X		X	X						X	X	SBG-Wirtschaftsdokumentation	

-A- Allgemein
-K- Konkret

---

*aus: Cavalloni, C. (1988). Voraussetzungen und Chancen der Nischenstrategie. Dissertation ETH Zürich.

B Konkurrenzanalyse

Vorab: Welche Konkurrenz soll als Vergleichsmassstab herangezogen werden?

—> **Möglichkeiten**

- bestes Konkurrenzunternehmen
- Gruppe von Konkurrenzunternehmen
- schlechtester Konkurrent (z.B. Insolvenzen analysieren)

—> **Empfehlung:** Beachten Sie den stärksten Konkurrenten!

Zu stellende **Fragen** an das Konkurrenzunternehmen:

- Welches sind die Hauptstärken?
- Welches sind die Hauptschwächen?
- Welche Strategien sind erkennbar?
- Welche erfolgsrelevanten Vorteile besitzt die Konkurrenz?
- Wie stellt sich die gegenwärtige Situation dar bezüglich:
    - Umsatz gesamt?
    - Umsatz in relevanten Produktbereichen?
    - Marktanteilen gesamt?
    - Marktanteilen in relevanten Produktbereichen?
- Welche Produktpolitik wird verfolgt?
- Wie hoch sind die Preise?
- Wie ist die Kostenstruktur?
- Welche Gewinnsituation liegt vor?
- Wie präsentiert sich die Finanzkraft?
- Welches sind die Hauptgründe für deren Erfolg oder Misserfolg?
- Was wird vermutlich dessen Reaktion auf Ihre Marktaktionen sein?

C Stärken-Schwächen-Analyse*

Im folgenden ist eine an einem erfundenen Beispiel durchgespielte Stärken/Schwächen-Analyse abgebildet. Das Beispiel soll Anregungen geben, welche Kriterien betrachtet werden sollen und wie man zu einer Beurteilung gelangen kann.

Kriterien aus der Analyse unternehmungsinterner Faktoren	Ist-Zustand	--	-	=	+	++
Marktleistung						
- Sortiment	Hoch entwickelt; aber Gefahr, dass Sortimente überborden				x	
- Produktqualität	Qualität im allgemeinen sehr gut					x
- Anwendungsberatung, Problemlösung	Wenig entwickelt; wir denken zu sehr produktorientiert		x			
- Lieferservice	Sehr gut; Problem Retouren nicht gelöst					x
Preise, Rabatte	im Branchendurchschnitt			x		
Marktbearbeitung						
- Verkauf	Quantitativ/qualitativ nicht konkurrenzfähig	x				
- Werbung	Aufmachung (Prospekte etc.) verbesserungsfähig		x			
- Image	guter Name im Markt				x	
Distribution						
- Inländische Absatzorganisation	kein naher Bahnanschluss; beauftragte Speditionen häufig mit Kapazitätsengpässen	x				
- Exportorganisationen	speziell ausgebildetes Personal, viel Erfahrung				x	
- Lieferbereitschaft + Lagerbewirtschaftung	Lager stark reduziert, dennoch Lieferbarkeit sehr gut					x
Produktion						
- Produktionstechnologien	modern und den Produkten gut angepasst					x
- Kapazitäten	meist schlechte Auslastung		x			
- Produktivitäten	hoch				x	
- Produktionskosten	sehr hoch, da schlechte Auslastung der teuren Maschinen	x				
Forschung & Entwicklung						
- Entwicklungsaktivitäten und -investitionen	F & E- Ausgaben in Umsatzprozenten liegen im Branchendurchschnitt	x				
- Leistungsfähigkeit	hoch: 50% Umsatz mit Produkten, die in den letzten 5 Jahren entwickelt wurden				x	
- Patente und Lizenzen	Patent- und Lizenzmöglichkeiten werden nur unzureichend geprüft				x	

*Weiterentwickelt aus Pümpin/ Geilinger (1986)

C Fortsetzung

Kriterien aus der Analyse unternehmungsinterner Faktoren	Ist-Zustand	--	-	=	+	++
Finanzen						
-Kapitalvolumen und -strukturen	Der Eigenkapitalanteil ist mit 22% für unser Branche und Grösse zu gering	x				
-Stille Reserven	hoch, da ungenutzte Immobilien vorhanden				x	
-Liquidität	zufriedenstellend, da Liquidität 2. Grades = 160%				x	
Personal						
- Qualitative Leistungsfähigkeit der Mitarbeiter	hoch: durchgehend gelernte Fachkräfte, regelmässige Weiterbildung				x	
- Motivation	Begeisterung für die Tätigkeit als solche		x			
- Lohnsystem	Beteiligung am Unternehmenserfolg				x	
- Teamgeist	eher gering, da Gruppenarbeit noch nicht konsequent eingeführt			x		
Führung und Organisation						
- Geschwindigkeit der Entscheide	eher langsam, da viele Hierarchiestufen		x			
- Zweckmässigkeit der Organisationsstruktur	funktionale Gliederung für uns sinnvoll (eher eine Hierarchiestufe zu viel)				x	
- innerbetriebliche Informationen	ausgeklügeltes Rechnungswesen, Kostenrechnung implementiert					x
Innovationsfähigkeit						
- Einführung neuer Marktleistungen	viele Neuprodukte dank guter und innovativer F&E					x
- Erschliessung neuer Märkte	schwerfällig, da fehlendes Marketing-Know-how	x				
Know-how in bezug auf:						
- Kooperationen	nicht vorhanden, da bislang sehr kooperationsscheu	x				
- Beteiligung	kleines Tochterunternehmen wurde gekauft, bislang allerdings kein Ausnutzen von Synergien		x			

Unser Unternehmen im Vergleich zur Hauptkonkurrenz:
-- deutlich schlechter
- etwas schlechter
= gleich mit Hauptkonkurrenz
+ etwas besser
++ deutlich besser

D Chancen-Gefahren-Profil*

Kriterien	Entwicklungstendenzen	Chance	Gefahr	Begründung
Wirtschaft	Kaufkraftsteigerung der Bevölkerung in den bisherigen Märkten eher gering (Stagnation in Ländern X, Y)		x	Mögliche Auswirkung auf Umsätze in X, Y
	Güteraustausch innerhalb der EU steigend	x		
	Konjunkturschwankungen mit relativ kurzem Rhythmus, jedoch in Form nichttarifischer Handelshemmnisse		x	Die zunehmenden Handelshemmnisse führen zu grossen Kostensteigerungen, besonders im internationalen Geschäft, da die Bestimmungen von Land zu Land verschieden sind (Verpackungsverordnungen usw.)
	Konjunkturschwankungen mit relativ kurzem Rhythmus, jedoch nicht allzu tiefen Ausprägungen		x	
Demographische und sozialpsychologische Entwicklungstendenzen	Stagnation der Bevölkerungsentwicklung in den wichtigsten Märkten		x	
	Überalterung der Bevölkerung	x		
	Trend zur natürlichen Lebensweise	x		
	Trend zu mehr Individualität	x		Auf bestimmte Verbrauchersegmente abgestimmte Produkte und Dienstleistungen werden eher geschätzt als anonyme Massenprodukte
	Kritischere Einstellung zur Werbung		x	

Weitere zu analysierende Kriterien der Umwelt

(auch hier sind die Entwicklungstendenzen aufzuzeigen, und es muss die Beurteilung als Chance bzw. Gefahr erfolgen)

1. **Technologie**
   - Wie entwickeln sich die Produktionstechnologien (Tendenzen)?
   - Welches Innovationspotential ist hier vorhanden?
   - Wie entwickeln sich die Produkttechnologien (Tendenzen)?
   - Welches Innovationspotential ist hier vorhanden?
   - Gibt es Substitutionstechnologien, die die eigene Technologie ersetzen könnten?
   - Wie entwickeln sich die Informatik und die Telekommunikation (Tendenzen)?

2. **Branche**
   - Wie viele Anbieter gibt es?
   - Wie unterschiedlich sind die Anbieter (z.B. bez. Grösse usw.)?

---

* in Anlehnung an Pümpin/Geilinger (1988), Strategische Führung. In: Schweizerische Volksbank: Die Orientierung. NR. 76.

- Wie hoch ist die Auslastung und die Kapazität der einzelnen Anbieter?
- Wie hart ist der Konkurrenzkampf?
- Wie verhalten sich die Anbieter in bezug auf gewisse Erfolgsfaktoren in der Branche (Preis, Qualität, Sortiment, Beratung, Lieferfristen usw.)?
- Welche Absatzkanäle verwenden die Anbieter?
- Welche Innovationstendenzen bez. Produkten, Verfahren usw. bestehen in der Branche?
- Bestehen Eintrittsbarrieren für neue Konkurrenten? Wenn ja, welche?
- Wie leicht sind die erbrachten Leistungen zu substituieren?

3. Absatzmarkt

- Wie hoch ist das Marktvolumen?
- Um wieviel Prozent (mengenmässig) wächst der Markt pro Jahr?
- Wie sind die Marktanteile verteilt?
- Wie ist der Sättigungsgrad des Marktes einzuschätzen?
- Wie setzen sich die Kunden zusammen (Kundenstruktur)?
- Welche Bedürfnisse haben die Kunden?
- Aus welchen Motiven heraus kaufen die Kunden ein?
- Wie hoch ist die «Marktmacht» der Kunden?

4. Beschaffungsmarkt

- Wie entwickeln sich die Preise für die Beschaffungssektoren
  - Rohmaterialien?
  - Halbfertigprodukte?
  - Betriebsmittel?
  - Dienstleistungen?
  - Personal?
  - Finanzen?
- Wie viele Lieferanten gibt es jeweils? Wie ist deren Verhandlungsstärke?
- Gibt es alternative Lieferquellen (z.B. zur Vermeidung der Abhängigkeit)?
- Wie ist die Qualität und Stabilität der Lieferanten zu beurteilen?

5. Ökologie

- Wie präsentiert sich die Verfügbarkeit der Energie?
- Wie ist die Verfügbarkeit von Rohstoffen zu beurteilen?
- Welche Strömungen im Umweltschutz sind zu beobachten bez.:
  - Umweltbewusstsein?
  - Umweltbelastung?
  - Umweltschutzgesetzgebung?
- Wie entwickeln sich die Recyclingkosten?

6. Politik und Recht

- Welche politischen Entwicklungstendenzen sind auszumachen (z.B. Ost-West, Nord-Süd, Konfliktherde usw.)?
- Welche Tendenzen in der Wirtschaftspolitik sind zu beobachten (national und international)?
- Wie ist die Bedeutung und der Einfluss der Gewerkschaften?
- Wie hoch ist die Handlungsfreiheit der Unternehmen?

E «Todsünden» der Kommunikation*

■ **Man informiert, ohne vorher genau zu überlegen, was man wem, wann, wo, womit und wie mitteilen will.**

Resultat:

Die Information spricht das Zielpublikum nicht wirkungsvoll an, überzeugt nicht und ist deshalb unwirtschaftlich.

■ **Man informiert subjektiv, aufgrund seiner eigenen Erfahrungen und z.B. in seiner Fachsprache, ohne Rücksicht auf die Denkweise des Zielpublikums.**

Resultat:

Die Botschaft wird vom Empfänger falsch interpretiert oder ist für ihn unverständlich.

■ **Man fasst eine Information ab, ohne diese dem entsprechenden Informationsträger anzupassen.**

Resultat:

Die Information kommt nur in Bruchstücken an.

■ **Man wählt einen falschen Informationsträger.**

Resultat:

Die Botschaft erreicht das Zielpublikum nicht oder nur zum Teil, ist also unwirtschaftlich.

■ **Die Botschaft ist zu wenig profiliert.**

Resultat:

Sie kann sich nicht durchsetzen und geht im Trommelfeuer der vielen Informationen unter.

■ **Man informiert, ohne zu prüfen, wie die Information ankommt. Die Rückkoppelung, und damit auch die Erfolgskontrolle, wird nicht sichergestellt.**

Resultat:

Gute Ideen und wertvolle Franken verpuffen. Briefwerbung muss durch telefonisches Nachfassen geprüft werden!

---

*Quelle: MAGMA Martin Grossmann Marketing, Seminarunterlagen 1994.

F   Welche Informationen sollten einem Werbeberater zur Verfügung gestellt werden?*

1. Produktbeschreibung

- Vorzüge und Nachteile gegenüber Wettbewerbsprodukten
- Neuigkeitsgrad/Innovation
- Nutzeffekt für den Kunden
- Funktion
- Ausstattung
- besonderer Kaufanreiz

2. Zielgruppenbeschreibung

- Branchen
- Berufsgruppen
- Funktion im Unternehmen
- Einfluss auf die Kaufentscheidung
- Erwartungshaltung und Präferenzen

3. Marktsituation

- Position im Markt
- Wettbewerbsprodukte
- Goodwill der Marke
- mögliche Substitutionsprodukte
- regionale Schwerpunkte
- saisonale Schwerpunkte

4. Vertrieb

- Aussendienst
- Handel
- Direktvertrieb an Verbraucher/Anwender
- Preispolitik
- Konditionen
- Unterschiede zum Wettbewerb

5. Zielsetzung

- erstrebte Marktposition
- Absatz
- Profilierung der Marke
- Abgrenzung gegenüber Wettbewerb
- Imageverbesserung
- Erschliessen neuer Vertriebswege

6. Werbeetat

---

*Quelle: Schattner, K. (1988): Die Zukunft meistern, Bochum: Kleffmann, S. 138.

G Fragen zum Auffinden von organisatorischen Schwachstellen bzw. Stärken*

Haben Sie Schwierigkeiten mit:	nein	ja	Bemerkungen
1. dem Einhalten von Lieferterminen?	☐	☐	_____
2. der Länge der Durchlaufzeiten?	☐	☐	_____
3. der Höhe der Lagerbestände?	☐	☐	_____
4. der Höhe der Werkstattbestände?	☐	☐	_____
5. dem Verfolgen des Auftragsfortschritts?	☐	☐	_____
6. der Übersichtlichkeit des Materialflusses?	☐	☐	_____
7. dem Materialbezug?	☐	☐	_____
8. der Übersichtlichkeit des Belegflusses?	☐	☐	_____
9. der Anzahl Papiere zur Auftragserledigung?	☐	☐	_____
10. der Vereinheitlichung von Fertigungsunterlagen?	☐	☐	_____
11. dem Erstellen von Fertigungsunterlagen?	☐	☐	_____
12. der Übersichtlichkeit von Fertigungsunterlagen?	☐	☐	_____
13. der Flexibilität der Dispositionssysteme?	☐	☐	_____
14. dem Handhaben des Dispositionssystems aus der Sicht der Fertigung?	☐	☐	_____
15. der Flexibilität der Fertigung bezüglich			
– Typenwechsel?	☐	☐	_____
– Typenänderung?	☐	☐	_____
– Stückzahlschwankung?	☐	☐	_____
– Mitarbeitereinsatz?	☐	☐	_____
16. dem Lohnsystem bezüglich			
– Transparenz?	☐	☐	_____
– Handhabung?	☐	☐	_____
– Gerechtigkeit?	☐	☐	_____
17. Überorganisation?	☐	☐	_____

*aus: Eissing, G. (1993). Arbeitsorganisation in Klein- und Mittelbetrieben. Köln: Bachem.

H Bewertung der Motivationsförderlichkeit der Arbeitsaufgaben in einer Abteilung*

Bitte bewerten Sie die Arbeitsaufgaben getrennt für ihre Abteilungen oder Unternehmensbereiche nach den folgenden Kriterien:

Kriterien	nur wenige Mitarbeiter	die meisten der Mitarbeiter (d.h. mehr als die Hälfte)
1. Ganzheitlichkeit		
1.1 Wieviel % die Mitarbeiter der Abteilung haben Aufgaben mit planenden, ausführenden und kontrollierenden Elementen?	❏	❏
1.2. Wieviel % der Mitarbeiter der Abteilung haben Aufgaben, bei denen die Möglichkeit besteht, Ergebnisse der eigenen Tätigkeit auf die Übereinstimmung mit gestellten Anforderungen zu überprüfen?	❏	❏
2. Anforderungsvielfalt Wieviel % der Mitarbeiter der Abteilung haben Aufgaben mit unterschiedlichen Anforderungen an Körperfunktion und Sinnesorgane?	❏	❏
3. Möglichkeiten zur Zusammenarbeit Wieviel % der Mitarbeiter der Abteilung haben Aufgaben, deren Bewältigung Zusammenarbeit mit anderen Mitarbeitern nahelegt oder voraussetzt?	❏	❏
4. Autonomie (Selbständigkeit) Wieviel % der Mitarbeiter der Abteilung haben Aufgaben mit Planungs- und Entscheidungsmöglichkeiten?	❏	❏
5. Lern- und Entwicklungsmöglichkeiten Wieviel % der Mitarbeiter der Abteilung haben problemhaltige Aufgaben, zu deren Bewältigung vorhandene Qualifikationen eingesetzt und erweitert bzw. neue Qualifikationen erworben werden müssen?	❏	❏
6. Zeitliche Spielräume und stressfreie Regulierbarkeit Wieviel % der Mitarbeiter der Abteilung haben Aufgaben, bei deren Bewältigung Vorgabezeiten/Zeitpuffer vorgesehen werden?	❏	❏
7. Sinnhaftigkeit		
7.1 Wieviel % der Mitarbeiter der Abteilung arbeiten an Produkten, deren gesellschaftlicher Nutzen nicht in Frage gestellt wird?	❏	❏
7.2. Wieviel % der Mitarbeiter der Abteilung arbeiten an Produkten und in Produktionsprozessen, deren ökologische Unbedenklichkeit überprüft und sichergestellt werden kann?	❏	❏

---

*Die Kriterien sind ausführlich nachzulesen bei Ulich, E. (1994). Arbeitspsychologie. Zürich: vdf, Stuttgart: Schäffer-Poeschel.

I Fragen zur Bewertung der Selbständigkeit einer Gruppe*

Zur Gesamtaufgabe der Gruppe gehört:	+ - o	Die Entscheidung trifft					Funktionsträger benennen
		Die Gruppe allein	Die Gruppe gemeinsam mit anderen Funktionsträgern	Ein bestimmtes Gruppenmitglied allein	Ein Gruppenmitglied gemeinsam mit anderen Funktionsträgern	Der Meister oder ein anderer Funktionsträger	
das Layout in ihrem Produktionsabschnitt		☐	☐	☐	☐	☐	
die Einrichtung der Arbeitsplätze		☐	☐	☐	☐	☐	
die Planung der Auftragsreihenfolge		☐	☐	☐	☐	☐	
die Festlegung der Anforderungen an die Qualität der Erzeugnisse		☐	☐	☐	☐	☐	
die Einhaltung der Termine		☐	☐	☐	☐	☐	
die Feindisposition		☐	☐	☐	☐	☐	
die Wahl der Produktionsmethode		☐	☐	☐	☐	☐	
die Beschaffung von Arbeitsmitteln		☐	☐	☐	☐	☐	
die Wahl d. geeigneten Arbeitsmittel		☐	☐	☐	☐	☐	
die NC-Programmierung		☐	☐	☐	☐	☐	
die Einrichtung der Maschinen		☐	☐	☐	☐	☐	
die Voreinstellung der Werkzeuge		☐	☐	☐	☐	☐	
die Wartung und Instandhaltung		☐	☐	☐	☐	☐	
die Störungsbeseitigung		☐	☐	☐	☐	☐	
die Erledigung kleinerer Reparaturen		☐	☐	☐	☐	☐	
die Prüfung der Erzeugnisqualität		☐	☐	☐	☐	☐	
die Nacharbeit		☐	☐	☐	☐	☐	
die Materialwirtschaft		☐	☐	☐	☐	☐	
die Reinigungs- und Transportaufgaben		☐	☐	☐	☐	☐	

*aus: Ulich, E. (1994). Arbeitspsychologie. Zürich: vdf, Stuttgart: Schäffer-Poeschel, S. 182.

Checklisten

	+ - o	Die Gruppe allein	Die Gruppe gemeinsam mit anderen Funktionsträgern	Ein bestimmtes Gruppenmitglied allein	Ein Gruppenmitglied gemeinsam mit anderen Funktionsträgern	Der Meister oder ein anderer Funktionsträger	Funktionsträger benennen
die Kostenabrechnung		☐	☐	☐	☐	☐	
die Ablieferung der Erzeugnisse beim Kunden		☐	☐	☐	☐	☐	
die interne Aufgabenverteilung		☐	☐	☐	☐	☐	
die Zeitverteilung über den Tag		☐	☐	☐	☐	☐	
die Regelung von An- und Abwesenheiten		☐	☐	☐	☐	☐	
die Entscheidung über die Annahme von Überstunden		☐	☐	☐	☐	☐	
das Arbeitstempo		☐	☐	☐	☐	☐	
die Pausenregelung		☐	☐	☐	☐	☐	
der Personaleinsatz		☐	☐	☐	☐	☐	
die Ferienregelung		☐	☐	☐	☐	☐	
die Entscheidung über die Art der internen Koordination		☐	☐	☐	☐	☐	
die Wahl eines Gruppenmitglieds für die interne Koordination		☐	☐	☐	☐	☐	
die Entscheidung über die Art der Vertretung nach aussen		☐	☐	☐	☐	☐	
die Wahl eines Gruppenmitglieds für die Vertretung nach aussen		☐	☐	☐	☐	☐	
die Grenzregulation mit vor- und nachgelagerten Bereichen		☐	☐	☐	☐	☐	
die Auswahl neuer Gruppenmitglieder		☐	☐	☐	☐	☐	
das Anlernen neuer Gruppenmitglieder		☐	☐	☐	☐	☐	
die Aus- und Weiterbildung von Gruppenmitgliedern		☐	☐	☐	☐	☐	
die Abwahl unerwünschter Gruppenmitglieder		☐	☐	☐	☐	☐	
das Vereinbaren der Produktionsmenge pro Zeiteinheit		☐	☐	☐	☐	☐	
das Vereinbaren der finanziellen Bedingungen		☐	☐	☐	☐	☐	

+ gehört zur Aufgabe der Gruppe   **- gehört nicht zur Aufgabe der Gruppe**   **o kommt nicht vor**

J Beurteilung des Gruppenklimas*

		Trifft völlig zu 1	2	3	4	Trifft gar nicht zu 5
1.	Wir nehmen uns selten Zeit, einander unsere Zielvorstellungen und Erwartungen mitzuteilen.	☐	☐	☐	☐	☐
2.	Der Informationsfluss zwischen uns läßt zu wünschen übrig.	☐	☐	☐	☐	☐
3.	Wir verhalten uns in dieser Gruppe häufig nicht wirklich frei und offen zueinander.	☐	☐	☐	☐	☐
4.	Die Ziele einiger von uns stimmen nicht mit denen der anderen überein.	☐	☐	☐	☐	☐
5.	Meinungsverschiedenheiten zwischen uns werden selten restlos geklärt und die individuellen Standpunkte zu wenig berücksichtigt.	☐	☐	☐	☐	☐
6.	Versuche, Sachverhalte kritisch zu werten, werden oft als negativ und verletzend gesehen.	☐	☐	☐	☐	☐
7.	Manche von uns verfolgen ihre persönlichen Ziele auf Kosten der Gruppe.	☐	☐	☐	☐	☐
8.	Wir halten uns oft nicht an getroffene Entscheidungen oder setzen sie nur zum Teil in die Tat um.	☐	☐	☐	☐	☐
9.	Wir investieren zu wenig Zeit in die Kontrolle unserer Problemlösungsstrategien.	☐	☐	☐	☐	☐
10.	Wir sprechen kaum über die Qualität unserer Zusammenarbeit.	☐	☐	☐	☐	☐
11.	Manche von uns sind sich nicht im klaren über ihr Verhältnis untereinander.	☐	☐	☐	☐	☐

*aus: Rosenstiel, R. & Stumpp, U. (1992). Mitarbeiterführung in Wirtschaft und Verwaltung. München: Schick.

K   Analyse des Führungsverhaltens

Versuchen Sie, bei den folgenden Aussagen jeweils abzuschätzen, in wieweit sie auf Ihren Betrieb und auf Ihre Führungskultur zutreffen. Setzen Sie Ihr Kreuz so, dass es mit den jetzigen Gegebenheiten übereinstimmt und nicht so, wie der Führungsstil Ihrer Meinung nach idealerweise sein sollte.

	stimmt vollkommen	stimmt überwiegend	stimmt manchmal	stimmt kaum	stimmt überhaupt nicht
1. Mitarbeiter haben es leicht, unter Umgehung des Dienstweges direkt mit mir in Kontakt zu kommen.	5	4	3	2	1
2. Das Salärsystem in unserem Betrieb belohnt gute Leistungen individuell und schafft so für den einzelnen eine gute Motivation und Leistungsbereitschaft.	5	4	3	2	1
3. Mitarbeiter sollen möglichst weitgehend selber entscheiden können. Sie mit den nötigen Qualifikationen und Kompetenzen auszustatten ist bei uns ein strategisches Ziel.	5	4	3	2	1
4. Mitarbeiter, welche ihren Pflichten nicht genügend nachkommen, müssen wenn nötig mit Druck dazu gebracht werden, sonst reisst bald eine schlechte Arbeitsmoral ein.	5	4	3	2	1
5. Arbeitsgruppen brauchen eine klare Spitze, welche aufgrund ihrer Erfahrung in der Lage ist, die richtigen Entscheidungen zu treffen und auch die Verantwortung dafür übernimmt.	5	4	3	2	1
6. Über laufende Entwicklungen bin ich nicht immer vollständig orientiert. Wenn Schwierigkeiten auftreten, werden sie gemeinsam angegangen.	5	4	3	2	1
7. In unserem Betrieb gibt es für die meisten Vorkommnisse verbindliche Kompetenzenregelungen und klare Anweisungen.	5	4	3	2	1
8. Ich kontrolliere stets unauffällig. So kann ich eingreifen, wenn neue Anweisungen erforderlich sind.	5	4	3	2	1

L   Qualifizierung und Weiterbildung

	ja, regelmässig	bei besonderen Anlässen	niemals
1. Tauschen Ihre Mitarbeiter ihren Arbeitsplatz mit anderen Mitarbeitern (job rotation) innerhalb der Abteilung?	☐	☐	☐
2. Tauschen Ihre Mitarbeiter ihren Arbeitsplatz mit anderen Mitarbeitern (job rotation) auch über Abteilungsgrenzen hinweg?	☐	☐	☐
3. Werden innerbetriebliche Weiterbildungsveranstaltungen angeboten?	☐	☐	☐
4. Schicken Sie Mitarbeiter vor der Beschaffung neuer Werkzeuge oder Maschinen zu Messen oder Lieferanten?	☐	☐	☐
5. Haben die Mitarbeiter Zugang zu Fachliteratur, Video oder Computerinformationen?	☐	☐	☐
6. Schicken Sie Mitarbeiter zu externen Seminaren, Kursen oder Messen?	☐	☐	☐
7. Gehört das Training sozialer Kompetenzen zu Ihren Ausbildungsprogrammen?	☐	☐	☐
8. Ist Zusammenarbeit in einem Projekt oder für ein Produkt ausdrücklicher Ausbildungsbestandteil?	☐	☐	☐
9. Führen Sie regelmässige Gespräche mit Ihren Mitarbeitern über ihren Qualifikationsstand sowie ihre Entwicklungspotentiale und Perspektiven?	☐	☐	☐
10. Wird in der Ausbildungsplanung auf vorhandene Kenntnisse, Schwierigkeiten, Erfahrungswissen, etc. der Mitarbeiter eingegangen?	☐	☐	☐
11. Werden der Praxisbezug und die Breite der Ausbildung durch Projektarbeit mit externen Institutionen oder anderen Firmen verstärkt?	☐	☐	☐
12. Nutzen Sie für Mitarbeiter die Möglichkeiten des on the job training? (Erlernen neuer Fähigkeiten am Arbeitsplatz)	☐	☐	☐

M   Beurteilung von Arbeitssystemen nach dem Konzept «Arbeitsorientierung oder Technikorientierung»*

Bitte beurteilen Sie die Arbeitsbedingungen in Ihren Abteilungen oder Unternehmensbereichen nach folgenden Kriterien:

1. **Wie sieht die Arbeitsteilung zwischen Mensch und Maschine im Arbeitssystem bzw. in der Abteilung aus?**

   Operateure übernehmen nicht automatisierte Resttätigkeiten
   ☐

   Operateure übernehmen ganzheitliche Aufgaben von der Planung bis zur Qualitätskontrolle
   ☐

2. **Wie ist die Kontrolle im Arbeitssystem bzw. in der Abteilung geregelt?**

   Zentrale Kontrolle: Aufgabenausführung durch Rechnervorgaben inhaltlich und zeitlich festgelegt. Keine Handlungs- oder Gestaltungsspielräume für Operateure
   ☐

   Lokale Kontrolle: Aufgabenausführung nach Vorgaben der Operateure innerhalb definierter Handlungs- und Gestaltungsspielräume
   ☐

3. **Wo wird der Arbeitsfluss im Arbeitssystem bzw. in der Abteilung gesteuert?**

   Zentralisierte Steuerung durch vorgelagerte Bereiche
   ☐

   Dezentralisierte Steuerung im Fertigungsbereich
   ☐

4. **Wie ist der Zugang der Mitarbeiter zu wichtigen Informationen im Arbeitssystem bzw. in der Abteilung gestaltet?**

   Uneingeschränkter Zugang zu Informationen über Systemzustände nur auf Steuerungsebene
   ☐

   Information über Systemzustände vor Ort jederzeit abrufbar
   ☐

5. **Wie ist die Zuordnung von Regulation und Verantwortung im Arbeitssystem bzw. in der Abteilung organisiert?**

   Regulation der Arbeit durch Spezialisten, z.B. Programmierer oder Einrichter
   ☐

   Regulation der Arbeit durch Operateure mit Verantwortung für Feinplanungs-, Programmier-, Einricht-, Überwachungs- und Kontrolltätigkeiten
   ☐

---

* Die Kriterien sind ausführlich nachzulesen bei Ulich, E. (1994). Arbeitspsychologie, 3. Auflage: Zürich: vdf, Stuttgart: Schäffer-Poeschel.

N Merkpunkte für Verträge zur Beschaffung von Informatikmitteln (Hard- und Software)*

1. **Vertragsgegenstand**
   - klar geregeltes Vertragsverhältnis;
   - Zusammenhang zwischen Pflichtenheft, Offerten und Verträgen verankern (nur jeweils aktualisierte Dokumente anführen);
   - Lieferumfang und alle Leistungen detailliert und exakt festhalten.

2. **Preise**
   - feste Preise inkl. aller Nebenkosten und eindeutige Bezugsbasis; wichtig bei Pauschalpreisen;
   - Regelung der Preisgestaltung für Änderungen, Erweiterungen usw. nach Vertragsabschluss;
   - Regelung der Preisaufschläge bei Dauerschuldverhältnis (Begrenzung, Indexierung).

3. **Zahlungsbedingungen**
   - Zug-um-Zug-Prinzip (Aufteilung der Zahlungen);
   - Restzahlung nach Abnahme bzw. Annahme;
   - Garantierückbehalt, z.B. während eines Jahres.

4. **Gewährleistung**
   - Recht auf Nachbesserung;
   - Recht auf Preisminderung, Schadenersatz;
   - Wandelung, d.h. Aufhebung des Vertrages.

5. **Termine**
   - verbindlicher Terminplan für Lieferung, Installation, Abnahme;
   - Konsequenzen bei Nichteinhaltung.

---

* Schreiber, J. (1991). Beschaffung von Informatikmitteln, Kriterien – Pflichtenheft – Bewertung. Bern: Haupt.

6. Garantie

- Verpflichtung zur unentgeltlichen Behebung von Fehlern, Beseitigung von Störungen, z.B. während 6 oder 12 Monaten nach Abnahme;
- Unterhaltssicherung während z.B. mindestens acht Jahren nach Abnahme;
- Liefergarantie für Ausbauten während z.B. mindestens acht Jahren nach Abnahme.

7. Eigentums- und Nutzungsrechte

- uneingeschränktes Nutzungsrecht (z.B. zeitlich, örtlich), mögliche Restriktionen schriftlich fixieren;
- Herausgabe bzw. Hinterlegung des Source-Codes der Software;
- Möglichkeit von Probeinstallationen mit Rückgaberecht.

8. Kompatibilität

- Gewährleistung der Kompatibilität bei Ausbauten und neuen Software-Releases während z.B. mindestens acht Jahren nach Abnahme.

9. Abnahme/Annahme

- Regelung des Abnahmeprozedere;
- Annahme, z.B. nach Ablauf der Garantieperiode und unter Vorbehalt nicht erkennbarer Mängel.

10. Erfüllungsort/Gerichtsstand

- genaue Definition (Adresse, Raumnummern usw.);
- inländisches Recht;
- Gerichtsstand nach Wahl des Pflichtenheftstellers.

O **Erarbeitung eines Informatik-Pflichtenhefts zur Hardware- und Software-Auswahl**[*]

1. **Unternehmenscharakteristik**

    - Wie lässt sich das eigene Unternehmen von der Produkteseite aus charakterisieren (Branche, Produktgruppe, Dienstleistungen)?
    - Wie ist das Unternehmen strukturiert (auch Zahl der Betriebsstätten, Niederlassungen)?
    - Welche Aussagen können über Unternehmensgrösse und Wachstumsrate aufgrund der Vergangenheit und der Pläne für die Zukunft prognostiziert werden?
    - Wie erfolgt die Organisation und Datenverarbeitung (Gemeinsamkeiten, Unterschiede in den einzelnen Betriebsstätten, Datenaustausch)?

2. **Ist-Zustand der Arbeitsgebiete (Situationsanalyse)**

    2.1 **Bisherige Verfahren und Hilfsmittel**

    - Für welche Bereiche im Unternehmen existiert Computerunterstützung?
    - Welche Programme sind vorhanden, und wie intensiv werden sie genutzt?
    - Wie sind die computerunterstützten Bereiche untereinander verbunden (vernetzt)?
    - Welche Abläufe und Informationsflüsse bestehen zur Zeit im Unternehmen?
    - In welcher Form werden diverse Informationen weitergeleitet (Telefon, Begleitpapiere, Abfrage eines zentralen Datenservers usw.)?
    - Wie erfolgen Rückmeldungen (z.B. vom Verkauf in die Konstruktion, von der Produktion in die Verwaltung zur Kalkulation)?

    2.2 **Bewertung des Ist-Zustands des Computereinsatzes**

    - Worin liegen die Stärken der momentanen Computerkonfigurationen im Unternehmen?
    - Wo treten während des Betriebs immer wieder Probleme auf?
    - Welche Leistungen können aufgrund fehlender Computerleistung im Betrieb nicht oder nur mit zusätzlichem Aufwand erbracht werden?
    - Welche Aufgaben könnten mittlerweile durch Informatikmittel unterstützt werden?

---

[*]nach Grupp, B. (1991). EDV-Pflichtenheft zur Hardware- und Software-Auswahl: praktische Anleitung; auch für Klein- und Mittelbetriebe; mit 4 ausführlichen Praxisbeispielen. Verlag TÜV Rheinland, 2. Aufl.

2.3 Sonderlösungen bei Computern und Programmen

- Für welche Aufgaben existieren unternehmensspezifische Sonderlösungen?
- Bewähren sie sich im Einsatz?
- Wie behindern sie den Erneuerungsprozess (Kompatibilität, Schnittstellen zu den anderen Informatikmitteln)?
- Sind die Sonderlösungen auch in Zukunft notwendig, oder könnten sie durch kommerzielle Standardlösungen ersetzt werden?

2.4 Ausbildungsstand der Mitarbeiter

- Sind die Mitarbeiter für ihre heutigen Aufgaben ausreichend qualifiziert?
- Bestehen Vertretungsmöglichkeiten, oder ist das Wissen bei einigen wenigen Schlüsselpersonen konzentriert?
- Führen die Mitarbeiter ganzheitliche Tätigkeiten aus (mit Planungs- und Kontrollfunktion ihrer eigenen Arbeiten)?

3. Zielsetzungen

- Ist klargelegt, welche Zielsetzungen mit dem geplanten Computereinsatz erreicht werden können und sollen?
- Mögliche Zielsetzungen sind:
    - bessere Kapazitätsauslastung,
    - geringere Fehlerhäufigkeit,
    - Personaleinsparung,
    - geringere Belastungen für die Mitarbeiter,
    - Anschluss an technologische Entwicklungen,
    - gesteigerte Termintreue,
    - verringerte Bearbeitungszeiten,
    - bessere Kalkulationsgrundlagen,
    - bessere Qualität,
    - grössere Flexibilität,
    - bessere Nutzung menschlicher Fähigkeiten.
- Sind Überlegungen angestellt worden, wie der erhoffte Nutzen quantitativ nachgeprüft werden kann (Kostenreduktion, geringerer Ausschuss, bessere Berücksichtigung der Kundenwünsche usw.)?

4. Anforderungen an den geplanten Computereinsatz (Bedürfnisanalyse)

4.1 Fachliche Anforderungen

- Überblick über Arbeitsgebiete und erwünschte Informationsflüsse im Betrieb?
- Welche detaillierten Anforderungen bestehen an die zu informatisierenden Arbeitsgebiete, d.h., wie können Abläufe im Betrieb durch den Einsatz von Informatikmitteln (Hardware, Software und Vernetzung) unter Berücksichtigung der Wirtschaftlichkeit unterstützt und verbessert werden?

Zur detaillierten Analyse lassen sich folgende Fragestellungen ableiten:

- Welche Informationen werden aus verschiedenen Quellen im Betrieb in welcher aufbereiteten Form benötigt?
- Wo sind Informationsquellen, die nur lokal, jedoch noch nicht bereichsübergreifend oder betriebsweit genutzt werden?
- Wie soll die gesammelte Information verarbeitet werden (wesentliche Verfahren, wesentliche Ein- und Ausgabeinformationen, Verarbeitungsarten und -häufigkeit, unternehmensspezifische Besonderheiten)?
- Wohin und in welcher Form soll die Information weitergeleitet werden, damit sie von anderen autorisierten Stellen im Betrieb genutzt werden kann (abgelegt auf einen Datenserver zur Abfrage nach Bedarf, direkt versandt als elektronisches Mail an ausgewählte Empfänger, verteilt als Papierausdruck)?
- Welche Auswirkungen hat der geplante Computereinsatz auf die Arbeitsorganisation?
- Wie müssen die einzelnen zukünftigen Computerarbeitsplätze ausgestattet werden? Welche Datenabfragemöglichkeiten, welche Benutzerprogramme, welche Kommunikationsmöglichkeiten (Telefon, Fax, elektronisches Mail) sind notwendig?

4.2 Technische Anforderungen

- Welche Qualitätsanforderungen müssen berücksichtigt werden (Dateiorganisation, Modularität, Anpassungsfähigkeit, Zugriffsberechtigung, Datensicherheit und -rekonstruktion, Form der Programmauslieferung, Wartung und Fortentwicklung)?
- Wie können bestehende Daten weiterverwendet werden (Konversionsprogramme)?
- Welche Schnittstellen zu vorhandenen Computern und Programmen müssen geschaffen werden (Integrationsanforderungen)?

4.3 Projektdokumentation und Schulung

- Wie werden die Mitarbeiter auf dem zukünftigen System geschult, damit sie die Funktionalität der Programme effizient für die Betriebsbelange einsetzen können?
- Welche Dokumentation (Papierform, Programm) unterstützt die Problemlösung während des Betriebs?
- Gibt es eine Hotline zum System- oder Programmlieferanten für eine schnelle Fehlerbehebung?

5. Mengengerüst

- Welche der im Unternehmen bereits z.B. in Papierform bestehenden Dokumente (Zeichnungen, Prüfberichte, Adressdateien, Kundendaten usw.) müssen auf den Computer übernommen werden?
- Wie sollen Kartei-/Stammdaten geführt werden? Welche Abfrage- und Gruppierungsmöglichkeiten sind vorzusehen?

- Welche Bestandssätze oder Belege müssen erfasst werden? Wie häufig werden welche Bewegungen (z.B. in einer Datenbank) durchgeführt?
- Welche Datenmengen müssen verteilt, umkopiert oder archiviert werden?
- Welche und wie viele Arbeitsplätze sind bei der Umstrukturierung zu berücksichtigen?

6. Anforderungen an Software, Hardware und Vernetzung

6.1 Software

- Welche Programme sind notwendig zur Lösung der betrieblichen Aufgaben?
- Sind die Benutzeroberflächen der Programme bedienerfreundlich gestaltet?
- In welchem Umfang und zeitlichen Rahmen haben sich die ausgewählten Programme schon in anderen Betrieben bewährt?
- Lassen sich Prognosen anstellen, ob die ausgewählten Programme vom Lieferanten auch in Zukunft unterstützt und weiter verbessert werden?
- Welche System-Software (Betriebssystem, Software-Werkzeuge, Konversions-Software) unterstützt den reibungslosen Betrieb?

6.2 Hardware

- Ist man aufgrund der Software-Wahl an eine bestimmte Hardware gebunden?
- Wie muss die Leistungsfähigkeit der Hardware ausgelegt sein, damit auch Erweiterungen und Erneuerungen der Software in naher Zukunft (bis 5 Jahre) vorgenommen werden können?
- Welche zusätzlichen Komponenten sind erforderlich (Drucker, Laufwerke usw.)?
- Wie ist der Kundendienst organisiert, und welche Garantieleistungen werden geboten (z.B. Ersatzcomputer)?

6.3 Vernetzung

- Welche Bereiche müssen betriebsintern vernetzt werden?
- Welche betriebsexternen Verbindungen sind vorzusehen (z.B. mit Kunden, Lieferanten durch Modem oder Standleitung)?
- Welche Kommunikationsprogramme sind notwendig?

7. Integration der Mitarbeiter für die Umstellung

7.1 Mitarbeiter der Organisation und Datenverarbeitung

- Wurden sie frühzeitig in das Projekt miteinbezogen, um ihre Erfahrungen in die Situations- und Bedürfnisanalyse einbringen zu können?

- Können sie zur Erstellung des Mengengerüsts beitragen?
- Sind sie für ihre zukünftigen Aufgaben ausreichend qualifiziert?

7.2 Benutzermitarbeiter

- Wurden sie über die Umstellungsvorhaben informiert und davon überzeugt?
- Ist ihre Ausbildung auf dem neuen System organisiert?

7.3 Unternehmensfremde Mitarbeiter

- Werden sie benötigt, um Programmier- und Anpassungsarbeiten auszuführen oder um Schulungen durchzuführen (um Engpässe in der Übergangsphase zu vermeiden)?

7.4 Projektorganisation

- Hat sie genügend Erfahrung und Weitblick für die Durchführung des Projekts?
- Stehen ihr genügend beratende Ausschüsse zur Verfügung, um das Projekt erfolgreich zu organisieren und zu realisieren?

8. Zeitlicher Realisierungsrahmen

- Sind bei den Vorgaben für die zeitliche Planung bereits mögliche Zeitverzögerungen berücksichtigt worden?
- Ist eine Übergangsphase nach der Installation bis zum normalisierten Betrieb einkalkuliert?
- Kann während der Ablösung des bisherigen Systems ein reibungsloser Betrieb gewährleistet werden (z.B. durch Organisation eines parallelen Betriebs mit dem alten und dem neuen System über einen gewissen Zeitraum)?

9. Anforderungen an die Lieferfirma

- Kann die Lieferfirma eine gewisse Beständigkeit (z.B. bez. ihres Produktesortiments) nachweisen (besonders wichtig bei Spezialanpassungen)?
- Hat sich der Lieferant schon bei ähnlichen Projekten bewährt (Referenzen z.B. durch Begutachtung von ähnlichen Installationen in anderen Unternehmen)?

10. Wünsche zu Angebotsaufbau und -inhalt

- Welche Vorgaben können zum Angebotsaufbau gemacht werden, damit sich verschiedene Offerten objektiv vergleichen lassen? Wie soll sich das Angebot gliedern?
- Sind die Rahmenbedingungen für den Angebotsaufbau spezifiziert (Preise und Vertragsbedingungen, Abgabetermin des Angebots usw.)?

P Innovationsblockierende Unternehmensstrukturen

Werden folgende Regeln im Unternehmen (zum Teil) gelebt, so sind Massnahmen zu treffen, um eine Blockierung von Innovation zu verhindern.

Die 10 Regeln der Beharrung*

1. Betrachte jede neue von unten kommende Idee mit Misstrauen, weil sie neu ist und weil sie von unten kommt.
2. Bestehe darauf, dass Personen, die deine Zustimmung für eine Aktion benötigen, auch die Zustimmung mehrerer höherer Ebenen einholen müssen.
3. Fordere Abteilungen oder Individuen auf, ihre Vorschläge gegenseitig zu kritisieren. (Das erspart dir die Mühe des Entscheidens; du musst nur die Überlebenden belohnen.)
4. Drücke Kritik ungehemmt aus und unterdrücke Lob. (Das hält die Leute unter Druck!)
5. Behandle die Aufdeckung von Problemen als Fehlleistung, damit die Leute nicht auf die Idee kommen, dich wissen zu lassen, wenn etwas nicht klappt.
6. Kontrolliere alles sorgfältig. Sorge dafür, dass alles, was gezählt werden kann, oft gezählt und genau kontrolliert wird.
7. Fälle alle Entscheidungen zur Reorganisation heimlich und überfalle die Mitarbeiter damit unerwartet. (Auch das hält die Leute unter Druck.)
8. Stelle sicher, dass Informationsnachfragen stets gut begründet werden, und achte darauf, dass Informationen nicht umsonst zur Verfügung gestellt werden. (Informationen dürfen nicht in falsche Hände fallen!)
9. Übertrage im Namen der Delegation auf nachgeordnete Manager vor allem die Verantwortung, Einsparprogramme oder andere bedrohliche Entscheidungen zu realisieren. Und bringe sie dazu, es schnell zu tun.
10. Und vor allem: Vergiss nie, dass du als Angehöriger der höheren Ebene schon alles Wichtige über dieses Geschäft weisst.

---

* nach Kieser, A. (1985). Die innovative Unternehmung als Voraussetzung der internationalen Wettbewerbsfähigkeit. In Wirtschaftswissenschaftliches Studium, 14, S. 354–358.

Q   Innovationsförderndes Klima

Bei der Schaffung eines innovationsfördernden Klimas sind es vor allem die Faktoren *Kommunikation*, *Qualifikation* und *Führung*, die einen wesentlichen Einfluss auf den Erfolg des Vorhabens ausüben. Folgende Fragen können Hinweise auf vorhandene Schwächen liefern.

Führung

- Wie hoch ist der Stellenwert von Innovation in der Unternehmenskultur?
- Dürfen «Fehler» gemacht werden? Wie wird bei Fehlschlägen reagiert?
- Werden die innovationsstarken Mitarbeiter besonders gefördert?
- Gibt es Personen aus der Geschäftsleitung, die sich besonders für Innovationsprojekte einsetzen?

Kommunikation

- Ist es – rein geographisch – möglich, dass sich Mitarbeiter unterschiedlicher Abteilungen ungezwungen miteinander unterhalten können?
- Finden regelmässig Abstimmungen zwischen der Entwicklung und dem Marketing statt, bzw. arbeiten Mitarbeiter beider Funktionen in interdisziplinären Teams zusammen?
- Wie ist es um die mündliche Kommunikation im Unternehmen bestellt?
- Gibt es «Kommunikationsknoten», d.h., gibt es einzelne Mitarbeiter, bei denen Informationen zusammenkommen und die dann wiederum Informationen weitergeben? Diese sollten besonders gefördert werden.

Qualifikation

- Haben alle Mitarbeiter Gelegenheit, sich weiterzubilden?
- Wie hoch ist der Anteil der Weiterbildung in bezug auf Methodik?
- Finden Hinweise aus externer Weiterbildung Eingang im betrieblichen Alltag?

Index

Administration 165, 167
Arbeitsaufgabe
    Identifikation mit der 96
Arbeitsaufgaben
    ganzheitliche 96
Arbeitsgestaltung, motivationsfördernde 96ff
Arbeitsmotivation 97
Arbeitsorganisation 122ff, 155
    Rahmenbedingungen 106
Arbeitsteilung 94, 95, 96
Arbeitsüberlastung 20
Arbeitszeiten 107ff
Aufbauorganisation 22f
Aufgabenorientierung 123
Aufgabenteilung zwischen Mensch und Maschine 156
Aussenfinanzierung 89
Automatisierung 153, 163
Backup 179
Bandbreitenmodell 108
Bedürfnisanalyse 175
Betriebsklima 128
Bilanz 72
Branchenanalyse 42
Budget 75
Budgetkontrolle 76
Cash-flow 82
CD-ROM 176
Chancen-Gefahren-Profil 40
Computereinführung 174ff
Computereinsatz 163ff
Computervernetzung 167f, 178

Datenbank 168
Datenintegration 178
Datenschutz 179
Datensicherheit 179
Delegation 20, 127
Dezentralisierung 103
Distribution 62f
Dokumentation 179f
Durchlaufzeiten 95
Eigenkapital 88
Eigenkapitalquote 79
Einliniensystem 25
Entlohnung 111f
Erfolgsrechnung 72
    kurzfristige 74
Familienunternehmen 19
Finanzplanung 84
Flexibilität 34, 112
Fremdkapital 88
Führung 115ff
    imperative 118
    mit Zielvereinbarungen 128
    partizipative 121
funktionale Integration 98, 104
Funktionenzerlegung 149
Generalunternehmen 154
gleitende und vorzeitige Pensionierung 110
Gleitzeit 109
Gruppenarbeit 100f, 111, 112, 139
Handlungs- und Gestaltungsspielraum 128
Hardware 165, 175, 177

Hauptbuchhaltung 72
Hierarchieebenen 21f
Identifikation mit dem Unternehmen 126
Informatikmittel 174ff
Informatikverantwortlicher 174
Information 125, 131
Innenfinanzierung 89
Innovation 185ff
Innovationsbarrieren 188f
innovationsförderndes Klima 188f
Innovationsprozess 187f
Innovationsquellen 191f
Innovationstypen 185f, 186
Internet 168ff
Jahresarbeitszeit 110
Kapitalbedarf 87
Kaufverhalten
    von Organisationen 60f
Kennzahlenanalyse 76f
    Deckungsstruktur 80
    Kapitalstruktur 79
    Vermögensstruktur 78
Kommunikation 178
Konkurrenzanalyse 43
Kooperation 197ff
    Bereiche 201
    Gestaltung 203
    Intensität 203
Kooperationsformen 197ff
Kreativitätstechniken 192f
    Brainstorming 193
    Morphologische Matrix 193
Leistungsorientierung 115
Leitbilder 126
lernorientierte Lohnsysteme 112
Liquidität 80
Lohn 93ff
Lohntransparenz 112
Mail-System, elektronisch 167

Marketing 51ff
Marktbearbeitung 54f
Marktdaten 38
Marktforschung 66
Marktinformationen 65
Marktorientierung 51
Marktsegmentierung 54f
Mitarbeiterorientierung 115
Nachfolgeregelung 26
Nacht-, Schicht- und Wochenendarbeit 109
OCR-Technik 180
On-the-job-Training 142
Organigramme 26
Organisation
    divisionale 22
    Formalisierungsgrad 25
    funktionale 22
Personalcomputer 165
Pflichtenheft 153, 155
Polyvalenzlohnmodelle 112
Preisbildung 57f
Produkt 56
Produktkomplexität 179
Produktlebenszyklen 179
Produkttechnologie 148f
Projektabwicklung 151ff
Projektevaluation 175f
Projektgruppe 174
Projektgruppen 127
Prozessorarchitektur 165
Prozesstechnologie 147f, 163
Publish und Subscribe 181
Qualifikation 135, 137
    funktionale 138
    indirekt funktionale 138
    Schlüssel- 138
Qualifizierung 131ff, 138
Qualität 103ff, 105

Qualitätsdenken 106
Qualitätshandbuch 104
Rationalisierung 151
Rentabilität 84
Reorganisation 103, 111
Salärmotivation 97
Selbstprüfung 105
Selbstregulation 100
Simultaneous Engineering 186
Situationsanalyse 175
Software 166, 180
Stabstellen 24
Stärken-Schwächen-Profil 39
Stellenbeschreibungen 26
Stellengliederung 25
Strategie 30ff
Strategieentwicklung 37f
Strategieumsetzung 47
Struktur 19
Tätigkeitsmerkmale 93
Teilzeitarbeit 107
Umweltanalyse 38
Unternehmensanalyse 38

Unternehmensleitbild 26
Unzufriedenheit 107
Veränderungen in KMU 130f
Verkauf 59f
Vorschlagswesen 127
Weiterbildung 135ff
    externe 136
    Informatik 177
    Instrumente zur externen - 143f
    Instrumente zur internen - 142f
    interne 136
    Technologie 153
Werbung 63f
Wertanalyse 150
Wertschöpfungskette 23
Widerstand der Mitarbeiter 130f
Workstation 165
zeitautonome Gruppen 110
Zeitplan 153
Zentralrechner 165
Zertifizierung 103f
Zwischenabschlüsse 73

Die Autoren

Harald Brodbeck

geb. 1968, Studium der Betriebswirtschaftslehre an der Universität Bayreuth, 1992 Abschluss als Diplom-Kaufmann.

seit 1993 Mitarbeiter am Lehrstuhl für Unternehmensführung und Technologie-Management am Betriebswissenschaftlichen Institut der ETH Zürich

Projektmitarbeiter im Rahmen diverser Untersuchungen von KMU, Durchführung von Weiterbildungsveranstaltungen für KMU-Geschäftsleiter

thematische Schwerpunkte: strategisches Management, Technologie-Marketing, technologische Entscheidungsprozesse, Abstimmung von Business- und Technologie-Strategien

ab Dezember 1997 geschäftsführender Gesellschafter der Business Results GmbH, welche die Projektergebnisse in die unternehmerische Praxis transferiert

Hanspeter Conrad

geb. 1956, Studien an Hochschule St. Gallen und Universität Bern (Ökonomie und Arbeitspsychologie), 1986 Promotion zum Dr. rer. pol.

ab 1981 Mitarbeiter am ETH-Institut für Arbeitspsychologie, heute noch in Teilzeit

seit 1990 Geschäftsführer der Meteor Arbeitsgestaltung und Organisationsberatung

thematische Schwerpunkte: flexible Arbeitszeiten, teilautonome Arbeitsgruppen und Lohnsysteme

Heinz Domeisen

geb. 1948, Maschinenbaustudium an der ETH Zürich mit Vertiefung in Werkzeugmaschinen und Fertigungstechnik sowie Mess- und Regelungstechnik, 1972 Abschluss als Dipl. Masch.-Ing. ETH

Assistent und Oberassistent am Institut für Mess- und Regeltechnik der ETH, Entwicklungsingenieur in einer Werkzeugmaschinenfirma, Leiter Entwicklung in einer Firma für elektrische und elektronische Messgeräte, Mitarbeit in verschiedenen Projekten für Automatisierung und Computereinsatz (Vorbereitung der CIM-Bildungszentren des Bundes, Projekt IDA «Informatik dient allen» der ETH, div. Industrieprojekte, Beratungstätigkeit). Unterrichtstätigkeit in Regelungstechnik, Automatisierungstechnik und Computereinsatz an der ETH und an Ingenieurschulen sowie in der Industrie

thematische Schwerpunkte: Laborautomation mit PC, Prozessrechner, angewandte Regelungstechnik, Automatisierung, Benutzungsschnittstellen von Geräten, Prozessüberwachung, Leitsysteme

Die Autoren

Simona Gilardi

geb. 1965, Studium der Psychologie an der Universität Zürich, 1992 Abschluss als lic. phil.

seit 1992 Mitarbeiterin am Institut für Arbeitspsychologie der ETH Zürich

thematische Schwerpunkte: Alltagspsychologie, statistische Methodik, Aus- und Weiterbildung

Peter Kolb

geb. 1962, Studium der Elektrotechnik an der Technischen Hochschule München (D), 1989 Abschluss als Dipl. Elektroingenieur mit Schwerpunkt Steuerungs- und Regelungstechnik

1989 bis 1994 Wissenschaftlicher Mitarbeiter und Assistent am Institut für Automatik der ETH Zürich

seit März 1995 Tätigkeit am ABB-Forschungszentrum, Baden (CH)

thematische Schwerpunkte: Computerwerkzeuge in der Automatik, Einsatz von Computern und Automatisierungseinrichtungen in KMU

Hans-Christoph Lang

geb. 1967, Studium des Wirtschaftsingenieurwesens (Fachrichtung Unternehmensplanung) an der Universität Karlsruhe (TH), 1993 Abschluss als Diplom-Wirtschaftsingenieur

seit 1993 Mitarbeiter am Lehrstuhl für Unternehmensführung und Technologie-Management am Betriebswissenschaftlichen Institut der ETH Zürich

Projektmitarbeiter bei weiteren KMU-Untersuchungen, Durchführung von Weiterbildungsveranstaltungen für KMU-Geschäftsleiter

thematische Schwerpunkte: Technologiemanagement, Technologietransfer, Technologiefrühaufklärung

Ingrid Sattes

geb. 1961, Studium der Psychologie an der Universität Würzburg, 1987 Abschluss als Diplom-Psychologin, 1992 in Freiburg (CH) Promotion zum Dr. phil.

seit 1991 Mitarbeiterin am Institut für Arbeitspsychologie der ETH Zürich und seit 1992 Projektkoordinatorin des Polyprojekts «Erfolgsfaktoren in Schweizer Klein- und Mittelbetrieben»

seit 1994 Durchführung von Weiterbildungsveranstaltungen für KMU-Leiter in Schweizer Regionen in Teilzeit

1996/97 KTI-Projekt «Strategische Kurzanalyse in Kleinunternehmen»

1997 Tätigkeit mit H. Brodbeck u.a. als Teilhaberin im Beratungsteam der Business Results GmbH

thematische Schwerpunkte: Gruppenarbeit, Mitarbeiterführung, arbeitsorganisatorische Umsetzung von strategischen Orientierungen

Ulrich Schärer

geb. 1958, Studium der Psychologie an der Universität Zürich, 1984 Abschluss als lic. phil.

1985 bis 1988 Assistent an der Abteilung für Klinische Psychologie der Universität Zürich

1988 Eröffnung einer psychoanalytischen Gemeinschaftspraxis

1991 Promotion an der Universität Zürich zum Dr. phil.

seit 1991 wissenschaftlicher Mitarbeiter am Institut für Arbeitspsychologie der ETH Zürich

thematische Schwerpunkte: Einführung von Gruppenarbeit, Teamentwicklung, Kommunikation, Human Resource Management

Schriftenreihe "Mensch – Technik – Organisation"
herausgegeben von Eberhard Ulich

Band 1:
Günther Cyranek, Eberhard Ulich (Hrsg.)
CIM – Herausforderung an Mensch, Technik, Organisation
1993, 428 Seiten, broschiert, ISBN 3 7281 1907 5

Band 2:
Gudela Grote
Schneller, besser, anders kommunizieren?
1993, 148 Seiten, broschiert, ISBN 3 7281 1833 8

Band 3:
Matthias Rauterberg u.a.
Benutzerorientierte Software-Entwicklung
1994, 236 Seiten, broschiert, ISBN 3 7281 1959 8

Band 4:
Heinz Schüpbach
Prozessregulation in rechnerunterstützten Fertigungssystemen
1994, 304 Seiten, broschiert, ISBN 3 7281 1960 1

Band 5:
Heiner Dunckel u.a.
Kontrastive Aufgabenanalyse im Büro
Bd. 5a: **Grundlagen und Manual**, 1993, 386 Seiten, broschiert, ISBN 3 7281 1975 X
Bd. 5b: **Arbeitsblätter**, 1993, 80 Seiten, broschiert, ISBN 3 7281 1981 4

Band 6:
Wolfgang G. Weber u.a.
Arbeit an CNC-Werkzeugmaschinen
1994, 268 Seiten, broschiert, inkl. Diskette, ISBN 3 7281 2049 9

Band 7:
Winfried Hacker, Birgit Fritsche, Peter Richter, Anna Iwanowa
Tätigkeitsbewertungssystem TBS
1995, 344 Seiten, broschiert, inkl. Diskette, ISBN 3 7281 2079 0

Band 8:
Ingrid Sattes, Harald Brodbeck, Hans-Christoph Lang, Heinz Domeisen (Hrsg.)
Erfolg in kleinen und mittleren Unternehmen
2., bearbeitete Auflage 1998, 260 Seiten, gebunden, ISBN 3 7281 2376 5

Band 9:
Winfried Hacker (Hrsg.)
Erwerbsarbeit der Zukunft – auch für "Ältere"?
1996, 208 Seiten, broschiert, ISBN 3 7281 2215 7

Band 10:
Oliver Strohm, Eberhard Ulich (Hrsg.)
Unternehmen arbeitspsychologisch bewerten
1997, 448 Seiten, gebunden, inkl. CD-ROM, ISBN 3 7281 2171 1

Band 12:
Charles M. Savage
Fifth Generation Management
1997, 348 Seiten, gebunden, ISBN 3 7281 2173 8

Band 13:
Karlheinz Sonntag, Niclas Schaper (Hrsg.)
Störungsmanagement und Diagnosekompetenz
1997, 348 Seiten, broschiert, ISBN 3 7281 2228 9

Band 14:
Heiner Dunckel (Hrsg.)
Handbuch psychologischer Arbeitsanalyseverfahren
1998, ca. 400 Seiten, broschiert, ISBN 3 7281 2238 6
erscheint im 1. Quartal

Band 15:
Oliver Strohm
Produktionsplanung und -steuerung im Industrieunternehmen aus arbeitspsychologischer Sicht
1996, 250 Seiten, broschiert, ISBN 3 7281 2338 2

Band 16:
Gudela Grote
Autonomie und Kontrolle
1997, 380 Seiten, broschiert, ISBN 3 7281 2388 9

Band 17:
Jürg Baillod, Eberhard Ulich (Hrsg.)
Zeitenwende Arbeitszeit
1997, 244 Seiten, gebunden, ISBN 3 7281 2495 8

vdf Hochschulverlag AG an der ETH Zürich